RAPSODIA de la REVELACIÓN de SAN JUAN

Escuchando el canto del Cordero

ROBERT A. LOWERY

RAPSODIA de la REVELACIÓN de SAN JUAN

Escuchando el canto del Cordero

Literatura Alcanzando a Todo el Mundo
www.latm.info
P O Box 645 Joplin MO 64802

Publicado originalmente bajo el título:
Revelation's Rhapsody: Listening to the Lyrics of the Lamb
(2006) Derechos reservados
College Press,Publishing Company, Joplin, Missouri

Rapsodia de la Revelación de San Juan
Escuchando el canto del Cordero
por Robert A. Lowery

Literatura Alcanzando a Todo el Mundo (LATM)
P.O. Box 645
Joplin, MO 64802-0645 E.U.A.
www.latm.info

Traducción: Antonio Gómez

Diseño de la tapa: Doug Reed

ISBN: 978-1-952942-03-7

Rapsodia…

Una composición musical de forma irregular y de carácter improvisado…

Una pieza instrumental de estilo libre caracterizada por cambios dramáticos de humor…

Una fantasía libre, una composición instrumental en la que el compositor cede a su imaginación en cuanto a la forma y organización de la composición…

Rapsódico…

Extático… Conmovedor… Estimulante… Entusiasmado…
Emocionante… Eufórico… Jubiloso… Cautivado… Rendido…
Transportado… En el cielo…

En el séptimo cielo… En las nubes…

Caminando en el aire…

En órbita… Intoxicado… Delirando… Resplandeciente…

Saltando de gozo… Dichoso…
Gozoso

"Aun en la tierra, aquel que canta o toca con destreza un instrumento ¿no conoce acaso el gozo que despierta la música? Frecuentemente, solo el escuchar nos hace derramas lágrimas, nos lleva al desenfado, a la añoranza, a sentimientos que uno parece no poder o no querer expresar. ¿Cómo sería el ser un cantante o un músico en el cielo? ser parte de la audiencia, el ser una sola voz en armonía, y aun más, como sería en lo personal el ser escuchado, aprobado, elogiado… El cielo es revelado a la tierra como el hogar de la música."

-Christina Rossetti

Dedicatoria

Este libro está escrito en memoria de mi madre, Adrene Lowery (1921-1992), quien fue la primera que me leyó las Escrituras. Es mi oración que este libro traerá honor a su amonestación de que debo de enseñar y escribir de tal forma que cualquier persona pueda entender mejor la Palabra de Dios.

Este libro está escrito para honrar a mi familia. Mi esposa, Marilyn, me ha provisto de animo a través de todo este proyecto. Mi ministerio en casa y en el extranjero hubiera sido imposible sin su fiel apoyo. Mi hija y mi hijo y sus cónyuges, Joe y Rachel Mollet y Brian y Sara Lowery, han orado por mí y me han animado mientras he trabajado en este libro. Mi oración es que mis dos nietas, Carissa y Jocelyn Mollet, algún día sigan a Jesús el Cordero y aprendan a entonar la letra de sus cantos.

Todo libro escrito por cristianos debe de ser dedicado en última instancia para la gloria de Dios. Este no es la excepción.

Filipenses 1:3-7

Doy gracias a mi Dios siempre que me acuerdo de vosotros, siempre en todas mis oraciones rogando con gozo por todos vosotros, por vuestra comunión en el evangelio, desde el primer día hasta ahora; estando persuadido de esto, que el que comenzó en vosotros la buena obra, la perfeccionará hasta el día de Jesucristo; cómo me es justo sentir esto de todos vosotros, por cuanto os tengo en el corazón . . . todos vosotros sois participantes conmigo de la gracia.

Reconocimientos

Quiero reconocer las ricas contribuciones hechas por mis hermanos y hermanas en Cristo en la elaboración de mi libro.

En primer lugar, a las innumerables congregaciones dentro de los Estados Unidos y en Europa oriental que me han invitado a enseñar y a predicar el libro de Apocalipsis, ¡gracias!

En segundo término, a los numerosos estudiantes de Lincoln Christian Seminary (Lincoln, Illinois) y del TCM International Institute (Heiligenkreuz, Austria) que han tomado mi clase en el libro de Apocalipsis y me han retado a pensar y a beber más profundamente de los escritos de Juan, ¡gracias!

En tercer lugar, a los dos estudiantes que revisaron conmigo el bosquejo y contenido inicial de mi libro en Junio del 2005, en Haus Edelwaiss en Heiligenkreus, Austria: Iván Ivanov de Bulgaria y Janos Lehotay de Hungría, ¡gracias!

En cuarto lugar, a los quince estudiantes que leyeron un borrador inicial del libro y pasaron una semana conmigo en Octubre del 2005, revisando su contenido –Tom Byford, Mike Cahill, Sam Draper, Rod Godley, Ann Hastings, Dee Kinman, Matt Martin, Brent McCrory, Doug Phillips, Andrew Ramey, Gregg Robbins, Paul Stroup, Bryce Wiley, Heath Williams, y Shane Wood– su candor y critica hizo de este un mejor libro.

En quinto lugar, a los estudiantes de la Palabra -Gene Appel, Craig Blomberg, Paul Boatman, Jim Boundouris, Ken Cooper, Tom Ewald, Dinelle Frankland, Tom y Stephenie Graham, Gary Hall, J.K. Jones, Ronnie Jones, Brian Lowery, David McFadden, Jim y Debbie Poer, Jeff Snell, Bob Szoke, Tom Tanner, Tony Twist y Marilyn Lowery- individuos que tomaron el tiempo en sus muy ocupados calendarios para leer y criticar uno o más de los borradores, ¡gracias! Además de estos individuos, Gerry y Joan Baldwin leyeron el primer borrador e hicieron útiles sugerencias editoriales y de formato.

Tres individuos necesitan ser mencionados de manera especial. Ann Hastings leyó varios de los borradores y su experiencia en edición resultó invaluable. Ella no se limitó, y la tinta roja fluyó de su pluma. Shane Wood ha sido mi asistente de investigación por excelencia y me ha provisto de muchas ideas útiles desde el comienzo hasta el final de este proyecto. El "llevo la carga la segunda milla". Carmen Trenton pasó gentilmente cientos de horas leyendo, analizando, y editando el trabajo. Ella mantuvo un balance de gracia y verdad al presionarme una y otra vez a lograr una mayor claridad y cada párrafo se benefició por su escrutinio.

A Richard y Judith Rowe quienes me proveyeron de un lugar de retiro y me permitieron alojarme en su cabaña en el Lago Michigan, ¡gracias! Fue en este pacifico ambiente que el primer borrador del libro fue escrito en seis días, del 28 de Agosto al 2 de Septiembre del 2005.

A mi hijo, Brian, uno de los más dotados pensadores, predicadores y maestros que jamás he tenido el privilegio de enseñar, ¡gracias! Fue durante un viaje a Madison, Wisconsin, para ver un concierto de Bob Dylan en el otoño de 1999, en el que plantaste la semilla para este libro. Me regañaste respetuosamente por no escribir más sobre el libro de Apocalipsis y desmantelaste mis pretextos uno por uno. Esa conversación puso el proyecto en marcha.

Reconocimientos

A la administración de Lincoln Christian Seminary, gracias por el tiempo sabático para poder investigar, reflexionar y escribir. Recibí apoyo especial del Presidente Keith Ray, el Vicepresidente Académico, Tom Tanner, del Decano Asociado del Seminario, Paul Boatman, y de Becky Boggs, mi asistente administrativo.

Al equipo de College Press y de Logos Bible Software, gracias por apoyar y promover el proyecto.

Índice de contenidos

Prólogo

Una invitación a escuchar el canto del Cordero

> De su boca salía una espada aguda de dos filos… Y el aspecto del que estaba sentado era semejante a piedra de jaspe y de cornalina… Estaba en pie un Cordero como inmolado… Miré, y he aquí un caballo amarillo… El aspecto de las langostas era semejante a caballos preparados para la guerra… Y fue lanzado fuera el gran dragón… Y vi subir del mar una bestia… Cuente el número de la bestia, pues es número de hombre. Y su número es seiscientos sesenta y seis… Armagedón… Ha caído, ha caído la gran Babilonia… Y vi un gran trono blanco… Ven acá, yo te mostraré la desposada, la esposa del Cordero.
>
> (Ap. 1:16; 4:3; 5:6; 6:8; 9:7; 12:9; 13:1, 18; 16:16; 18:2; 20:11; 21:9)

¿Has alguna vez comenzado a leer el libro de Apocalipsis solo para sentirte derrotado por el turbulento conjunto de desconcertantes imágenes: criaturas aladas, bestias, trompetas, cálices, el número 666? Si es así, entonces mi libro es para ti. He escrito en compasión por aquellos que han tratado de leer, entender, y aplicar el libro y han abandonado la esperanza de poder llegar a entenderlo.

¿Te has sentido desconcertado alguna vez por la forma en que algunos autores, predicadores, y maestros usan el libro para predecir el futuro, desde interpretar los eventos recientes del Oriente Medio hasta el ubicar la fecha precisa del retorno de Cristo? Entonces mi libro es para ti. Escribo a causa de la *preocupación* de vivir en una era en la que muchos discípulos de Jesús están obsesionados en usar el Apocalipsis para conocer y controlar el futuro.

¿Crees tú que el Apocalipsis no tiene nada que ver con tu vida como seguidor de Jesús? Entonces mi libro de directrices para interpretar el mensaje de Juan es para ti. Escribo a causa de mi convicción que el mensaje del Apocalipsis necesita ser escuchado y obedecido por el pueblo de Dios.

A través de los años he conocido personas de toda clase que se sienten atribuladas por el Apocalipsis. Miembros de las iglesias, junto con estudiantes de instituciones y seminarios bíblicos me han confesado estar desconcertados por el misterioso lenguaje del Apocalipsis. Predicadores experimentados y no pocos profesores me han revelado el estar perplejos por esta obra. Con frecuencia se percibe que es el libro favorito de gente rara o de individuos que tienen demasiado tiempo en sus manos. Quizá te has ruborizado por los comentarios hechos por aquellos que promueven interpretaciones vergonzosamente sensacionalistas e inevitablemente incorrectas, enraizadas en motivos que no siempre son nobles.

Cordero de Dios,
que quita el pecado el
mundo, ten misericordia
para con nosotros.
Cordero de Dios, que
quita el pecado del
mundo, danos paz.

Agnus Dei (Cordero de Dios)
Siglo Séptimo.

Este libro es el resultado de años de estudio personal y de enseñar la Biblia en el contexto de la comunidad cristiana. No lo compuse en una torre de marfil apartado de los creyentes y de las condiciones de nuestro mundo. Por el contrario, ofrezco aquí ideas que he presentado anteriormente en congregaciones, conferencias, convenciones, colegios y seminarios, tanto aquí en mi país como en el extranjero. Quiero que los cristianos reemplacen la palabra "misterioso" con "significativo" cuando estudien el libro. Como estudiante y maestro de la Escritura, he tratado de tomar seriamente el consejo de Ernst Käsemann:

> Nos haría bien leer y releer el Apocalipsis de Juan... Patmos no es un cielo idílico de descanso para eruditos jubilados que miran hacia atrás a una vida de trabajo duro de piedad e integridad... Porque allá en el continente la historia mundial está en marcha y las iglesias están agotadas, y ya no la ven ni batallan para hacerle frente. Ellos alaban a Cristo como el Señor del cielo, pero no le oyen cuando les dice: "El mundo y todo lo que hay en él es mío"... El cristianismo debe de notar las cosas terrenales si aspira a ser digno de su llamado a las cosas celestiales.[1]

En cierta ocasión uno de mis colegas me hizo una pregunta perspicaz: "Bob, ¿qué tono tendrá tu libro?" Permíteme compartir mi respuesta. En primer lugar, al tratar con el asunto de cómo leer un libro que mucha gente considera inaccesible, le respondí que quería que este libro fuera amigable. Aunque espero que mi trabajo refleje una sólida erudición, quiero que sea atractivo para la gente de todos trasfondos, desde los individuos en las congregaciones que aman la Palabra de Dios y desean entenderla mejor, a los predicadores que desean comunicar todo el consejo de Dios y a los profesores que están equipando estudiantes para ser intérpretes fieles, hasta para los curiosos que se preguntan si Dios les habla a ellos a través del apóstol Juan, el autor del Apocalipsis.

A largo plazo, creo que la forma de abordar el Apocalipsis expuesta en este libro lo hace mucho más fácil de entender. Mis guías de estudio probablemente no te llevarán a las interpretaciones sensacionalistas que otros métodos pudieran producir: histeria del fin del siglo, locura por fijar fechas, fiebre del rapto, obsesión por el Anticristo, manía por el "666". Y aun así, desde otra perspectiva, creo que mi aproximación al tema llevará a hacer la lectura del Apocalipsis aún más sensacional, aunque de una manera inesperada. ¿Cómo? Te retará, motivará, te emocionará a estudiar más profundamente el libro. En verdad, mientras más profundamente te sumerjas en el libro, más profundo también será tu entendimiento, y te convertirás en un mejor discípulo de Jesucristo en vista del futuro que Dios ha revelado a su pueblo.

Mi pesar es que aquellos de nosotros que hemos estudiado el Apocalipsis de la forma en que recomiendo, no hemos sido lo suficientemente apasionados para comunicar la urgencia de mostrar a otros este modo diferente de leerlo y aplicarlo. Cuando comienzas a aplicar las directrices de mi libro en tu propio estudio, verás que surgen preguntas por responder: ¿Qué visión del futuro influenciará la manera en la que vives ahora? ¿Qué clase de Jesús quieres seguir? ¿Qué clase de seguidor de Jesús quieres ser?

Con frecuencia la labor de los eruditos bíblicos está muy distanciada de las necesidades de la congregación local. En vista de esta preocupación, el libro evita, tanto como es posible, los términos técnicos asociados frecuentemente con los estudios académicos.[2] Quiero que los cristianos de diversos trasfondos lean este libro. Es con frecuencia también anecdótico en estilo. Este es el caso, en parte, porque he presentado este material a audiencias en una variedad de ambientes. Además, debido a que he tenido la oportunidad de enseñar en otras culturas, mi entendimiento se ha enriquecido significativamente. En particular, al enseñar en Europa Oriental, los estudiantes me han presentado asuntos y preguntas que me dirigen una y otra vez a aplicar al día de hoy el mensaje universal del Apocalipsis. He tratado de balancear este deseo de aplicar el libro en la actualidad junto con una apreciación por la manera en que la audiencia original lo habría entendido.

Quiero que mi libro sea entendible, un regalo para la iglesia aquí y en el extranjero. Tal y como Juan escribió una carta circular para cristianos de diversos entornos (Apocalipsis 1:9, 11), así deseo que este libro sea circular, que hable a los estudiantes de la Escritura en todo el mundo que tienen diferentes niveles de conocimiento y destrezas. Este no es un libro para "idiots",[3] es uno para aquellos que están dedicados a Dios y están dispuestos a buscar profundamente con el fin de manejar correctamente la Palabra de verdad registrada por Juan.

Di una segunda respuesta a mi colega. Aunque quiero proveer un libro que sea entendible para una variedad de audiencias, no quiero que tenga un tono argumentativo. Quiero que el libro sea conciliatorio. El tema del regreso final de Cristo en general, y el libro de Apocalipsis en particular, causan considerable controversia, por decirlo suavemente. Se forman lados y con frecuencia se desarrolla un espíritu de censura. La ortodoxia de un individuo es confirmada o puesta en duda. Sugiero una forma de leer Apocalipsis que tiene raíces profundas en la historia de la iglesia y que es vista como una válida aproximación por muchos eruditos contemporáneos que aceptan la confiabilidad de la Escritura. Y aun así, me temo que es una aproximación que es desconocida por muchos.

El mensaje del Apocalipsis necesita ser escuchado y obedecido

Naturalmente, por lo tanto, mis conclusiones se verán en conflicto con otras, y mi aproximación interpretativa no será aceptada por todos. Pero quiero ser tan claro y certero como sea posible, y al mismo tiempo, evitar una actitud combativa. He hecho deliberadamente el esfuerzo de ser comedido y respetuoso. Sobre todo, quiero que el libro avance el diálogo sobre la mejor manera de leer el Apocalipsis.

Por lo tanto, espero que tres de los títulos que con frecuencia se asocian con el apóstol y autor, Juan, también sean asociadas con mi esfuerzo. Primero, escribo como pastor. Mi deseo es el de pastorear al pueblo de Dios cuando lean el Apocalipsis. Quiero que los discípulos de Jesús vean como el mensaje de Juan puede ayudarles en su viaje a su hogar eternal donde morarán con Dios.

En segundo lugar, escribo como un *predicador* que quiere ayudar a la gente a ver las buenas nuevas de Jesús (para aquellos que abrazan el evangelio) y las malas noticias (para aquellos que rechazan o abandonan las buenas nuevas) que se encuentran en la obra de Juan. El mensaje del libro necesita ser escuchado en el siglo veintiuno tanto como lo fue en el primer siglo, si no es que más.

En tercer lugar, escribo como *profesor* que respeta el espíritu profético del libro. El Apocalipsis es profético en ambos, carácter y propósito. Juan el profeta vio su tarea como presentar la Palabra y la voluntad de Dios al pueblo de Dios en un lugar en particular y en un tiempo en particular. Es una obra profética que nos habla aún el día de hoy. Se dio a Juan la oportunidad de penetrar en los asuntos eternos detrás de las crisis de su época, y de nuestra época también. Como sus predecesores del Antiguo Testamento, Juan les recordó a los recipientes acerca de las bendiciones de Dios. Al mismo tiempo, él también le reveló al pueblo de Dios los deberes que deberían de realizar en tiempos de grandes retos. Y les reafirmó que los propósitos de Dios serían en verdad cumplidos.

Como profesor, quien es también un pastor y predicador, quiero que el mensaje del Apocalipsis penetre en las mentes y los corazones de los seguidores de Cristo. ¿Por qué? A fin de que pueda ser vivido por aquellos que enfrentan culturas hostiles o seductivas.

Dios mediante, este libro es el primero de una serie de tres tomos. Un segundo libro sería un comentario basado en los principios interpretativos encontrados en este libro. Su meta sería la de dar a conocer en lenguaje contemporáneo, usando metáforas e ilustraciones, el mensaje del libro de Apocalipsis. No será un estudio versículo por versículo sino un examen y explicación del simbolismo en cada capítulo, moviéndose para adelante y para atrás entrelazando el significado de los símbolos para los lectores de Juan y señalando posibles significados para nosotros hoy en día. Un tomo final se enfocará en temas tales como los intentos por determinar la fecha del regreso de Cristo u otros eventos, el milenio, el anticristo, el rapto, la marca de la bestia, el Armagedón y otros más.

Para recibir el máximo beneficio al leer los siguientes capítulos, te animo a leer las escrituras citadas y las notas de pie de página también. Sé que con frecuencia nos las brincamos, pero lo hacemos corriendo un gran riesgo. El leer los versículos te ayudará a verificar la certeza de mis conclusiones a la luz de la palabra de Dios. Notarás que he incluido también material adicional en las notas de pie de página. Aunque podrías leer mi libro sin consultar las notas, encontrarás que tienen una variedad de funciones. Algunas veces uso las notas simplemente para documentar citas, expresar mi deuda con algún autor, o proveer apoyo adicional para un punto en particular que se ha presentado. Otras veces, uso las notas para dirigirte a estudios adicionales. También las uso para hacer observaciones o hacerte preguntas para que las contentes por tu cuenta.

Al trabajar en mi libro, siempre trato de mantener en mente el sabio consejo que mi madre escribió en una Biblia que me dio en 1969:

Mi querido hijo,

Es mi oración que siempre sigas las enseñanzas de este libro. Que siempre te recuerde que a través de los años él es el gran Maestro y la persona más educada que jamás ha vivido, aun así, sus enseñanzas fueron lo suficientemente simples que todos pudieron entenderlas.

Mi hijo, usa tu sabiduría para ganar a otros para él. Que Dios te conceda el poder de continuar sirviéndole toda tu vida. Una educación es importante, pero más importante es la educación de otros por Cristo.

Permite que tu educación sea una herramienta para Cristo y no una herramienta para hombres.

Mi oración para ti al leer este libro es que pueda ayudarte a dar gloria al Cordero siguiéndole aún más de cerca.

1

La obertura: Mi estrategia

Los críticos están mucho más locos que los poetas… Y aunque Juan el evangelista vio muchos monstruos extraños en su visión, no vio a ninguna creatura tan extraña como algunos de sus comentaristas.[1]

Compuesta en 1908 por G. K. Chesterton, esta declaración habla de la manera vergonzosa en la que las visiones de Juan son usadas aun en nuestros días, cerca de 100 años después. Con demasiada frecuencia los intérpretes de las visiones son semejantes a aquellos que usan una bola de cristal para explicar lo que Juan vio y escuchó a la luz de los eventos contemporáneos. Como otro comentarista en el Apocalipsis, es mi deseo ofrecer una estrategia más sana para interpretar el libro.

Cuando abrimos este último libro de la Biblia, experimentamos una colisión de sonidos, aromas y panoramas. El libro golpea y suaviza a la vez nuestros sentidos. Vemos la promiscuidad de una prostituta y sus amantes, y la celebración de bodas de una novia y su novio (17:1-6; 19:6-9). Percibimos el olor de cadáveres descompuestos, y el del dulce incienso (19:19-21; 8:3-4). Escuchamos lamento y regocijo (18:11-20; 19:1-8). Probamos aguas amargas ahora, y deseamos algún día ser refrescados por ríos de agua viva (8:10-11; 7:17). Sentimos los vientos de juicio soplando y la gentil brisa del Espíritu hablando al pueblo de Dios (7:1; 2:7). A pesar de las escenas confortadoras, estamos tentados a cerrar el libro y pensar: nunca más abriremos este libro para leerlo. Juan pudo haber visto y oído, pero no deseamos hacer ni lo uno ni lo otro. O si deseamos leerlo y estudiarlo, nos frustramos pues no sabemos cómo hacerlo.

No es de extrañar que muchos cristianos nunca han pasado de los primeros tres capítulos, si es que acaso han llegado tan lejos. Por un lado, hay estudiantes que divorcian el texto de su contexto original y adoptan un enfoque autocéntrico. Creen que el libro habla solamente a la generación de los así llamados "últimos tiempos," con frecuencia refiriéndose a su propia generación. Por otra parte, hay otros que quieren limitar su mensaje exclusivamente a los cristianos del primer siglo.

Mi argumento es que Apocalipsis es un libro para todas las generaciones hasta el regreso de Cristo. Hemos sido llamados a estudiarlo apropiadamente a fin de encontrar las eternas palabras de consolación y exhortación de Dios. Es tan relevante como cualquier otro libro encontrado en la Escritura. Somos llamados a meditar en él porque es tan inspirado como Romanos o los Salmos. El libro nos invita a que lo examinemos porque su profundo mensaje se aplica a todos los cristianos. Vivimos en un mundo en el cual somos llamados a ser testigos del Cristo revelado en el Apocalipsis, el que es y que era y que ha de venir. Y como en los días de Juan, muchos en el mundo rechazan el llamado de la iglesia a arrepentirse y seguir a Jesucristo y aun violentamente resisten a los que dan testimonio de Dios. La historia de la iglesia revela que los

El Apocalipsis es tan relevante como cualquier otro libro encontrado en las Escrituras

siervos de Dios parecen vivir siempre al borde de transigir, o bajo la sombra de fuerzas que buscan destruir la iglesia. De hecho, este es un libro que será relevante hasta que Cristo venga una última vez.

La declaración de Chesterton nos recuerda la importancia de que todos los cristianos seamos los mejores críticos de la Biblia que nos sea posible ser. Por favor no se alarmen ante tal llamado. El término de "crítico" no significa algo negativo. Un crítico es alguien que se involucra en análisis y evaluación. Tal persona sabe que el estudio minucioso lleva a una apreciación más profunda de lo que ha sido comunicado. Un crítico cinematográfico evalúa una película; un crítico de arte evalúa pinturas; y un crítico de música analiza composiciones o ejecutantes. Los críticos bíblicos son aquellos que intentan analizar las Escrituras, usando los mejores principios y métodos a fin de que la voz de Dios sea claramente escuchada. La Escritura reta a todos los discípulos de Jesús a hacer el mejor esfuerzo al estudiarla (2 Timoteo 2:15). Podríamos ser culpables de añadir o quitar al mensaje de Apocalipsis si somos mediocres estudiantes del mensaje dado a Juan (Apocalipsis 22:18-19).

Cuando era un adolescente tomé una clase de apreciación musical. El maestro nos enseñó cómo escuchar diferentes tipos de música a fin de apreciar la riqueza y variedad de las composiciones. De la misma forma, debemos escuchar el Apocalipsis correctamente para comprender la belleza y el poder de la composición del Cordero. Repetidamente en el Apocalipsis, el Espíritu nos llama a escuchar y evaluar lo que Dios está diciendo: "El que tiene oído, oiga lo que el Espíritu dice a las iglesias". (2:7, 11, 17, 29; 3:6, 13, 22; y también 1:3, 13:9, 18; 22:9). En la exhortación de un erudito bíblico, somos llamados a escuchar la sinfonía de la Escritura.[2]

En acuerdo con lo anterior, mi libro está escrito con la convicción de que Apocalipsis es la adecuada pieza final a la sinfonía de Dios. De hecho, es un recordatorio de que la Palabra de Dios no es una sinfonía inconclusa. Tal y como Génesis es un apropiado preludio que introduce los temas dominantes que encontramos a través de la Escritura (por ejemplo: la creación, el pecado, la promesa de un redentor, el pacto, etc.), así el Apocalipsis nos lleva a un apropiado final donde ya no hay más maldición. Si hemos de escuchar la "sinfonía de la Escritura," entonces debemos de escuchar toda la sinfonía, incluyendo el Apocalipsis.

En lo referente a la música, la obertura es la introducción orquestal a un drama musical. Da una clave de la música que vendrá, ya sea en un musical o en una ópera. Este capítulo sirve como un movimiento introductorio a aquellos que vendrán a continuación. Está dividido en tres partes que exponen mi tarea para el libro: una misión, una metáfora, y un método.

Una misión

Por más de cuarenta años, he enseñado y predicado la Escritura. Como profesor de un seminario, determiné hace mucho que no sería primordialmente un conferencista sino uno que equipa a otros. En mis clases no me he parado enfrente de mis estudiantes para enfatizar solamente mi interpretación personal de un pasaje dado del Nuevo Testamento. En lugar de esto, he intentado equipar a mis estudiantes con guías generales de interpretación que son relevantes para todos los libros y otras más especiales para el estilo del libro. Una vez que los he presentado, asigno a cada estudiante un pasaje a estudiar. Y después de semanas de disciplinado estudio, el estudiante entonces comparte sus conclusiones con toda la clase. Por supuesto, animo a los estudiantes a usar los mejores recursos disponibles,[3] tomando de las contribuciones que el pueblo de Dios ha hecho a través de los siglos. Cuando terminan la clase, quiero que tengan la habilidad de estudiar por su cuenta. Les enseño con esta convicción: Mientras más profundamente analizamos la Escritura y reflexionamos en ella, más poderosamente esta hablará a nuestras vidas.

Cuando enseño en la iglesia, modifico este método de salón de clase. En esas ocasiones, no dudo en compartir mis ideas concernientes al significado original del pasaje y su mensaje para el día de hoy. Sobre todo, intento compartir los principios que uso para que la gente pueda estudiar por sí misma cuando yo termino. Si el tiempo lo permite, aplicamos juntos las guías estudiando en pasajes concretos que seleccionamos.

Similarmente, en los capítulos que siguen, aplicaré las guías de estudio, usualmente procediendo de los pasajes más fáciles de interpretar a los que presentan un reto mayor. He luchado con la pregunta de qué tan amplia o profundamente debo de tratar de ilustrar los principios. No obstante, espero que los ejemplos que he provisto sean útiles y sirvan de guía para que realices tu propio estudio de Apocalipsis. Sugiero que ya que hayas realizado tú propio estudio inicial, sería útil el interactuar con las contribuciones publicadas por otros estudiantes de la Escritura que han dedicado años de sus vidas a excavar las riquezas de la Palabra de Dios.

Ya sea en el salón de clases del seminario o en la congregación local, estoy en un peregrinaje para ser un mejor estudiante de la Escritura, e invito a otros a unirse conmigo. Estoy comprometido a enseñar a otros como leer la Biblia responsablemente. La gente se deleita en grande cuando recibe las directrices de estudio, se le anima a usar las mejores herramientas, y se compromete a realizar un mejor estudio de la Biblia. Este libro intenta capturar lo que he ofrecido en el estudio del Apocalipsis a través de los años a fin de que sea usado por otros como un manual para que se unan a mí en este viaje para entender mejor el corazón y la mente de Cristo. Te invito a estudiar conmigo. No hay duda de que tendremos que estirar nuestra capacidad, pero obtendremos ricas bendiciones.

No me sorprende que cuando enseño en el libro de Apocalipsis en un ambiente académico, o en la iglesia local, provoca ya sea un interés increíble o un desinterés desdeñoso. Aunque ambos extremos no son saludables, aprecio los sentimientos de ambos extremos. Admito fácilmente que por años tuve una relación de sentimientos encontrados con el Apocalipsis debido a que fui expuesto a dos posiciones radicales.

La palabra de Dios no es una sinfonía inconclusa.

Por una parte, algunos me enseñaron que la mayor parte del libro fue escrito por los recipientes del primer siglo y que no tenía nada que decir para el día de hoy. (Sin embargo, ¡los capítulos 1-3 contenían pequeñas porciones dignas de examinarse!) De esta manera, el Apocalipsis se ve reducido exclusivamente a una historia sobre los primeros cristianos. Yo me preguntaba a mí mismo: Si esto es cierto, ¿por qué esforzarse entonces en estudiarlo?

Por otro lado, algunos de mis maestros argumentaban que la mayor parte del libro (especialmente los capítulos 4-22) fue escrita solo para los creyentes que vivirían inmediatamente antes de la venida final de Cristo.[4] Esta perspectiva sostiene que Juan nos ha dado un detallado bosquejo de los eventos que llevarán a la venida de Cristo. Los que proponen este punto de vista sugieren que todo lo que tenemos que hacer es determinar cómo los eventos que ocurren en nuestros tiempos se ajustan a las visiones de Juan. La preocupación dominante es donde nos encontramos en la tabla de eventos proféticos. Cuando me presentaron este punto de vista me preguntaba: Si es así, ¿qué relevancia tuvo el Apocalipsis para Juan y sus condiscípulos?

Por años, entonces, yo creía que para entender o aplicar el mensaje del Apocalipsis se necesitaba, ya sea el conocimiento de los eventos del primer siglo relacionados con la iglesia y el imperio Romano que se encuentran en los libros de historia, o el conocimiento de la cultura contemporánea encontrados en los encabezados de las últimas noticias. Un punto de vista relegaba el Apocalipsis al pasado, mientras que el otro lo usaba para predecir el futuro. El libro no significaba nada para mí, o era todo referente a mí. El primer concepto era todo sobre el pasado y se refería a eventos fuera de nuestro control, y me parecía sin ningún atractivo. Si acaso me sentía atraído al segundo punto de vista. ¿Por qué? Porque si Apocalipsis nos dice en detalle sobre el futuro, mi futuro, entonces apela a nuestro deseo de poseer tal conocimiento, y nos vemos tentados a pensar que estamos en control. En última instancia, de cualquier modo, debido a estos puntos de vista que mis maestros tenían, encontraba el libro sin ningún atractivo. Evitaba el leerlo y estudiarlo. Hablando con otros creyentes, sabía que yo no era el único. Así que por cerca de una década virtualmente ignoré el libro.

Mientras más profundamente analizamos la Escritura y reflexionamos en ella, más poderosamente esta hablara a nuestras vidas.

Entonces, a principios de los años 70's, más de siete años de haber comenzado mi entrenamiento forma bíblico-teológico, tomé un curso sobre los escritos de Juan y después otro curso en Apocalipsis en particular. Comencé a desarrollar una pasión por el libro. Me di cuenta que no se me había enseñado cómo leer y estudiar el libro apropiadamente. Me arrepentí de mi negligencia y comencé a reflexionar sobre el valor de la revelación dada a Juan. En consecuencia, mi relación con el libro ha madurado a través de los años hasta cesar de ser un cortejo y haber tomado su lugar entre los otros libros de la Escritura donde escucho al Novio hablar a su novia. Amo profundamente este libro, y estoy comprometido a honrarlo como una invaluable porción de la revelación divina.

He deseado respetarlo enseñando a los seguidores de Jesucristo cómo leer el Apocalipsis a fin de que puedan encontrar consuelo y reto en sus enseñanzas. Mi libro refleja un lento proceso de formación, algo así como una corriente de agua en movimiento que da forma a la roca a través de un largo periodo de tiempo. Mis pensamientos han sido moldeados por mis maestros, los estudiantes que he enseñado, las conversaciones que he tenido con creyentes e incrédulos y los innumerables libros y artículos que he leído. Aunque el viaje no ha concluido (¡cómo sea posible para alguno afirmar ser un experto en cualquier porción de la Escritura, especialmente del Apocalipsis, está más allá de mi comprensión!), espero que estas guías de estudio ayuden a los cristianos que desean ser bendecidos al oír y obedecer el Apocalipsis.

Una metáfora

He decidido usar la metáfora o "imagen" de la música para conectar los capítulos. De todas las artes, la música parece ser la más universal. Aun y cuando no leo partituras y nunca he tocado ningún instrumento, amo la música. Vivimos en un mundo de *iPod* o *MP3* donde podemos escuchar cualquier clase de música, a cualquier hora y en cualquier lugar. Creo que Dios nos ha creado a fin de estar sintonizados para escuchar esta terrenal-celestial forma de comunicación ya que la comunicación celestial con frecuencia encuentra una de sus mejores expresiones en la música. El comparar la música, especialmente el canto, con el Apocalipsis resulta natural ya que el libro está lleno de cantos. En el Apocalipsis no tenemos el fondo musical, pero poseemos la poética letra de los cantos.

Por favor nota el subtítulo del libro: *Escuchando la letra en los Cantos del Cordero*. La "letra en los cantos del Cordero" esencialmente parafrasea la manera en que Juan inicia su libro, "La revelación de Jesucristo". La revelación fue dada en dos formas, visión y palabras, las cuales Juan escribió para la gente. El diccionario de Webster define "lírica" como "la letra de una canción"[5] Estoy usando el término de "lírica" como un sinónimo para las palabras de Juan. Uso el término "Cordero" de la forma en que Juan lo usa, para referirse a Cristo.[6]

Escuchar significa más que simplemente oír; requiere una respuesta obediente a la revelación de Jesucristo. "Escuchando la letra en los cantos del Cordero," entonces, es un llamado a oír y obedecer las verdades dadas *por* Jesucristo y *acerca* de Jesucristo. Juan revela, quita el velo, y muestra estas verdades por medio de vívidas y pintorescas imágenes poéticas. J. B. Phillips reflexiona en la poesía de Juan cuando escribe:

> El efecto del lenguaje en este libro es poderoso al extremo. Las coronas, los tronos, el oro, las joyas, los colores, las trompetas, la violencia de la acción y el impacto de los increíbles números y el tamaño sorprendente, todas estas imágenes conmueven ese portal del cerebro donde los monstruos están al acecho y las glorias sobrenaturales alumbran. Juan está conmoviendo con un estilo surrealista la inmensidad de nuestras mentes subconscientes. El libro es probablemente una imposibilidad para el ilustrador de retratos, pero las figuras creadas en la mente son lo suficientemente vividas y poderosas para transportarnos a otra dimensión espiritual.[7]

Desde esta perspectiva, entonces, hay misterio en ambos, la música y el mensaje de Juan. En este misterio toma lugar un traspaso de la mente y el corazón, provocando las emociones y preparando a la totalidad de la persona para escuchar las letras referentes a Jesús. Phillips observa que "el impacto poético del libro nos traslada a un reino donde las comunes reglas gramaticales no se aplican ya más. Estamos tratando con una poesía celestial y no con prosa terrenal. Ser literal y analíticamente estudioso en tal obra llega a matar su verdad poética. Con frecuencia la disección es la muerte de la belleza».[8]

Las páginas de la escritura sobreabundan con cantos celestiales, poesía puesta en tonos musicales. [9] El pueblo de Dios canta himnos, coros y doxologías. Ellos celebran, lamentan y alaban. Con frecuencia, los cantos encontrados en la escritura le ayudan a la gente a entender a Dios y a sus caminos, el mundo en el que vivimos, y lo que significa ser humano. Estas aun nos ayudan a entender la escritura misma.

Encontramos cantos en el primer libro de la Biblia (Génesis 31:27), tanto como en el último libro, donde encontramos cantos intercalados a través de este (Apocalipsis 4:8, 11; 5:9-10, 12-14; 7:10, 12, 15-17; 11:17-18; 12:10-12; 14:2-3; 15:3-4; 16:5-7; 19:1-3, 6-8).[10] Entre los dos, tenemos música y canto asociados con el nacimiento y la muerte (Lucas 1:46 ss; Jeremías. 48:36), la guerra y la paz (Isaías 30:32; 27:2), la gente y la creación (Salmo 98:4-6; Job 38:7; Salmo 65:12-13; 96:12; 98:7-8). Encontramos música en tiempos de exilio (Salmo 137:2-4) y restauración (Isaías 24:14; 49:13), temporadas de gozo (Salmos 149, 150) y de tristeza (2 Samuel 3:32-34; 2 Crónicas 35:25; Ezequiel: 32:16; Lucas. 7:32). Cantos nuevos (Salmos 33:3; 40:3; 96:1; 144:9; Isaías 42:10; Apocalípsis. 5:9; 14:3;) toman su lugar junto con los cantos que nos son ya familiares. La música es usada, ya sea para simbolizar el pecado de rebelión contra Dios (Amós 5:23-24; 6:4-6; ver también Isaías 5:11-12), o la intimidad entre un hombre y una mujer (Cantar de los Cantares).

Las nociones de talento e inspiración están ligadas a la música (1 Crónicas 15:22; 25:7; 2 Crónicas 34:12; Salmo 33:3).

David es quizá el músico preeminente; él es el ungido e inspirado compositor e intérprete (2 Samuel 23:1). Por encima de todos los cantores está el Divino, Dios mismo. Él escribe los cantos que los individuos cantan (Salmo. 40:3) tanto como los que son entonados por las naciones (Deuteronomio 31:19) y los referentes a las naciones (Jeremías 48:36; Sofonías 3:17).

Al final, Dios es el origen último y recipiente de toda la música sagrada que se encuentra en la Escritura y de toda la música entonada por el pueblo de Dios a través de los siglos. En verdad, en los eventos más grandes de Israel, escuchamos música que alaba a Dios: el éxodo (Éxodo 15), en la conquista de los Cananeos (Jueces 5), al recapturar el Arca del Pacto (2 Samuel. 6:5, 14-15; 1 Crónicas 15:16), la dedicación del templo (Nehemías. 12:27:43), en la coronación del rey (2 Crónicas 23:13), y en el regreso del exilio (Isaías 12:5). Y por supuesto, la instancia más prevalente, la música fue usada en la adoración de la comunidad (Salmos 147:1; 149:1; 150:1-5), tanto como en la adoración personal (Salmos 13:6; 27:5-6; 71:20-23).

Escuchar requiere una respuesta obediente a la revelación de Jesucristo.

En cuanto a la música en el Nuevo Testamento, encontramos cantos en los evangelios (Mateo 26:30), en Hechos (16:25), y en las cartas (Romanos 15:9; 1 Corintios 14:14-15, 26; Efesios 5:19; Colosenses 3:16). La música del Apocalipsis se enfoca en el poder de Dios trabajando en el origen y juicio de su creación, así como en los actos de redención por medio de Jesucristo (Apocalipsis 4:8, 11; 5:8; 14:2; 15:2). Leemos de trompetas (1:10; 4:1; 8:2, 6, 13; 9:14) y arpas (5:8; 14:2; 15:2). Escuchamos coros de ángeles (5:11-13; 11:15-18) y coros celestiales (4:11; 5:9-10; 15:3-4) cantando alabanzas a Dios. Tal como los santos del Antiguo Testamento entonaron sus antiguos cantos, de esta misma manera los santos del Apocalipsis cantan los nuevos (5:12-13; 7:12; 14:3; 15:3).

De esta forma, a través de toda la historia bíblica y más allá, el pueblo de Dios ha amado la música. Ellos han cantado y celebrado las palabras y los hechos de gracia y gloria de Dios, tanto como su justicia y juicio. El pueblo de Dios ha cantado privadamente y también en compañía de otros. Ellos han celebrado cantando en templos hermosos y en celdas de prisiones. Han llevado sus cantos por las calles de las ciudades y por los desiertos. Llevaron su música a islas estériles como Patmos o a las ciudades y villas de ricas provincias como Asia Menor. Los peregrinos de Dios cantaron mientras moraban en la tierra prometida, así como en tierras extranjeras.

"¿Cómo cantaremos los cánticos de Jehová en tierra de extraños?" pregunta el salmista refiriéndose al pueblo de Dios que vivía en Babilonia (Salmo 137:4). Sin duda Juan y sus hermanos y hermanas en Cristo se hubieran hecho la misma pregunta mientras vivían bajo la sombra de una renacida Babilonia, el Imperio Romano. Como el pueblo de Dios en el siglo veintiuno, si tenemos ojos para ver y oídos para oír, sabemos que hay aun seguidores de Cristo que viven en Babilonia. El Apocalipsis nos ayuda a identificar dónde nos encontramos en cuanto a nuestra relación con Dios y el mundo en el que vivimos, ya sea un pueblo oprimido o seducido, o un pueblo que sirve fielmente y sin temor.

Los cantos de la Escritura y su teología hablan del caos y confusión del mundo en el que vivimos. Juan desea tocar el tema: ¿Existen instrucciones para los discípulos de Jesucristo que viven en tiempos hostiles y seductivos? ¿Qué cantos quiere Dios que escuchemos? ¿Qué cantos debemos de entonar? Si hemos de escuchar de una manera perceptiva, y si hemos de cantar la verdad en un mundo que con frecuencia es hostil al testimonio del evangelio por causa de su negativa a adorar ídolos de destrucción, debemos saber cómo interpretar lo que

Dios ha revelado en los escritos de Juan. O para continuar con la metáfora, ¿Cómo hemos de escuchar la música del Apocalipsis y entender sus cantos? ¿Qué influencia tiene nuestra lectura de este en nuestra forma de cantar?

Un método

Si hacemos un esfuerzo por leer el Apocalipsis, podríamos en ciertos puntos pensar que hemos tomado una copia demente de la revista *National Geographic* (Geográfica Nacional) llena de grotescas creaturas: un Cordero degollado, sangrando y aun de pie; un dragón derrumbando estrellas del cielo con su mortífera cola; una bestia con siete cabezas y diez cuernos y un cordero que pastorea. O pudiésemos pensar que hemos estado cambiando canales en la televisión usando el control remoto y nos hemos topado con el canal del clima que revela un mundo alterado por severos rayos y truenos, tormentas, horrendo granizo de cincuenta kilos de peso, mares tempestuosos, islas que se sumergen y montañas que se derriten y condiciones de tsunamis con ciudades que se colapsan en un abrir y cerrar de ojos. O pudiésemos sentir que leer el libro es como abrir una caja que contiene 5,000 piezas de un rompecabezas y tratar de ensamblarlo sin tener una imagen en el frente de la caja que nos muestre lo que estamos tratando de ensamblar. O pudiésemos concluir que se nos ha entregado un libro de matemáticas de nivel avanzado con números incomprensibles y ecuaciones conteniendo series de tres, de cuatros, decimos y múltiplos de diez, series de doces y múltiplos de doce y "tiempo, tiempos y la mitad de tiempo". O quizá al leer todo el libro –si es que acaso llegamos al final– lleguemos a la conclusión que es como una película pobremente dirigida cuyo director y editor no sabían dónde y cómo terminar la película. Puesto de una manera sencilla,

Apocalipsis puede parecer estar fuera de foco cuando lo comparamos con otros libros de la Biblia.

Aun así, reflexiona conmigo en una escena del libro de Hechos. Es la historia que trata de Felipe, el evangelista, que instruye al eunuco Etíope (Hechos. 8:26-40). En su viaje a Jerusalén para adorar a Dios, el etíope ha estado leyendo Isaías 53 y no puede entender el mensaje. El Espíritu le dice a Felipe que se acerque e instruya a este oficial de gobierno. Felipe se une al eunuco en el carruaje y el estudio bíblico comienza cuando el evangelista pregunta al viajero si entiende lo que ha estado leyendo. Es un estudio que termina cuando el oficial es bautizado y se convierte en un seguidor de Cristo. Una lección que podemos aprender de esta historia es que el estudio bíblico debe llevarnos a estar más cerca de Jesucristo.

En el pasado, cuando has intentado leer el Apocalipsis, has deseado que alguien se hubiese sentado a tu lado y te hubiese preguntado: "¿Entiendes lo que lees?" Tú bien pudieses haber contestado: "¿Y cómo podré, si alguno no me enseñare?" (Hechos. 8:30-31). La palabra que se traduce aquí como "enseñar" puede también traducirse como "guiar". Espero que este libro sirva como una guía. Deseo proveer guías de estudio para interpretar Apocalipsis responsablemente. Pero estas solo establecen los parámetros. Como estudiantes de la Biblia debemos observar como otros estudian la Escritura, y debemos practicar el estudio de la Escritura. Al entender el Apocalipsis mejor, conoceremos y serviremos mejor a Jesucristo. Te invito a estudiar conmigo mientras uso diferentes ejemplos tomados de los dos testamentos.

Con frecuencia los cantos que encontramos en la Escritura ayudan a entender a Dios y sus caminos.

A lo que me refiero aquí es a la hermenéutica, la ciencia y arte de entender e interpretar la Escritura. O puesto de otra manera, el término se refiere a aquellos principios que debemos de seguir para interpretar correctamente lo que el libro significó para los recipientes originales a fin de saber lo que significa para nosotros hoy en día. Estoy convencido de que la confusión frecuentemente ocurre debido a una hermenéutica bíblica defectuosa. Este es especialmente el caso en el estudio del Apocalipsis. Desafortunadamente, parece ser que con frecuencia los principios que uno aplica al estudiar los otros libros de la Biblia se abandonan cuando uno llega a la última parte de la Biblia. Esto resulta en interpretaciones falsas. Creo que la Escritura es confiable y verdadera. No se puede decir lo mismo sobre nuestra interpretación de la Palabra de Dios.

También me estoy refiriendo a la exégesis. "Exégesis" proviene del griego, y significa "guiar" o "sacar". Hacer exégesis significa extraer el significado de algo, o explicar, pasajes en la Escritura. Hacemos esto estudiando la gramática, el significado de las palabras, la forma y estructura, los contextos bíblicos e históricos, etc. La meta es determinar lo que el autor comunicó a los recipientes originales. Tal trabajo exegético es fundamental, y solo cuando se ha completado se puede determinar lo que la Escritura significa para nosotros hoy en día.

¿Cuál es la relación entre hermenéutica y exégesis? La hermenéutica se ocupa de los principios que seguimos cuando interpretamos la Escritura. Algunos principios clave incluyen: (1) interpretar la Escritura usando la Escritura; (2) interpretar lo oscuro usando lo que es claro y no al revés; y (3) interpretar el libro de la Biblia en base a su estilo. La exégesis, por otro lado, es la práctica de estudiar la Escritura, los pasos que uno sigue. Los principios hermenéuticos informan y dirigen la exégesis.

Cuando se ponen en práctica, la hermenéutica y la exégesis demandan que sigamos un conjunto de pasos un tanto científicos basados en principios fundamentales. Sin embargo, interpretar la Escritura es también un arte que se aprende. Estamos más que dispuestos a reconocer que los músicos exitosos, artistas, maestros, carpinteros y las amas de casa deben de aprender ambos, el arte y la ciencia de sus profesiones. De la misma manera, los estudiantes de la Biblia deben de aprender cómo combinar exitosamente ambos, el arte y la ciencia de su profesión. Sugiero adherirse a las siguientes guías de interpretación:

> (1) Conocimiento: los estudiantes necesitan conocer los principios hermenéuticos clave y los pasos exegéticos.
>
> (2) Observación: los estudiantes necesitan observar la forma en que otros estudian la Escritura.
>
> (3) Ejecución: los estudiantes necesitan estudiar la Escritura por sí mismos. Solamente cuando los estudiantes realizan estos tres pasos están en posición de aplicar los resultados a sus propias vidas, el propósito último de la hermenéutica. Ellos deben de vivir su hermenéutica en sus creencias y su conducta.

Entonces, ¿cómo escuchamos la letra de los cantos del Cordero? ¿Cómo leemos el libro de Apocalipsis? Respuesta: Somos capaces de escucharla solamente cuando aprendemos a sintonizar nuestro oído para oír la excepcional composición de Juan en sus propios términos. ¿Cómo escuchamos su composición con un oído sintonizado a los particulares elementos de su composición? Al escuchar los elementos descritos a continuación. Si no nos apegamos a estos principios fundamentales, entonces no escucharemos lo que el Cordero quiere que escuchemos. La música se distorsionará. Nos alejaremos del rango de sintonía del mensaje. No escucharemos y no entenderemos. En consecuencia, presento ante ti seis elementos esenciales que debemos de considerar al escuchar los cantos, los cantos dados por el Cordero sobre el Cordero, tal y como son registrados por Juan.

Es mi oración que estos elementos fundamentales te guíen a una correcta interpretación de los maravillosos escritos de Juan. Estos asumen lo que mencioné anteriormente y que creo que es fundamental para una responsable interpretación de la Escritura: primero buscamos entender lo que el libro significó para su audiencia original antes de poder ver su significado para nosotros hoy en día.

Pero con el Apocalipsis, con frecuencia el significado se enfatiza hasta descuidar o virtualmente ignorar su aplicación contemporánea. El resultado es que los intérpretes, lectores y críticos de hoy imponen improbables interpretaciones basadas primariamente en lo que sucede en nuestro mundo actual. A medida que exploramos la cultura de Juan y su uso de símbolos, cito ejemplos del Apocalipsis y muestro como su mensaje hace eco en los otros libros de la Escritura. Podríamos comenzar a reevaluar las nociones de la percibida rareza de Apocalipsis cuando nos damos cuenta de que tiene mucho en común con los otros libros de las Escrituras.

Mientras presento en esta obra seis aparentemente distintos elementos, necesito enfatizar que no existe una división simple o clara. No podemos ser sensibles a uno sin interactuar con uno o más de los otros. Por ejemplo, no podemos apreciar la importancia del estilo de un libro sin situarlo en su contexto histórico. O los símbolos no pueden ser entendidos sin comprender su origen en el Antiguo Testamento. Aplicar los principios no es como ensamblar un juguete nuevo. Por ejemplo, cuando comienzas a ensamblar un juguete nuevo, debes de seguir las instrucciones paso a paso tal y como son explicadas por el fabricante. La hermenéutica no es una tarea secuencial. En lugar de esto, la interacción entre los elementos significa que te trasladarás para adelante y para atrás a fin de alcanzar una interpretación adecuada. Se nos recuerda que la práctica de una buena hermenéutica no es solo una ciencia, sino también un arte. Debes reflexionar en la interconexión de estos elementos. Entonces, con esto en mente, permíteme presentarte una introducción a estos seis elementos que debemos estudiar para interpretar adecuadamente el Apocalipsis.

Escuchando la letra de los cantos: El escenario de la Escritura (capítulo 2). En el capítulo 2, consideramos el escenario del libro. Específicamente, necesitamos colocar el último libro de la Biblia en el contexto más amplio de los otros sesenta y cinco libros. El mensaje de Juan no contradice el resto de la revelación de Dios sino que la complementa, aunque de alguna forma única. En particular me enfoco en la noción de lo que significa vivir entre las acciones redentoras de Dios enraizadas en la primera y la segunda venida de Cristo.

Escuchando la letra de los cantos: El contexto de la historia[11] (capítulo 3). ¿Cuál es el relato en el trasfondo del libro? Esta es la pregunta que se responde en el capítulo tres. Cada libro de la Biblia debe de haber tenido algún significado para la audiencia original. Un escritor real se dirigió a personas reales en ciudades reales. La palabra "relato" se usa en el sentido de que tiene una historia interesante, y la historia de Juan y los discípulos a fines del primer siglo es justamente eso, interesante. Al construir un puente hasta nuestro mundo, encontramos que debemos de ser sensibles al mundo del primer siglo de Juan. Muestro que el Apocalipsis fue escrito para personas que estaban enfrentando una de estas dos amenazas, si no es que ambas: (1) el peligro de oposición y persecución y (2) el riesgo de seducción por una cultura donde los cristianos estaban llegando al punto de transigir en sus creencias y conducta.

¿Qué letra de cantos desea Dios que escuchemos?

Escuchando la letra de los cantos: El estilo (capítulo 4). El capítulo cuatro trata con los malos entendidos que surgen cuando fallamos al no ser sensitivos al estilo literario de un libro o pasaje de la Biblia. Si no entendemos qué clase de libro estamos estudiando, entonces plantearemos las preguntas equivocadas, y el significado probablemente se nos escapará. Exploraremos la importancia de la combinación que Juan hace de tres géneros literarios –el profético, el apocalíptico y el epistolario (carta)– con un enfoque especial en cómo esta combinación única nos guía para hacer las preguntas correctas al texto.

Escuchando la letra de los cantos: Las fuentes (capítulo 5). Una de las principales razones por las que los cristianos fallan en entender el Apocalipsis es que no están conscientes de la manera en que el Antiguo Testamento permea la obra de Juan. Los "comentaristas descabellados" a los que Chesterton hace referencia existen hasta el día de hoy, en parte, porque no respetan la forma en que Juan usa estos escritos del Antiguo Testamento para comunicar la revelación. Estos comentaristas toman los escritos del Antiguo Testamento fuera de sus contextos originales y los interpretan a la luz de eventos contemporáneos. El capítulo cinco demuestra que Juan usa un lenguaje e imágenes visuales que les eran completamente familiares a sus condiscípulos. Vemos como Juan adopta y adapta la orquestación de pasajes del Antiguo Testamento a fin de comunicar lo que vio y escuchó.

Escuchando la letra de los cantos: El simbolismo (capítulo 6). ¿Debería el Apocalipsis ser interpretado literal o simbólicamente? Este tema provoca mucha discusión y debate, y lo examinaremos en el capítulo seis. En última instancia, el asunto no es si se trata del uno o el otro. Es obvio que los diversos géneros de la Escritura (ley, historia, poesía, profecía, evangelios, cartas, etc.) pueden expresar la verdad de forma literal o figurada. Todos los autores bíblicos usan metáforas. El asunto es interpretar cada libro naturalmente a la luz del género dominante, tanto como considerando sus subgéneros. Dado que la obra de Juan es claramente una obra cristiana profética y apocalíptica, deberíamos de esperar un importante uso de simbolismos. De hecho, todos los capítulos en el Apocalipsis contienen simbolismo.

Escuchando a la letra de los cantos: La estructura (capítulo 7). Todos los libros de la Biblia tienen estructura. Algunas veces la forma en que el libro está organizado es clara, otras veces no lo es. Puede ser relativamente simple, o por lo contrario, muy complejo. Apocalipsis es una obra muy compleja. Sin embargo, creo que podemos entender la organización de Juan, en ambas, el todo y las partes, aunque quizá no seamos capaces de conectar todos los cabos sueltos. El capítulo siete muestra que Juan usa creativamente la estrategia de repetición y recapitulación a fin de comunicar lo que ha visto y oído.

En resumen, he enfatizado en este capítulo que la vida de un discípulo con respecto a la Escritura es una vida de hermenéutica. Somos llamados a vivir una vida de cuidadosa lectura, interpretación dedicada, meditación en oración, apasionada obediencia y proclamación fiel de la Escritura. Cierro este capítulo con dos guías de estudio adicionales, pocas veces encontradas en libros de texto que tratan de la hermenéutica.

En primer lugar, debemos honrar el principio de humildad. No solo estudiamos la Escritura, sino que debemos de someternos a la Escritura. En un análisis final, la Escritura es el sujeto y nosotros el objeto. Dios habla, nosotros escuchamos y obedecemos.[12] Debemos de esforzamos por aproximarnos a la Palabra Escrita de Dios con la disposición de permitirle a Dios que imponga su agenda en nosotros, a fin de que podamos escuchar su Palabra y, por lo tanto, vivir fielmente en su mundo.

Esto resulta doloroso a veces a causa de nuestra arrogancia. Algunas personas están tan ensoberbecidas al estudiar la Escritura que rara vez son estorbados o humillados por las dificultades y complejidades de un libro como el Apocalipsis. Su manera de tratar el libro confirma la verdad de otra observación de Chesterton: "La simplificación de cualquier cosa es siempre sensacional".[13] Desafortunadamente, la forma en que algunos tratan el libro de Apocalipsis, especialmente aquellos que terminan estableciendo fechas e interpretan el libro solamente en términos contemporáneos, conducen al sensacionalismo. Es un sensacionalismo que se basa en una lectura simplista y defectuosa del libro.

En segundo lugar, se necesita mantener el principio de honestidad. La integridad demanda que cambiemos nuestras creencias, así como nuestra conducta, cuando un mejor entendimiento de la Escritura lo demanda. Como estudiante de la Biblia algunos de mis puntos de vista que he afirmado por largo tiempo han sido confrontados, y he tenido que abandonar algunas de mis preciadas interpretaciones. He hecho mi mejor esfuerzo para resistir la tentación de imponer un sistema de interpretación a la Escritura. Verdaderamente, la Escritura debe de dar forma a todo sistema teológico que tengamos. Se requiere valor para reconocer cuando nos hemos equivocado en nuestra interpretación de la Biblia. Pero ese valor es parte de lo que significa el reconocer que la vida del discípulo es una vida de hermenéutica.

Al concluir este capítulo, quiero recordarte que no necesitas ser un graduado de universidad o seminario ni un erudito bíblico para entender el Apocalipsis. Necesitas ser un discípulo de Jesús que tiene tres características: (1) un deseo de conocer la Palabra de Dios; (2) la disposición de aprender y usar principios sanos (3) una pasión de acercarse humildemente al texto, deseando fervientemente escuchar a Dios hablar.

Si queremos escuchar la música de Dios tal y como ha sido registrada en la Escritura, necesitamos que se nos enseñe cómo escucharla. Tanto más importante, debemos desear escuchar la música del cielo en sus términos. No los nuestros.

2

Escuchar el canto: El escenario de la Escritura

¿Suena el Apocalipsis de Juan como una nota discordante cuando lo comparamos con los otros libros de la Biblia? ¿Está fuera de tono con los otros sesenta y cinco libros y sus enseñanzas sobre Dios y su pueblo? ¿Baila este a una música diferente? Algunos argumentan que la voz de Juan debe ser oída por encima de todas las demás. Los cantos que entona y los instrumentos que toca deberían dominar aquellos que otros cantan y tocan. Como solista, por decirlo así, es el más importante en la sinfonía de las Escrituras; su obra provee la clave para entender toda la Biblia.

En la novela de Humberto Eco, *El nombre de la rosa*, dos monjes que viven en el siglo XIV, en Italia, investigan los asesinatos de otros monjes asociados a una rica abadía. En esta historia filosófica y relato policiaco, censura y tensión religiosa, el monje inglés William de Baskerville debe de revelar los secretos oscuros de la abadía a fin de resolver los asesinatos. William y su asistente, Adso, sostienen la siguiente conversación al intentar encontrar al asesino: Adso dice: "Le pregunté por qué piensa que la clave de la secuencia de los crímenes se encuentra en el libro de Apocalipsis. Me miró asombrado: 'El libro de Juan ofrece la clave de todo'".[1]

Aunque el punto de vista del monje Williams prevalece entre ciertos grupos de la iglesia, existen otros puntos de vista.[2] Es bien sabido que Martin Lutero desechó la importancia del libro porque no encontraba a Cristo en él. Ni él ni Juan Calvino escribieron comentarios sobre el Apocalipsis. Otra perspectiva es que ciertamente el Apocalipsis no es tan importante como otros libros en las Escrituras; no se pierde mucho si no se predica o se enseña.[3]

La meta de este capítulo es mostrar cómo la contribución de Juan enriquece el mensaje de las Escrituras sin empobrecer los otros libros y sin elevarlo por encima de ellos. El Apocalipsis complementa a los otros autores bíblicos que escriben sobre la venida final de Cristo. Continuando la metáfora musical introducida previamente, Juan ocupa un asiento clave en la orquesta que interpreta la sinfonía de la Palabra de Dios. Verdaderamente, la decisión hecha por los primeros cristianos de colocarlo como el último libro de las Escrituras es apropiada. La Biblia entera con su énfasis en la creación, el pacto, Cristo, la iglesia, y otros temas, alcanza su punto culminante en el mensaje final del libro sobre la consumación de todas las cosas (es decir, la venida final de Cristo y el fin del mundo). Las Escrituras cierran con el tema de lo que significa vivir como el pueblo de Dios en un mundo hostil y seductivo, entre la

¡Calma, mi alma!
Tu Dios, presente aún
Guiará tu futuro como lo ha
hecho en el pasado.
Tu esperanza, tu confianza no
dejes tambalear;
Todo lo que es misterioso al
final brillará,
¡Calma mi alma!
Las olas y vientos aún
reconocen
Su voz que los dominó
cuando moraba aquí.

"Calma mi Alma"
Katharina A. Von Schleged
1752

primera y la final venida de Cristo, mientras que anticipamos cielos nuevos y tierra nueva libres de la presencia de maldad y la maldición del pecado.

Cuando estudiamos algún libro de la Biblia, o aun un pasaje en particular, es necesario ver cómo el libro o el pasaje encaja con el resto de las Escrituras. Esta tarea se llama exégesis canónica. Anteriormente, definimos exégesis como extraer el significado del texto bíblico y explicarlo. "Canon" se refiere a la lista de libros considerados como las Escrituras. Por lo tanto, la exégesis canónica busca determinar la contribución que un pasaje o libro hace a la totalidad de las Escrituras. En otras palabras, buscamos ver la conectividad entre los libros de la Biblia o entre el pasaje y el resto de las Escrituras.

Usualmente hacemos conexiones entre los libros de la Biblia sin pensar mucho en ello. Por ejemplo, rápidamente conectamos 1 y 2 de Samuel o 1 y 2 de Tesalonicenses. Enlazamos los libros del Pentateuco (Génesis a Deuteronomio) o los libros proféticos asociados a un periodo específico en la historia de Israel, tal como los profetas del siglo octavo A.C. Oseas, Amos, Miqueas, e Isaías. Hacemos lo mismo con Mateo, Marcos, Lucas cuando los identificamos como los "evangelios sinópticos" ("sinóptico" significa "tener una vista común" en cuanto a relatarnos la historia de Jesús), o con los escritos de Pablo que llamamos las "epístolas carcelarias" (Efesios, Filipenses, Colosenses, y Filemón). Estos ejemplos enfatizan la exégesis canónica en lo que podríamos llamar micro nivel. Lo que necesitamos hacer, por supuesto, es ver como todos los escritos encajan en la revelación total de Dios, esto es, a un macro nivel. Por ejemplo, ¿Cómo es que los libros del Nuevo Testamento encajan con los asociados al Antiguo Testamento?

¿Cómo aplicamos el concepto de exégesis canónica al Apocalipsis? ¿Se mantiene aparte del resto de la Biblia, ya sea para ser ignorado o para ser usado como el lente a través del cual leemos el resto de las Escrituras? Creo que ninguna de estas posiciones es válida en última instancia. En lugar de esto, debemos de enfocarnos en cómo los cinco documentos asociados con Juan están conectados y después preguntar como Apocalipsis, en particular, está relacionada con el resto de las Escrituras.[4] Los trabajos de Juan pueden ser vistos desde la siguiente perspectiva. El evangelio de Juan es un libro sobre la fe, las cartas (o epístolas) de Juan tratan del amor, y el libro de Apocalipsis trata de la esperanza; la confiada certeza de que Dios juzgará y recompensará o castigará.

Pero ¿Cuál es la conexión del Apocalipsis con los otros documentos encontrados en las Escrituras, en especial en el Nuevo Testamento? Si Juan recibió Apocalipsis al final del primer siglo,[5] ¿cómo encaja con los otros escritos bíblicos? Si Juan es el último de los apóstoles en contribuir al Nuevo Testamento, y si es un anciano para entonces, ¿es él un viejo y decrépito profeta que tararea una melodía que nadie pudo haber entendido en su tiempo, mucho menos en la actualidad?

Creo que el mensaje de Juan encaja en la totalidad del mensaje bíblico –que Dios desea y actúa para traer a la gente de vuelta a una apropiada relación con él a través de Jesucristo– aun y cuando su estilo literario pueda sacudir a algunos de nosotros. El libro de Juan tiene un estilo único que afecta la manera en que se comunica el mensaje de Dios, pero esto no lo hace tener menos autoridad.

¿Cómo, entonces, encaja el Apocalipsis en el resto de las Escrituras? A causa del espacio disponible, quiero enfocarme en particular en la conexión de Juan con tres temas del Nuevo Testamento: "los últimos días" (y sinónimos tales como "los últimos tiempos"), "escatología" y la relación entre "ahora y todavía no." Cuando se les define apropiadamente, estas ideas pueden ayudarnos a ver cómo el mensaje de Juan encaja con los otros autores bíblicos. Pero existe un peligro al usar estos términos. Por ejemplo, existe un riesgo al usar la frase "los últimos días" ya que con frecuencia esta se usa de manera estrecha, al menos en un nivel popular. También hay peligro al usar la palabra "escatología" porque su significado con frecuencia es vago, y aun cuando se le define, se usa regularmente de manera restrictiva, en ambos niveles popular y académico.

Los últimos días

Muchos se refieren a "los últimos días" como un periodo inmediatamente anterior a la venida final de Cristo o el así llamado reino milenial (mil años) de Cristo (Apocalipsis 20:4ss). A través de los siglos, innumerables cristianos han pensado que estaban viviendo en los últimos días. Esperaban que Cristo regresara mientras estaban con vida.[6] Esto puede ser saludable, si no nos dejamos llevar por el deseo de poner una fecha determinada, sino que vivimos con un sentido de expectativa de que Cristo pueda venir en cualquier momento. Verdaderamente, es posible que su venida final sea cualquier día, ningún día es una imposibilidad.

Sin embargo, desafortunadamente, escuchamos con frecuencia hoy en día que somos la generación justo antes de que Cristo venga a establecer un reino terrenal. Muchas veces escucho a predicadores que dicen que somos la última generación, o que vivimos en los últimos días. Sin duda, los creyentes de previas generaciones sintieron de la misma manera. Pero, ¿es este el lenguaje que deberíamos usar? Creo que no.

Nacido del amor de Padre
El mundo comenzó a ser,
Él es Alfa y Omega,
Él es la fuente,
el final es El,
De las cosas que son,
de las que han sido,
Y los años futuros verán,
Siempre y por siempre.

"Nacido del Amor el Padre"
Siglo cuarto

Cuando echamos un vistazo a la forma en que se usa esta frase en el Nuevo Testamento, debemos concluir que hemos estado viviendo en "los últimos días" desde la primera venida de Cristo. Usando una concordancia bíblica,[7] podemos ver que hay varios lugares donde el concepto de "los últimos días" (o postreros días, postreros tiempos, últimos tiempos, o días finales) es usado solo en este sentido (Hechos 2:17; 1 Timoteo 4:1; 2 Timoteo 3:1; Hebreos 1:2; Santiago 5:3; 1 Pedro 1:20; 2 Pedro 3:3; 1 Juan 2:18; Judas 18). Excepto por 1 Pedro 1:15, donde la frase "el tiempo postrero" (nota el singular "tiempo") se refiere a la escena final de este siglo, la frase "los últimos días" nunca es usada para hablar del tiempo que precede inmediatamente a la aparición de Cristo. Los "últimos días" o "los últimos tiempos" llevan al tiempo del Juicio Final. El evento es descrito de varias maneras:

-**el fin del siglo** (Mateo 13:39, 40, 49; 24:3);

-**el fin del mundo** (Mateo 28:20);

-**el fin** (Mateo 10:22,[8] 1 Corintios 1:8; 15:24; Hebreos 3:14; 6:11; 1 Pedro 4:7; Apocalipsis 2:26);

-**los fines de los siglos** (1 Corintios 10:11); el día (Mateo 25:13);

-**el día del Señor** (1 Corintios 1:8; 5:5; 2 Corintios 1:14; Filipenses 2:16; 1 Tesalonicenses 5:2);

-**el día de Dios** (2 Pedro 3:12);

-**el gran día** (Hechos 2:20; Judas 6; Apocalipsis 6:17);

-**el día de la ira** (Romanos 2:5; Apocalipsis 6:16-17);

-**el día del juicio** (Mateo 10:15; 11:22, 24; 2 Pedro 2:9; 3:7; 1 Juan 4:17);

-**el día de redención** (Efesios 4:30) y

-**el día postrero** (Juan 6:39, 40, 44, 54; 11:24).

Permíteme subrayar tres individuos que enfatizan que los cristianos del primer siglo vivieron en los "postreros días". Primero, considera el sermón de Pedro poco después de la ascensión de Cristo. En el día del Pentecostés, al impartirse el Espíritu Santo, Pedro anunció a las multitudes que la manifestación de la obra del Espíritu tendría su cumplimiento en "los postreros días" (Hechos 2:17), una referencia a Joel 2:28ss. Cerca de treinta años más tarde él describe el mismo periodo como "los postreros tiempos" (1 Pedro 1:20; ver también 1:5; 2 Pedro 3:3). En otras palabras, ya sea 30 años o 2,000 años más tarde, aún estamos viviendo en los últimos días.

Segundo, en el pensamiento de Pablo, la humanidad se dirige hacia "el fin" (1 Corintios 1:8). Pero el tiempo entre la primera venida de Cristo y la final es un periodo designado como "los postreros tiempos" o "los postreros días" (1 Timoteo 4:1; 2 Timoteo 3:1).

Hemos estado viviendo en "los últimos tiempos" desde la primera venida de Cristo.

Tercero, el autor desconocido de Hebreos se sitúa a sí mismo en los últimos días. En Hebreos 9:27-28 se refiere a la primera venida de Cristo, en un resumen refiriéndose a su muerte sacrificial (9:27), junto con Jesús apareciendo "una segunda vez". Este es el único lugar en la Biblia en que el adjetivo "segunda" se usa para referirse a la venida final de Cristo. En la venida final de Cristo, aparecerá "para salvar a los que le esperan" (9:28). Esto concuerda con los versículos iniciales del documento en los cuales el autor se refiere a aquellos que han hablado por Dios en el pasado, es decir, los profetas (Hebreos 1:1). Entonces escribe que Dios ha hablado de una manera decisiva en Jesús: "en estos postreros días nos ha hablado por el Hijo, a quien constituyó heredero de todo, y por quien asimismo hizo el universo" (1:2).

Frecuentemente me preguntan si creo que estamos viviendo en los últimos tiempos. Respondo con un decisivo "¡Sí! Hemos estado viviendo en los últimos días cerca de dos mil años." Usualmente sigue una afirmación "¡Bueno, si!", seguida por otra pregunta: "Pero, ¿crees que estamos viviendo en los mismísimos últimos días?" ¿Mi respuesta? La Biblia no provee una respuesta a esa pregunta porque no usa tal lenguaje, y sería presuntuoso de mi parte responder a una pregunta que la Biblia no intenta responder. Además de esto, ¡no quiero decir más de lo que Cristo dijo (Mateo. 24:36)!

Así que, aunque muchos se refieren a los "últimos días" como un período de tiempo inmediatamente antes de la venida final de Cristo, el testimonio de las Escrituras del Nuevo Testamento es que estamos viviendo en ellos ahora, lo hemos estado por los últimos dos mil años, y lo estaremos hasta que Cristo regrese. Los eventos asociados con "los últimos días" no pueden, por lo tanto, ser reducidos y asignado al periodo justo antes del regreso de Cristo. En vista de esto, debemos ver la contribución del Apocalipsis, esto es, que el libro fue escrito para confrontar y confortar a los cristianos, sin importar que tanto duren "los últimos días".

Escatología

El uso del término "escatología" frecuentemente crea confusión a causa de que se falla en definirlo claramente. ¿Cómo podemos entender una palabra que no entró en nuestro vocabulario sino hasta 1844?[9] Aunque este término nunca aparece en las Escrituras, es frecuentemente usado por los académicos para describir los eventos asociados a la venida final de Cristo, irónicamente, al igual que la frase "los últimos días".

El término proviene de dos palabras griegas, *eschatos* que significa "último" y logos que significa "palabra," "enseñanza" o "estudio". La escatología, entonces, es la enseñanza concerniente a "las últimas cosas" o "el estudio de las últimas cosas". Definir qué es lo que constituye "las últimas cosas," sin embargo, puede resultar bastante resbaladizo. Algunas veces la palabra se usa en un sentido estrecho referente a la muerte, el juicio, el cielo y el infierno. En otros casos, se usa en un sentido más amplio, diciendo que también incluye la naturaleza del reino de Dios, especialmente en lo relacionado con la historia del mundo, la venida de Cristo,[10] el fin del siglo, y los eventos asociados como el juicio final. En los libros teológicos, el tema de la escatología es usualmente tratado al final, después de que todas las otras doctrinas principales han sido estudiadas.[11]

De manera similar, muchos de los que enfocan su estudio en el libro de Apocalipsis evalúan su escatología desde una perspectiva estrecha. Por ejemplo, algunos demuestran un concepto erróneo cuando argumentan que la mayor parte del libro trata de los eventos inmediatamente previos a la venida de Cristo para reinar en la tierra por mil años.

Pero creo que el tema de la escatología no debería ser definido de manera tan reducida. Los últimos días y la escatología pueden ser usados para ayudarnos a colocar el Apocalipsis en el contexto amplio de las Escrituras. Sugiero que estos temas, de una manera conjunta, tratan con los actos redentores de Dios, especialmente aquellos asociados con la primera y la final venida de Cristo y todo lo que sucede entre estos dos trascendentales eventos. En otras palabras, los conceptos no deben de ser usados de una forma reducida para referirse ya sea a los eventos que inmediatamente preceden a un reino terrenal de Cristo, o al juicio final. En última instancia, la "escatología" tiene que ver no con las "últimas cosas" sino con la persona de Cristo Jesús, quien es el primero y el último (Apocalipsis 1:17). En los capítulos siguientes, hablo de cómo el libro de Apocalipsis cumple con uno de sus grandes propósitos: el ayudar a los cristianos del primer siglo, y a todos los cristianos de los siglos siguientes, a vivir vidas responsables entre la primera venida y la final de Cristo.[12]

El ahora, pero todavía no

Debo desarrollar el concepto en el título de esta sección gradualmente. Esto nos permitirá ver como los escritos de Juan encajan con el resto del Nuevo Testamento. Una analogía ofrecida primero por cierto teólogo hace décadas nos es útil. Oscar Cullmann, argumenta que Dios se ha revelado a sí mismo en la historia a través de actos redentores. Para el creyente del Antiguo Testamento, el punto medio de la historia yace en el futuro, pero para el discípulo de la era del Nuevo Testamento y aquellos posteriores a esta, el punto medio yace en el pasado.[13] La primera venida de Cristo es el gran punto medio de la historia; esta yace detrás de nosotros. La analogía de Cullmann es muy inspiradora porque compara la posición del discípulo de Jesús con la de una persona viviendo entre Día D (junio 1944) y Día V (la primavera 1945) durante la Segunda Guerra Mundial. Día D fue cuando los aliados invadieron Europa y comenzaron a empujar al ejército Alemán de regreso a Alemania, mientras que Día V fue cuando realmente proclamaron la victoria:

> *La batalla decisiva de una guerra podría haber ya ocurrido en una fecha relativamente temprana de la guerra, y sin embargo la guerra continúa. Aunque el efecto decisivo de esa batalla es quizá no reconocido por todos, sin embargo, ya significa la victoria. Pero la guerra aún debe de continuarse por un tiempo indefinido, hasta el "día de la victoria". Esta es precisamente la situación de la cual está consciente el Nuevo Testamento, como resultado del reconocimiento de la nueva división del tiempo; la revelación consiste precisamente en el hecho de que la proclamación de ese*

evento en la cruz, junto con la resurrección que le siguió, fue la batalla decisiva ya concluida.[14]

Las Escrituras claramente enseñan esta perspectiva: Cristo ya ha ganado la victoria (1 Corintios 15:1ss; Efesios 1:15ss; Colosenses 2:15; y Hechos 2:14ss). La batalla crucial ha sido peleada y ganada en la encarnación y la resurrección. El cese de fuego está aún en el futuro. Los seguidores de Jesús continúan peleando contra los principados y poderes (Efesios 6:10ss), hasta que él regrese para traer el final de la guerra. No sabemos qué tanto tiempo continuará la guerra. Mientras batallamos las fuerzas del mal, también somos testigos en la sombra de la victoria de Cristo en la cruz y su victoria última que se logrará en su venida final. Peleamos con la convicción de que algún día todas las armas serán colocadas a los pies de Jesús. Este concepto debe de animar a todos los creyentes. También puede exhortar a todos a ser fieles a Jesús y a su causa.

Existe un énfasis adicional ofrecido por Cullmann que puede ayudarnos a entender la naturaleza de la vida cristiana y el lugar del Apocalipsis en el contexto escritural. Él cree que vivimos en la superposición de dos eras; esta era presente y la que vendrá. Ya vivimos en la nueva era, y aun así, no vivimos completamente en

Vino Jeús, el adorado del cielo,
Vino con paz de lugar celestial
Vino Jesús a redimir los hombres,
Humildemente vino a morir;
¡Aleluya! ¡Aleluya!
Vino en profunda humildad,
Vino en profunda humildad.

Jesús vendrá con nubes triunfante
Cuando el cielo pasará, lo pasará;
Viene otra vez Jesús en gloria,
Entonces demos nuestra adoración;
¡Aleluya! ¡Aleluya!
Hasta la aurora del día sin fin,
Hasta la aurora del día sin fin.

Jesus Came, the Heavens Adoring
Godfrey Thring
1864

la nueva era debido a que la venida final de Cristo aún no ha ocurrido. En sus palabras:

> El *nuevo elemento* en el Nuevo Testamento no es escatología, sino lo que llamo la *tensión* entre lo decisivo 'ya cumplido' y 'aún no cumplido,' entre el presente y el futuro. Toda la teología del Nuevo Testamento, incluyendo la predicación de Jesús, es calificada por esta tensión.[15]

El Día D ya ha pasado; el Día V está en el futuro. Entretanto, nosotros que seguimos a Cristo vivimos "entre los tiempos". Sabemos que Cristo es Vencedor y Libertador ahora, pero también sabemos que hay más por venir. Esto encaja con la definición de "escatología" y un entendimiento apropiado de "los últimos días". La noción bíblica de escatología abraza ambos, un énfasis "inaugurado" (ya estamos en el reino y disfrutamos bendiciones como discípulos de Jesús) y un aspecto "futuro" (esperamos eventos futuros como la venida final, nuestra resurrección, el juicio final, nuevos cielos y nueva tierra, etc.).

Recuerdo una caricatura que retrata a una persona caminando alrededor de la ciudad, llevando un cartel que dice "¡El Fin está Cerca!" De acuerdo con las Escrituras, deberían de ser tres las personas llevando carteles. Sus mensajes comunicarían el testimonio de las Escrituras: ¡El fin ha llegado! ¡El fin está cerca! ¡El fin no ha llegado todavía! Vivimos confiadamente con esta tensión entre lo que ya disfrutamos y lo que aún no poseemos, todo esto con un sentido de expectación de que el fin está siempre cerca.[16]

Esta noción de vivir entre los tiempos está desarrollada en los escritos de los nueve autores asociados con el Nuevo Testamento. En realidad, no existe un escritor del Nuevo Testamento, además de Juan, que no hable de lo que significa vivir entre la primera y la final venida de Cristo (por ejemplo: Mateo

28:16-20; Marcos 13:32-36; Hechos 17:30-31; Tito2:11-15; Hebreos 10:19-25; Santiago 2:1; 5:8; 1 Pedro 1:13-25; Judas 3, 14-16, 18, 21).

Considera algunos temas específicos en los que encontramos esta tensión de "ahora pero todavía no". Los cristianos se encuentran ya en el reino, y sin embargo aún esperan la venida del reino en su totalidad (Colosenses 1:13-14; Apocalipsis 11:15). Ya experimentamos la presencia de Dios a través de la presencia del Espíritu Santo en nuestras vidas, pero esperamos la presencia completa de Dios (Efesios 1:13-14; Apocalipsis 21:3). Ya adoramos, pero sabemos que algún día habrá una adoración perfecta (Romanos 12:1; Apocalipsis 22:3-5). Ya tenemos comunión con Dios y el uno con el otro, pero la perfecta comunión aún está por venir (1 Juan 1:5-7; Apocalipsis 21:1-22:6). Ya experimentamos paz, gozo y amor, pero estos serán perfeccionados algún día (Gálatas 5:22-23; Apocalipsis 22:3). Ya hemos experimentado una resurrección, pero esperamos una futura (Romanos 6:1-10; Apocalipsis 20:4-6, 11-15). Ya participamos en una cena especial con Cristo, pero esperamos la cena de bodas del cordero (1 Corintios 11:23-26; Apocalipsis 19:9).

También encontramos este tema en los escritos de Juan. La tensión entre el "ahora, pero todavía no" se encuentra en pasajes tales como Juan 6:39, 40, 44, 54; 11:24; 12:48 y en 1 Juan 1:2; 2:18, 22, 28; 3:2-3. Ya tenemos vida eterna, pero esperamos el cumplimiento total de esta vida eterna (Juan 6:26ss; 11:25; 12:23ss; 14:1ss). Ya hemos recibido bendiciones porque pertenecemos a Cristo, pero anticipamos aún más ricas bendiciones en su venida.

En el Apocalipsis, Juan escribe sobre la victoria que Cristo ya ha ganado en el pasado (1:5, 18; 5:5-7, 9-10; 12:1-4, 7-12), así como la victoria final en la venida final (1:7; 6:12-

17; 7:1-17; 11:15-19; 16:15-21; 19:1-21; 20:7-15; 22:7, 12, 20).[17] Reflexiona en los ejemplos de los siguientes párrafos.

En Apocalipsis 1:5-8 existe una referencia clara a la primera venida de Cristo (el v. 5 anuncia que él es aquel que es el "testigo fiel, el primogénito de entre los muertos y el rey de los reyes de la tierra" y aquél que "nos ha liberado de nuestros pecados"). Se menciona también la venida final de Cristo en 1:7 (" He aquí que viene con las nubes, y todo ojo le verá"). Colocado entre estas dos referencias al pasado y al futuro, tenemos un llamado a los cristianos a darse cuenta de que ahora ya son parte del reino y son también ahora sacerdotes que pertenecen a Dios (1:6).[18]

Además de esto, considera la estructura de los mensajes a las siete iglesias en los capítulos 2 y 3. Las descripciones de Cristo que encontramos en el principio de cada comunicado provienen de la visión en 1:12ss, una que está enraizada en la primera venida de Cristo y todo lo que logró cuando él vivió en la tierra, junto con las continuas consecuencias de su muerte, sepultura, resurrección y ascensión. Cada mensaje termina con una promesa relacionada con el futuro en que se experimentará la bendición y victoria final. Entre las dos venidas, los seguidores de Jesús son llamados a vencer tentaciones tales como: error doctrinal, inmoralidad, idolatría, y complacencia ante presiones tales como rechazo y persecución. El término traducido como "a aquel que venciere" tiene un trasfondo militar[19] y se conecta bien con la analogía de Cullmann sobre Día D y Día V.

Finalmente, podemos meditar en este esquema desde otro punto vista panorámico. Los siguientes pasajes se enfocan en la tensión de vivir una vida en medio, lo cual es, una vida entre las dos venidas de Cristo tal y como se presentan en el Apocalipsis:

- ¡Cuanto más ricos somos, a causa de la venida de Cristo, que el pueblo de Dios en el Antiguo Testamento (1 Pedro 1:10-12)! Aunque disfrutamos bendiciones ahora por causa de Cristo (Apocalipsis 1:5ss; 2:9; 3:7ss; 5:9ss; 12:10), existe aún el "todavía no". Aún no estamos libres de pecado (2:4ss, 14ss, 20ss; 3:1ss, 15ss; 18:4), y muchos cristianos aún sufren hasta el punto de morir por Cristo (1:9ss; 6:9ss; 11:1ss; 12:11; 13:9-10; 14:13; 17:6; 20:4-6). Y anticipamos aún más ricas bendiciones (7:9ss; 21:1ss), esperando nuevos cielos y nueva tierra donde no habrá maldad o pecado (20:11ss; 21:1-22:6).
- Cualquier señal que Juan provee en relación con la venida final de Cristo es lo suficientemente ambigua para mantenernos viviendo como si la venida de Cristo pudiera ocurrir cualquier día, aun si no sabemos el tiempo (3:3; 16:15). Al leer a través del Apocalipsis, pareciera como si la condición del mundo se volverá cada vez peor (por ejemplo: 16:16ss; 20:7ss), y que habrá una sucesión de reinos malvados en la imagen de Roma llevando al final. Al mismo tiempo, se da un recordatorio a la iglesia sobre su responsabilidad de adorar, testificar y pelear contra las fuerzas de maldad, mientras espera a que Cristo regrese.[20]
- En Apocalipsis, la vida de los discípulos consiste en imitar la vida de Cristo, una vida que da un testimonio fiel para Dios (1:2, 9; 6:9; 11:7; 12:11, 17; 19:10; ver también 14:4ss) mientras también reconoce que el discípulo no logrará la perfección en esta vida. Sin embargo, existe una continua persistencia en el peregrinaje (2:10; 17:14; 22:11).

> Juan resume la vida cristiana en términos de la salvación como un hecho pasado, un deber presente y una esperanza futura. Porque Cristo nos ha salvado (1:5b) y porque algún día esa salvación será completa (19:1ss), los cristianos deben de ser fieles en vivir las implicaciones de su salvación.

Tal y como existió conflicto entre Día D y Día V en los días finales de la Segunda Guerra Mundial, así habrá conflicto entre la primera venida y la venida final de Cristo. El conflicto incluye a Dios y a sus siervos, y al dragón y sus siervos. De acuerdo a esto, Apocalipsis fue escrito para ayudar a los cristianos a permanecer leales a Cristo, una idea que exploraremos más completamente en los capítulos que tratan con el género literario y el contexto histórico.

Apocalipsis fue escrito para ayudarnos a permanecer leales a Cristo.

Este capítulo nos recuerda que las numerosas referencias a la venida final de Cristo en las Escrituras no están ahí para satisfacer nuestra curiosidad sobre el futuro y permitirnos realizar un detallado calendario que nos lleve hasta el fin del mundo. Después de todo, ¿no ha existido un consistente fracaso en aquellos que han hecho tales intentos? ¿Entonces cuál es el propósito principal de estas referencias? Los escritos del Nuevo Testamento enseñan que el presente y el futuro están seguros en las manos de Dios, por causa de su fidelidad en el pasado. ¿Qué más necesitaban saber los recipientes originales, ya sea aquellos que leyeron Romanos o aquellos que escucharon Apocalipsis? En lo concerniente a esto, ¿qué más necesitamos saber hoy en día? Lo que importa es la certeza del triunfo de Dios cuando se confiesa que Cristo es el Señor y los reinos de este mundo se vuelven el reino de nuestro Señor, enraizado en la primera venida de Cristo. Su regreso es seguro, sin importar si sabemos el tiempo del evento.

Existe un tema común que podemos encontrar en los pasajes que hablan de la venida de Cristo por segunda vez. Es especialmente aplicable al libro de Apocalipsis: Cuando, las Escrituras hablan sobre la venida final de Cristo, su propósito es siempre confrontar a los cristianos con respecto a su fe y su conducta o a fin de proveerles de consuelo. Como discípulos, somos llamados a adorar a Dios como Creador y Redentor y ofrecerle a él un testimonio fiel. Cuando encaramos pruebas, debemos ser consolados por la convicción de que Dios aún reina y de que él tendrá la palabra final en cuanto a la maldad. Debemos vivir vidas que reflejen que Dios ha venido y que vendrá otra vez. Así que, cuando lleguemos a un pasaje que trate de la venida final de Cristo, debemos buscar una palabra de consolación o una palabra de reto o quizá un poco de los dos. Eugene Peterson subraya este concepto:

> En el Apocalipsis estamos inmersos no en la predicción, sino en la escatología: una consciencia de que el futuro se cierne sobre nosotros. La escatología encierra la creencia de que las apariciones de Cristo después de la resurrección no están completas. Esta creencia que permea el Apocalipsis hace de la vida algo mejor, pues cuando esperamos una aparición de la resurrección, podemos aceptar todo el presente y encontrar gozo, no solo en sus gozos, sino también en sus tristezas, y felicidad, no solo en el gozo, sino también en su dolor. Viajamos a través de, ya sea la felicidad o el dolor, porque en las promesas de Dios vemos posibilidades para el viajero, para el que desfallece, y para el que ya ha fallecido.[21]

La Biblia resultaría, bíblica y literalmente significativamente pobre sin el Apocalipsis. Las trompetas que suenan y las arpas que se tocan están en el mismo tono. Todo el libro concuerda con la totalidad de las Escrituras.

El Apocalipsis provee un gran final sinfónico a la Biblia, ya sea que se le tome como un libro o como una gran narrativa. Y corresponde adecuadamente con el Génesis. Tienes "protología" (las primeras cosas)[22] y escatología (las últimas cosas). Aunque los propósitos de Dios en el principio estuvieron profanados por el pecado, Dios cumplirá sus propósitos. En el principio, existió un jardín (Génesis 2:8), el árbol de la vida (Génesis 2:9), y una novia y un novio (Génesis 2:21-25), así habrá cuando Cristo venga al final (Apocalipsis 22:1-5). En el principio había una serpiente (Génesis 3:1-4, 14); al final, la serpiente será aplastada (Apocalipsis 12:9; 20:10).

Si somos verdaderamente seguidores de Jesús el Cordero, debemos escuchar la letra de los cantos que fue dado a Juan. La última frase de la poetisa de la era victoriana Christina Rossetti en su comentario devocional del Apocalipsis resume la totalidad del drama del Apocalipsis, así como nuestra responsabilidad: "Hemos escuchado suficiente cuando Dios cesa de hablar; hemos aprendido lo suficiente cuando hemos aprendido a hacer su voluntad".[23]

3

Escuchar el canto: El contexto de la historia

Detrás de toda pieza musical existe una historia. Una canción de amor es escrita a raíz de una experiencia que involucra una relación amorosa, o cuando menos la esperanza de ella. Un canto de lamento surge de una tragedia personal o nacional. Una balada cuenta un relato. De la misma manera el libro de Apocalipsis tiene una historia fascinante.

En el disco compacto, *Unveiled Hope*[1] (Esperanza desvelada) el cantautor, Michael Card, grabó unas series de cantos, musicalmente interesantes y con una base bíblica inspirados por el libro de Apocalipsis. La música de Card apela a un amplio rango de gustos musicales desde céltico a clásico, de gospel a folclórico. En un comentario devocional que acompañó al lanzamiento del disco compacto, él escribió una carta explicando la historia detrás de la composición de su música.[2] Reconoció que necesitaba escuchar el Apocalipsis en la música del tiempo de Juan, antes de que pudiese escuchar al libro en la música de su propio tiempo. En particular, Card lucha con las diferencias entre el evangelio de Juan y el Apocalipsis y observa:

> Quizá la razón inicial de mi dificultad en entender el Apocalipsis de Juan no fue la aparente disparidad entre el Apocalipsis y su evangelio, sino en la aparente disparidad entre el Cristo revelado en cada obra. En el evangelio, Jesús por lo general es apacible. En el Apocalipsis, él ruge. Pero esta diferencia es tan falsa y artificial como la distinción que muchos hacen entre el Dios del Antiguo Testamento y el Dios del Nuevo.
>
> Juan quiere que entendamos que son ambos el mismo Jesús. La belleza conmovedora de su segunda venida no es menos impresionante en su gloria que su primera venida. El Verbo hecho carne, que caminó sendas polvorosas para compartir las buenas nuevas del reino, es el mismo que el jinete en el caballo de guerra encendido en santidad.[3]

El trasfondo para todos los cantos del Apocalipsis son historias que tratan de Dios y de su pueblo. Son los relatos de Juan y otros siervos de Dios que viven en un mundo hostil y seductor al final del primer siglo. Jesús ya no camina los caminos polvorosos de la tierra de Israel. En los días de Juan, Jesús caminó entre las lámparas de las siete iglesias situadas en la provincia romana de Asia Menor. ¿Cuál fue la narrativa de la iglesia al final del primer siglo? ¿Cómo fue que las historias de las congregaciones encajaron con la historia más amplia que Dios estaba escribiendo? Veremos que una lectura cuidadosa del libro, a la luz de su situación, nos reta a reflexionar en cómo las historias de esas antiguas comunidades cristianas son similares a las nuestras.

Ayer antes de hoy

El Apocalipsis no apareció en un periodo indefinido de tiempo. No se debe de leer, en primer lugar, a la luz de nuestra situación histórica, sino a la luz de la que enfrentaron los cristianos del primer siglo a fines de este. El libro fue escrito por una persona real a personas reales quienes se identificaban a sí mismos con las congregaciones en la provincia romana de Asia. Se debe de hacer todo esfuerzo por entender la cultura en la que el autor original y sus destinatarios vivieron. ¿Qué sucedía en la vida de Juan y en las vidas de los miembros de las iglesias que vivieron en las siete ciudades en Asia Menor? ¿Por qué fue escrito el libro? ¿Existía más de una razón?

Debido a que algunos se enfocan tanto en entender como el libro habla a nuestros días, las preguntas anteriores son con frecuencia ignoradas. Hacer esto pone al estudiante de la Biblia en un gran peligro. Tal aproximación causará que el estudiante haga preguntas equivocadas a los pasajes en particular, así como al libro entero en general. Y entonces, al hacer las preguntas equivocadas, podríamos muy probablemente no entender el punto que Juan comunicó. Los estudiantes de la Biblia saben que debemos buscar entender el trasfondo histórico de todos los otros libros de la Biblia. ¿Por qué no hemos de hacerlo con el Apocalipsis? En verdad, creo que cuando tomamos el tiempo de explorar la situación del tiempo de Juan, el libro se hace mucho más emocionante y capaz de animar a los cristianos que viven en el siglo veintiuno.

¡La Salvación pertenece a
Dios, quien se sienta en el
trono!
Todos exclamen en alta voz,
y honren al Hijo.
Las alabanzas de Jesús
proclamen tos ángeles,
Postrándose sobre sus
rostros, y adorando al
Cordero.
Entonces adoremos
y démosle su derecho,
Toda la gloria y el poder,
toda la sabiduría y la fuerza.
Todo honor y bendición, con
los ángeles en lo alto,
Gracias sin cesar,
e infinito amor.

"Ustedes Siervos de Dios"
Carlos Wesley
1707-1788

Cuando reconstruimos el trasfondo histórico de un pasaje bíblico a fin de entender cómo es que habló a su audiencia original, es como si usáramos una técnica de cine llamada "la pantalla verde" (algunos usan "pantalla azul"). Cualquiera que haya visto un programa especial sobre cómo se hace una película está familiarizado con la pantalla verde. Cuando una escena requiere trasfondo que no puede filmarse de manera segura en una locación, el director filmará a los actores frente a un trasfondo completamente verde. Posteriormente, usualmente usando tecnología computarizada, se llena el trasfondo en el lugar donde aparece la superficie verde.

Leer un libro de la Biblia, sin entender su trasfondo histórico, es como ver a los protagonistas actuar frente a tal superficie. Hasta que llenemos la superficie, las escenas no parecen tener ningún sentido. Cuando tratamos con el Apocalipsis, muchos llenan el trasfondo verde con situaciones tomadas de sus propios días, en lugar del correspondiente al de los días de Juan. Cuando llenan el trasfondo con sus propias creencias, prejuicios, conductas y prácticas, lo más probable es que distorsionen el significado que el autor quiso comunicar. Tristemente, cuando el libro es interpretado principalmente a la luz de lo sucede hoy en día, eventos actuales son introducidos al texto del primer siglo. Y entonces cuando los encabezados de los periódicos se desvanecen, encabezados más recientes son insertados en un vano intento por dar al Apocalipsis un aspecto contemporáneo y relevante.[4]

La necesidad de interpretar el Apocalipsis a la luz de la situación en los días de Juan aún permanece como una de las batallas más duras de pelear. Como estudiantes de la Biblia, podríamos ser tentados a tomar lo que parecería ser el camino más fácil. Pero el atajo a la aplicación, que ignora el mundo de Juan, y se enfoca en nuestros propios días, ha resultado consistentemente en una mala interpretación del mensaje del libro. Antes de hacer la aplicación, se necesita hacer una investigación sobre lo que cada libro de la Biblia significó para los que los recibieron primero. Este es un principio fundamental. Hacemos esto, por ejemplo, cuando estudiamos las cartas de Pablo a la iglesia de Corinto o a los Filipenses, y debemos hacer lo mismo cuando estudiamos el mensaje de Dios a las siete iglesias de Asia Menor.

Al intentar comprender el trasfondo histórico de Juan y su audiencia, nos vemos bendecidos cuando menos debido a dos razones. Primeramente, el Apocalipsis mismo es una fuente clave para entender las condiciones en las cuales este fue escrito, para ambos, Juan y su audiencia. Describe la situación que los seguidores de Cristo enfrentaron a finales del primer siglo, especialmente sus pruebas y tentaciones, pasadas, presentes y futuras. La obra de Juan es una guía muy confiable para entender el lugar que la iglesia ocupó en el mundo pagano de la antigüedad, en medio de un océano de influencias conflictivas que amenazan con abrumar las congregaciones.

Sin un entendimiento del trasfondo historico, destorcionamos el significado que el autor quiso comunicar originalmente.

En segundo lugar, entre los recursos existentes aparte de las Escrituras, tenemos acceso a un intercambio de cartas entre un emperador romano y los gobernadores provinciales. Tal correspondencia nos provee de un relato de los eventos de primeros años del segundo siglo, dándonos luz sobre cómo los políticos romanos y la gente en general veía a los cristianos.

En los días de Juan, los discípulos de Jesús encaraban peligros internos y externos. Exteriormente, Juan describe la oposición que los cristianos experimentaban a manos de judíos y romanos. La amenaza interna consistía en asuntos tales como problemas doctrinales, éticos, y espirituales en las congregaciones. Estos peligros externos e internos estaban relacionados... "Porque donde hay tribulación afuera, es importante tratar con las tentaciones de adentro".[5]

Persecución

El término "conflicto" describe las circunstancias que involucraban a los cristianos y a los romanos a finales del primer siglo. Estoy usando esta palabra para referirse al choque entre dos fuerzas, poderes, ideologías, o reinos opuestos, debido a que no pueden coexistir pacíficamente. No pueden ocupar el mismo espacio, al mismo tiempo, sin que haya disensión. A medida que el reino de Dios se extendía, era progresivamente percibido como un peligro para el imperio romano. El mismísimo estilo de vida de los cristianos presentaba un reto para la cultura romana, la cual enfatizaba la adoración de los dioses paganos, el materialismo y el hedonismo, y mostraba la lealtad al imperio adorando al César como a un dios.

Los capítulos iniciales y finales del libro, presentan de manera general, la naturaleza del conflicto. Aunque Juan se sitúa aparte de otros como profeta que recibe visiones, en 1:9 él se alinea con la audiencia en tres niveles. En primer lugar, el autor y su audiencia son hermanos y compañeros, ya que están en el reino de Dios. En segundo lugar, porque se someten al gobierno de Dios, juntos comparten el mismo final, experimentando persecución y oposición. En tercer lugar, estando lado a lado, son llamados a demostrar fidelidad.

Juan también alude a las difíciles condiciones al tiempo de escribir, en Apocalipsis 22:9 y 11. En el v. 9, el ángel se asocia a sí mismo con Juan, con los otros profetas y con todos los cristianos, al declarar que juntos constituyen aquellos que "guardan las palabras de este libro" (ver 1:3). La enseñanza del v. 11 debe de ser entendida en el contexto de todo el documento. Juan está retratando un contraste entre aquellos discípulos que muestran una perseverancia inquebrantable ("el que es justo, practique la justicia todavía; y el que es santo, santifíquese todavía") y aquellos que rehúsan ser fieles en la adoración de Dios tanto como aquellos que nunca adoran a Dios, y en su lugar dan su lealtad a Satanás ("El que es injusto, sea injusto todavía; y el que es inmundo, sea inmundo todavía"). El mal y los hacedores de maldad son parte de este mundo, y los cristianos no deben de transigir, sino permanecer constantes en su lealtad a Cristo (22:14-15).

Diez mil veces diez mil
En radiantes vestiduras,
Los ejércitos de los santos redimidos
Se aglomera en un baño de luz:
Ha terminado, todo ha terminado,
Su lucha con la muerte y el pecado;
Abrid ampliamente las puertas de oro
Y dejad entrar a los vencedores.

"Diez mil veces diez mil veces"
Henry Alford
1867

Podemos ser más específicos. Considera la oposición judía al movimiento cristiano. Desde sus comienzos, la iglesia no solo ganó convertidos de entre los judíos (Hechos 2:41; 5:14; 9:1ss; 14:1), sino que también sufrió a manos de aquellos judíos que rechazaron a Jesús como el Mesías (Hechos 5:17ss; 7:57-8:3; 9:1-2; 12:1ss; 14:4ss; 17:1ss; 18:5ss; 28:17ss; 1 Tesalonicenses 2:14ss). Tal oposición continúo hasta los días de Juan, como es evidente en el Apocalipsis 2:9 y 3:8-9.[6]

En Esmirna y Filadelfia, los judíos calumniaban a los cristianos diciendo que no eran el pueblo de Dios. Quizá argumentaban que solo aquellos asociados con la sinagoga judía pertenecían a Dios. La ironía es que Cristo los llama a la sinagoga de los judíos "sinagoga de Satanás." Además de esto, Apocalipsis 2:9 se refiere a las aflicciones y pobreza experimentada por los cristianos en Esmirna, una posible referencia a las presiones físicas y económicas impuestas por los judíos (Hebreos 10:32-34).[7]

Aunque no debemos de minimizar el daño que los judíos hicieron a los cristianos durante el primer siglo, fueron las actitudes y acciones de los romanos hacia los cristianos las que merecen especial atención. El Apocalipsis sugiere que a fines del primer siglo, la tolerancia romana para el cristianismo se estaba desvaneciendo y estaba siendo reemplazada por creciente sospecha y venganza (ver también Hechos 16:37ss; 19:35ss; y 1 Pedro). Los cristianos de Asia Menor, se encontraban en un período de transición en el cual la respuesta del imperio romano y de la gente hacia ellos estaba empeorando.[8]

El rechazo y la opresión surgieron porque los fieles discípulos de Jesús se dieron cuenta de que no podían ceder en su fidelidad jurando lealtad al gobierno romano. Los cristianos leales simplemente no podían adorar al emperador como a un dios, ni podían aceptar el estilo de vida romano lleno de idolatría e inmoralidad.

Consideremos primero la importancia del culto imperial. La religión imperial romana está interesada en primer lugar con el bienestar del estado, especialmente en mantener la unidad y paz en el imperio. En tanto que la gente expresara su lealtad a esta superpotencia, al participar en el culto imperial, diversas costumbres, creencias y prácticas religiosas eran toleradas.

La gran mayoría de los académicos están de acuerdo en que el culto romano en el que el emperador era adorado como un dios, es el trasfondo detrás de pasajes tales como Apocalipsis 13:1-18; 14:9-11; y 19:19-20.[9] Fue esta religión del estado la que proveyó los medios para asegurar la lealtad de la gente y mantener la unidad del imperio.

La fe cristiana se encontraba en clara oposición a las idólatras pretensiones del estado (junto con el estilo de vida idólatra y pagana que sancionaba). Juan exhortaba a los seguidores de Jesús a rechazar la religión del estado, ya que ellos reconocían a una autoridad más grande que la del emperador, en el cual se encarnaba la autoridad del gobierno. Además de esto, es bien sabido que el culto imperial era particularmente fuerte en Asia Menor, la región donde las siete iglesias estaban tratando de vivir su fe.

Correspondencia escrita entre el emperador romano Trajano y Plinio, el gobernador de la provincia romana de Bitinia, localizada al norte de Asia Menor, ilustra la naturaleza de la religión romana del estado y la amenaza que esta representaba para los cristianos. Lo que es importante es que el intercambio de cartas tuvo lugar menos de veinte años después de que Juan escribió el Apocalipsis (alrededor del 95 d.C.). Trajano fue emperador del 98-117 d.C. y Plinio fue gobernador de Bitinia del 111-112 d.C.

Las dos cartas son reproducidas aquí en su totalidad por dos razones. Primeramente, son una lectura fascinante en lo que se refiere a dar luz sobre la manera en que los funcionarios romanos veían la fe cristiana. En segundo lugar, muchos cristianos nunca han tenido la oportunidad de leer un documento, aparte del Apocalipsis, que los ayude a entender el ambiente que prevalecía solo unos pocos años después de que el escrito de Juan circulara entre las iglesias de Asia Menor.

Estas cartas son registros clave que tenemos en relación a la política oficial hacia los cristianos durante los dos siglos desde Nerón (54-68 d.C.) hasta Decio (249-251 d.C), en cuyo breve reinado, la persecución oficial imperial comenzó. La correspondencia subraya las acusaciones políticas en contra de los cristianos (por ejemplo: desobediencia a los funcionarios imperiales, violación de las leyes sobre reuniones ilegales, etc.) y acusaciones populares en contra de los discípulos (por ejemplo: eran acusados de ser ateos porque no adoraban a los dioses paganos, y también se sospechaba que practicaban canibalismo, debido a malos entendidos relacionados con la celebración de la cena del Señor).

Las dos cartas reproducidas aquí requieren pocos comentarios debido a su claridad. El primero es Plinio preguntando a Trajano orientación sobre cómo conducir los juicios de cristianos. Él escribe:

> Es mi costumbre, mi señor, el referir a ti todo asunto del cual tengo duda. Porque ¿Quién más puede dar consejo a mi vacilación o informar mi ignorancia? Nunca he participado en juicios en contra de cristianos. Por lo tanto, no conozco cuáles ofensas en esta práctica se deben castigar o investigar, y hasta qué punto. Y no han sido pocas mis dudas sobre si debería de haber distinción alguna en cuanto de la edad o ninguna diferencia entre el muy joven y el más maduro; sobre si se debe de conceder el perdón al haber arrepentimiento, si un hombre ha sido cristiano alguna vez, no le hace bien el haber dejado de serlo; si el nombre mismo, aun sin ofensas, o solo las ofensas asociadas con el nombre, deben de ser castigadas.
>
> Entretanto, en el caso de aquellos que fueron denunciados ante mí como cristianos, he seguido el procedimiento siguiente: aquellos que han confesado los he interrogado una segunda y tercera vez, amenazándolos con castigo; para aquellos que persistieron ordené su ejecución. Pues no tengo duda de que, cualquiera que sea la naturaleza de su credo, su terquedad y obstinación inflexible merece ser castigada. Hubo otros poseídos por la misma insensatez;

¿Cual fue la mas grande amenaza que enfrentaron los cristianos en los dias de Juan?

que, por ser ciudadanos romanos, firmé una orden para que fueran trasladados a Roma.

Pronto las acusaciones se extendieron, como usualmente sucede, por causa de los procesos realizados, y ocurrieron varios incidentes. Fue publicado un documento anónimo conteniendo los nombres de muchas personas. Aquellos que negaron ser o haber sido cristianos, cuando invocaron a los dioses en palabras que yo les dicté, ofrecieron oraciones con incienso y vino a tu imagen, la cual yo ordené que se trajera con este propósito, junto con imágenes de los dioses, y además de esto maldijeron a Cristo -lo cual, según se dice, ningún cristiano verdadero hace- estos yo pensé que debían de ser liberados. Otros, nombrados por el informante declararon que eran cristianos, pero entonces lo negaron, asegurando que lo habían sido, pero ya no eran más, algunos tres años antes, otros, muchos años, algunos tantos como 25 años. Todos ellos adoraron tu imagen y las estatuas de los dioses, y maldijeron a Cristo.

Ellos afirmaron, sin embargo, que la suma y sustancia de su error o falta había sido que estaban acostumbrados a reunirse en un día determinado antes de amanecer y cantar responsivamente un himno a Cristo como a un Dios, y unirse con un juramento no para cometer un crimen, sino para no cometer fraude, robo o adulterio, no defraudar la confianza, ni negarse a regresar algún bien confiado a ellos al requerírseles. Cuando terminó esto, era su costumbre el despedirse y reunirse de nuevo para participar de alimentos; pero una comida ordinaria e inocente. Aun esto, ellos afirman que han dejado de hacer después de mi edicto, por el cual, de acuerdo con tus instrucciones, he prohibido reuniones políticas. De acuerdo a esto, he juzgado muy necesario investigar la verdad torturando dos esclavas que eran llamadas diaconisas. Pero no descubrí nada más, sino una depravada y excesiva superstición.

Por lo tanto, pospuse la investigación y me apresuré a consultarte. Pues el asunto me parecía que ameritaba el consultarte, especialmente por el número de involucrados,

> pues muchas personas de todas las edades y rangos, y de ambos sexos están y estarán en peligro. Porque el contagio de esta superstición se ha esparcido no solo en las ciudades sino también en las aldeas y granjas. Pero parece posible monitorearlo y curarlo. Es ciertamente muy claro que los templos, que han sido casi abandonados, han comenzado a ser frecuentados, que los establecidos ritos religiosos, descuidados por largo tiempo, han sido reanudados, y que, de todos lugares, los animales para el sacrificio llegan, pues hasta ahora se hacían muy pocas adquisiciones. Por lo tanto, es fácil imaginarse que una multitud de personas puede ser reformada si la oportunidad para arrepentimiento es ofrecida.

La respuesta de Trajano a Plinio es breve pero iluminadora:

> Tú observaste un procedimiento apropiado, mi querido Plinio, en tamizar los casos de aquellos que te fueron denunciados como cristianos. Porque no es posible establecer ninguna regla general que se pueda observar como un tipo de estándar establecido. No deben de ser buscados; si son denunciados y encontrados culpables, deben de ser castigados, con esta reserva, que cualquiera que niega ser cristiano y realmente lo pruebe -esto as al adorar nuestros dioses- aunque hubiera estado bajo sospecha en el pasado, obtendrá perdón por medio del arrepentimiento. Pero acusaciones presentadas anónimamente, no deben de ser admitidas en ningún enjuiciamiento. Pues esto es ambos, un precedente peligroso y fuera de lugar con [el espíritu del] nuestro siglo.[10]

Las cartas revelan que Trajano, como Emperador, no tenía ningún precedente legal al cual apelar en lo referente a las preguntas de Plinio sobre el tratamiento de cristianos.[11] Los cristianos despertaban sospechas por dos razones.

Primeramente, eran vistos como miembros de un culto antisocial o, en las palabras del gobernador, una "superstición" o "enfermedad". En segundo lugar, los discípulos de Cristo, estaban bajo sospecha porque rehusaban participar en la adoración del Emperador como a un dios. Pues para un cristiano, solo se podría referir a Cristo como "Señor y Dios".[12]

Pudiera sorprenderte, pero no existe un claro apoyo para el punto de vista de que los cristianos del primer siglo eran perseguidos de manera sistemática. Sin embargo, existieron muchos brotes de persecución. Por ejemplo, es bien conocida la persecución de Nerón a los cristianos que vivían en Roma a mediados de los sesenta. Parece razonable asumir que los cristianos que vivían fuera de Roma hubieran estado ansiosos, preguntándose si ellos también serían pronto atacados.

Cuando leemos a través del Apocalipsis, algunas veces el antagonismo parece referirse a eventos en el pasado inmediato (2:13; 6:9-11), algunas veces en curso (1:9), y otras veces hay indicios de persecución venidera (20:7-10). Algunas veces existe una falta de claridad (13:1ss). Los actos de hostilidad pasados y presentes insinúan tiempos más difíciles en el futuro (13:1ss; 14:9-13; 15:7; 17:4; 19:20). El Apocalipsis enseña que la resistencia será más organizada y extendida; para los seguidores de Jesús los tiempos se tornarán más difíciles.

Seducción cultural

Ahora trataremos con lo que yo pienso fue la más grande amenaza que los cristianos encararon en el tiempo de Juan. No fue de persecución directa, sino que consistía en la tentación de transigir con la cultura. La amenaza de la seducción cultural está detrás de muchos de los pasajes del libro.

El espectro de transigencia ha seguido al pueblo de Dios a través de los siglos. Por ejemplo, cundo los judíos en tiempos de Daniel encararon la amenaza de "babilonización," así los cristianos en los días de Juan encararon la amenaza de "romanización". Juan vio a la cultura romana como la Babilonia de la antigüedad, una seductora, que usa toda su fuerza moral, social, económica, religiosa, política, y militar para atraer a los cristianos a la apatía en servir a Dios y amarse el uno al otro (Apocalipsis 14:8; 17-18). El llamado a resistir el poder de la seducción cultural se repite una y otra vez en el libro.[13]

Se nota especialmente en los mensajes a las siete iglesias, aunque no está limitado a estos (14:4-5; 16:15; 18:4; 21:8; 22:11, 14-15), que el lector puede ver las tentaciones que encaran los cristianos en ceder a la cultura romana a fin de llevarse bien con sus vecinos.[14] Los miembros de la iglesia en Sardis (excepto una minoría) y Laodicea habían caído en la apatía, habiendo abandonado su primera fe y celo (3:1-4, 15-19). Su apatía había provocado poca, si es que alguna, respuesta entre las comunidades en las cuales vivían.

Los cristianos en Éfeso habían demostrado pureza doctrinal y moral (2:2-3, 6), pero su celo por la verdad había causado que descuidaran el amor que tenían por Dios y por los otros discípulos al principio de su peregrinaje (2:4-5). Quizá hubieran olvidado prestar atención al consejo anterior de Pablo de hablar y vivir la verdad en amor (Efesios 4:15).

La aceptación que los cristianos en Tiatira y Pérgamo hicieron de falsos maestros y sus enseñanzas había resultado en la práctica de inmoralidad e idolatría (2:14-15, 18-23; ver también 2:6). Estas dos iglesias probablemente proveen evidencia del poder de los gremios comerciales en el mundo antiguo. Se esperaba que artesanos de ciertas ocupaciones adoraran a los dioses o diosas que bendecían tales labores, y que tal adoración con frecuencia involucraba actos de inmoralidad con los sacerdotes y sacerdotisas de estos templos.[15]

Solo los discípulos en Esmirna y Filadelfia escaparon de la censura. Irónicamente, su negativa a ceder los había llevado, o iba a llevarlos, a intentos para destruirlos (2:10; 3:10).

El Apocalipsis nos muestra que claramente algunos cristianos habían capitulado ante la cultura, mientras que otros conspicuamente habían permanecido ardientes en su lealtad a Cristo. Entre estos dos extremos había seguidores que necesitaban ser sacudidos de su letargo espiritual y confrontados a aceptar el costo del discipulado. Todas las iglesias en Asia Menor fueron amonestadas a no reflejar el carácter de las ciudades en las cuales vivían. ¿Por qué? Estas ciudades habían sido moldeadas a la imagen de Roma, la capital del imperio, una ciudad notoria por su depravación y violencia. Por el contrario, los cristianos habían sido llamados al arrepentimiento y a permanecer sin contaminarse con una cultura que se oponía a Dios (2:5, 16, 21-22; 3:3, 19; ver también 9:20-21; 18:4).

Al rechazar estos estilos de vida los cristianos realzaban lo distintivo de su estilo de vida: ni idolatría ni vida licenciosa eran toleradas. Su separatismo combinado con sus costumbres, llevaron a crear malos entendidos en los cuales los cristianos fueron acusados de numerosas ofensas, que abarcaban desde inmoralidad y ateísmo hasta el canibalismo y anarquía.[16]

En los peligros o aflicción
Que yo he tenido aquí
Su gracia siempre me libró
Y me guiará feliz
Y cuando en Sión por
siglos mil
Brillando esté cual sol
Yo cantaré por siempre allí
Su amor que me salvó

Sublime gracia
John Newton
1779

De esta manera, Apocalipsis presenta un retrato de la forma de vida romana versus el camino cristiano (2-3; 9:20-21; 13:1ss; 18:1ss; 21:8; 22:11, 14-15). El primero, incluía reconocimiento y aceptación de otras religiones y conductas opuestas al pensamiento cristiano, mientras que al mismo tiempo apoyaba el derecho del Imperio y el Emperador a ordenar obediencia suprema a través de la religión del estado (9:20-21; 13:1ss).

La fe cristiana se erguía en oposición directa con las afirmaciones idólatras del estado y la vida idólatra e inmoral que sancionaba. El hacerse y permanecer cristiano demandaba una absoluta fidelidad a Dios y al estilo de vida ordenado por él. Por lo tanto, los lectores de Juan eran exhortados a volver la espalda a la idolatría, a la inmoralidad, y a otras prácticas fácilmente aceptadas por el pueblo romano. Además de esto, los cristianos eran amonestados a rechazar la religión del estado ya que ellos reconocían una autoridad más grande que el emperador, en la cual la autoridad del estado estaba encarnada.

Por consiguiente los cristianos no eran aceptados por el gobierno romano y su gente en lo concerniente a política, religiosa y socialmente. Políticamente, los cristianos eran vistos como una amenaza para la unidad del imperio por su renuencia a adorar al emperador como a un dios. Religiosamente, los cristianos repudiaban la legitimidad de otras religiones. Socialmente, los cristianos rechazaban el modo de vida pagano. Por causa de su estilo de vida los cristianos se exponían al ataque. El rechazo y la oposición eran inevitables. El Apocalipsis llamaba a los creyentes a demostrar la separación inherente a la vida cristiana, una vida que demandaba absoluta devoción y obediencia a Dios. Irónicamente, los cristianos eran vistos como agresores. Ellos buscaban ganar convertidos, y a su vez, estos convertidos se deberían de volver en testigos de señorío de Cristo.[17]

El hoy a la luz del ayer

Una vez que hemos reconstruido la cultura del primer siglo en general, es apropiado cruzar el puente hacia nuestro propio siglo. En verdad, al leer la historia de la iglesia se revela que las dos amenazas de persecución gubernamental y seducción cultural han estado presentes a través de los siglos. En cualquier tiempo en el que nosotros como cristianos vamos en contra de la cultura, seremos considerados enemigos del estado actual. Como resultado, no debe de sorprendernos que experimentemos la enemistad del mundo.

Como he enfatizado, el punto inicial para interpretar el Apocalipsis correctamente y aplicarlo significativamente descansa en el entender como habló a los discípulos en el primer siglo. No requiere mucho esfuerzo el darse cuenta de que el libro habla aún a los cristianos. En lugar de leer con el periódico de hoy en una mano y el Apocalipsis en la otra, y ver eventos contemporáneos predichos en el documento del primer siglo, debemos entender primero y principalmente los "encabezados de los periódicos" en los días de Juan. Nuestro terreno común para entender el libro no son los eventos actuales, sino la interpretación de la Biblia a la luz de los eventos de la antigüedad, especialmente los eventos en los días de Juan y las décadas siguientes a la escritura del Apocalipsis.

Este fue un punto que comprendí cuando estaba en Varsovia, Polonia. Al enseñar a un grupo de predicadores como predicar en el libro de Apocalipsis. Me di cuenta de que un predicador polaco no necesariamente predicaría lo que un americano predicaría, especialmente si este último estuviera usando un periódico americano para interpretar las escenas en el Apocalipsis. Si el predicador polaco usara un periódico de su país; las conclusiones bien podrían ser diferentes porque los encabezados pudieran no ser los mismos que los que encontramos en los periódicos americanos. Por ejemplo, la semana en la que escribí el primer borrador de este libro, uno de los peores huracanes de la historia golpeó la parte sur de los Estados Unidos. El daño del Huracán Katrina fue incalculable.[18] Muchos predicadores americanos usaron este evento como plataforma para dar predicciones terribles, diciendo que el fin del mundo se acercaba. Me di cuenta, por medio de mi correspondencia electrónica con mis estudiantes de Polonia que las noticias del huracán nunca llegaron a las páginas principales de sus periódicos. ¡Los predicadores que vivían a miles de kilómetros de distancia, en Polonia, no hubieran sido capaces de usar la catastrófica tormenta que azotó a los Estados Unidos para indicar en qué lugar de la historia nos encontramos en el esquema de tiempos proféticos!

Cuando entendemos el trasfondo del Apocalipsis, vemos que la obra de Juan enfatiza un mensaje encontrado a través de toda la Escritura. El Dios que adoramos es el Dios "del desvalido". Este tema se encuentra en el Antiguo Testamento: Moisés confrontando al Faraón; Josué y su improvisado ejército peleando en contra de las fuerzas cananeas; David retando a Goliat; Elías refutando a los profetas de Baal; Isaías y Ezequías rechazando las afirmaciones de Senaquerib y el poderoso ejército Asirio; y Daniel que no arrodilló ante el poder de Babilonia. La historia continúa en el Nuevo Testamento: Juan y su grupo de discípulos de Jesús rehusando ceder ante Roma; Pedro y Juan ignorando las amenazas de los líderes judíos; Pablo confrontando a los atenienses; y, principalmente, Jesús mismo reinando en victoria, a pesar de todas las fuerzas del mal aliadas en su contra.

En la escena inicial de la novela de Gerd Theissen, *La sombra del galileo.*[19] el carácter ficticio, Andreas el judío, ha sido arrestado por los romanos. En su interrogatorio, el oficial romano a cargo le hace una oferta: sigue al galileo llamado Jesús y espíalo, y reporta sobre sus enseñanzas y acciones a fin de poder presentar un caso en su contra y su pequeña banda de seguidores. Los políticos romanos estaban cada vez más preocupados. ¿Va este Jesús a causar problemas para Israel y para Roma? Tal es la pregunta que los funcionarios quieren responder. El romano ha dejado claro a Andreas que debe de aceptar la oferta de espiar a Jesús, pues ni Andreas ni Jesús eran rivales para el poder romano. Andreas reta al romano en el siguiente intercambio:

> "Dios no es como los dioses de las naciones. El invisible Dios no trata con el poderoso sino con el desvalido que es impulsado al desierto".
>
> Miré como el oficial hizo un gesto de disgusto.
>
> "¿Dudas que los dioses están del lado del imperio romano? ¿Cómo pudo haberse extendido tan lejos? ¿Cómo pudo una pequeña ciudad convertirse en un imperio?"
>
> "Todas las naciones piensan que los dioses están del lado de los vencedores. Pero sabemos que el Dios invisible puede estar del lado de los perdedores".

Hace casi un siglo, el erudito Británico H.B. Swete escribió lo siguiente sobre el significado de Apocalipsis 12:6 donde el pueblo de Dios huye para escapar del destructivo poder del dragón, Satanás mismo: "En cierto sentido la vida solitaria es una necesidad impuesta a los cristianos por su religión: al final del presente orden, la iglesia habita en el desierto y es una voz que clama en el desierto".20 ¿Está Dios del lado de los desvalidos, que son impulsados al desierto? Un decisivo "Si" es la contestación confiada del Apocalipsis.

El libro del Apocalipsis comienza con el trasfondo de Patmos donde un profeta de edad avanzada ha sido exiliado, solitario, en un lugar donde no hay ciudad (1:9). En los siguientes capítulos vemos a los cristianos viviendo en ciudades, ciudades que estaban a la sombra de la ciudad más grande del mundo antiguo, Roma. Y vemos las fuerzas de la ciudad imperial, Roma misma, y las siete ciudades de Asia Menor alineadas en contra de las pequeñas congregaciones, ya sea persiguiéndolas o amenazando con hacerlo mientras que les intentaban de seducir hacia la adoración de dioses falsos y todo lo que el mundo ofrece. ¿No es paradójico que la visión final de Juan sea la de una ciudad santa, la Nueva Jerusalén, un símbolo del pueblo de Dios?

Pero hasta que moramos perfectamente con Dios, continuamos viviendo en ciudades alienadas de Dios, debido a la vida impía de sus ciudadanos. Debemos poner atención a la voz del cielo que advierte a los cristianos sobre el peligro de vivir en Babilonia: "Y oí otra voz del cielo, que decía: Salid de ella, pueblo mío, para que no seáis partícipes de sus pecados, ni recibáis parte de sus plagas; porque sus pecados han llegado hasta el cielo, y Dios se ha acordado de sus maldades" (Apocalipsis 18:4-5). Estos versículos sirven como un recordatorio a través de los siglos de que el pueblo de Dios nunca debe de hacer concesiones con respecto a su identidad. Los seguidores de Jesús saben que los deleites encontrados en Babilonia están bajo condenación; algún día su música cesará (18:22). También saben que algún día solo existirán los cantos ofrecidos en adoración a Dios, esto es, cuando el mal sea abolido y la bondad reine (19:1ss). Los discípulos de Jesús saben que debemos de estar presentes en la ciudad, con y por la ciudad. ¿Por qué no deberíamos de ser ciudadanos de la ciudad? Porque es una ciudad terrenal, y nosotros somos una ciudad celestial.

He usado términos como "babilonización" y "romanización" para describir situaciones prevalentes en la antigüedad que encaró el pueblo de Dios. Como un cristiano, que soy a la vez un ciudadano americano, me intrigan dos preguntas: ¿Es una de las grandes amenazas a la integridad y testimonio de la iglesia la "americanización" de los discípulos de Jesús? [Insertar la nacionalidad tuya, querido lector: ¿Es una de las grandes amenazas a la integridad y testimonio de la iglesia la "____________-ización de los discípulos de Jesús?] ¿Consideran los enemigos de Jesús que la iglesia americana constituye una amenaza suficientemente seria para molestarse en oponerse a ella?

4

Escuchar el canto: El estilo

A medida que mi colección de discos compactos ha crecido a través de los años. He decidido organizarlos de acuerdo al estilo de música que representan. De los aproximadamente setenta y cinco tipos de música vendidos en las tiendas de los Estados Unidos, tengo representantes de los siguientes tipos de música: a capela, alternativa, cuartetos de barberos, bluegrass, blues, boogie-woogie, calipso, salmodia, coral, clásica, country, country western, dixieland, ambiental, folk, góspel, rock duro, jazz, latina, mariachi, motown, nueva era, new country, new wave, ópera, pop, rock progresivo, rap, reggae, ritmo y blues, rock, rockabilly, rocanrol, swing, del mundo y zydeco. En ocasiones, el catalogarlos puede resultar algo complejo ya que algunos discos son híbridos, combinando dos o más estilos.

Mis hábitos de lectura reflejan también un gusto híbrido. Además de leer libros asociados con la Escritura (es decir, comentarios, libros de teología, etc.), también leo biografías, novelas históricas, de suspenso, de vaqueros, ciencia ficción, poesía, libros de política, viaje, arte, y fotografía, por nombrar algunos.

Tal y como el conocimiento de la música y los estilos literarios me ayudan a entender mejor lo que estoy escuchando o leyendo, así también el entender el estilo o género literario del Apocalipsis te ayudará a apreciar el estilo y cómo éste impacta positivamente nuestra lectura e interpretación del libro. El término "género" se refiere al grupo de obras que tiene una o más características comunes.

De niño aprendí a memorizar los libros de la Biblia en su orden canónico. Pero también me di cuenta de que "La biblioteca de la Biblia" está arreglada de forma similar a una biblioteca privada de libros o de música. Recuerdo un cuadro de muchos colores que colgaba de la pared del salón de clases de tercer año de la escuela dominical. Todos los libros de la Escritura estaban colocados cuidadosamente en estantes y agrupados de acuerdo a su género literario.[1] Aprendí que algunos libros eran etiquetados como ley, otros como poesía, algunos otros como historia, y muchos eran identificados como profecías. En el estante correspondiente al Nuevo Testamento, vi que los Evangelios eran clasificados como biografía, Hechos era historia, y había veintiuna cartas (o epístolas). Erguido solo, al final del estante, estaba el libro de Apocalipsis, y se le etiquetaba como "profecía." Años después aprendí que tal identificación no fue lo suficientemente precisa al identificar el último libro del Nuevo Testamento. Como veremos, el Apocalipsis es profecía y mucho más.

En lo concerniente a la importancia de entender el género literario de un libro, Sidney Greidanus afirma:

> *Nuestra percepción de la forma determina nuestras expectativas y guía las preguntas que hacemos... Un error de género ocurre cuando el género de profecía o apocalipsis es entendido como una narrativa histórica... Un error de género nos lleva a una interpretación defectuosa porque el intérprete hará las preguntas equivocadas... Los errores de género nos alertan al hecho de que la percepción que uno hace de la forma literaria del texto determina las preguntas que uno hace.*[2]

El género literario es importante. Si no lo mantenemos en mente constantemente al interpretar un libro o un pasaje, muy probablemente malinterpretaremos la Escritura. En realidad, esto se aplica a todo lo que leemos. Por ejemplo, si te mostrara el correo que recibo en el período de una semana, podrías automáticamente ordenar las cartas de acuerdo a su género. En esa pila de correspondencia podrías probablemente encontrar recibos, publicidad, revistas, cartas personales, boletines de iglesias, invitaciones a bodas, etc. Tu serías capaz de interpretarlas correctamente porque tú sabes que una carta personal tiene cierto estilo y se lee de manera diferente que una carta con publicidad dirigida "al residente". Todos nosotros hacemos un análisis de género diariamente, ya sea que nos demos cuenta de ello o no, cuando leemos algo, escuchamos el radio, o vemos televisión o alguna película.

El Apocalipsis es único; no hay otro libro como él en la Biblia. En términos de la metáfora musical que estamos usando, Juan ha creado un nuevo tipo de música para cantar su canción. Es distintiva porque vemos que Juan combina tres tipos de literatura que eran populares en su tiempo a fin de comunicar lo que vio y escuchó. Individualmente, los tres eran bien conocidos. Poniéndolos juntos, sin embargo, Juan creó un nuevo tipo de libro. Yo creo que la gente que recibió el libro habría reconocido lo que Juan estaba haciendo. Además,

Levanta la trompeta
y déjala sonar fuertemente:
¡Jesús viene otra vez!
¡Anímense, peregrinos,
regocíjense y canten:
Jesús viene otra vez!

Griten desde los montes
el gozoso cántico:
¡Jesús viene otra vez!
Viniendo en gloria
el Cordero que fue inmolado:
¡Jesús viene otra vez!

"Levanta la Trompeta"
Jessie E. Strout
Siglo XIX

no solo era tal combinación apropiada desde una perspectiva literaria, sino que veremos también que la estrategia era especialmente adecuada para el propósito pastoral del libro.

En décadas recientes, numerosos académicos han sugerido que la comparación entre Apocalipsis 1:1ss y 22:6ss apoya el punto de vista de que el libro es una obra híbrida. Específicamente, contiene características proféticas, apocalípticas y parecidas a una carta (epistolares). El hecho de que Apocalipsis es en parte literatura apocalíptica se apoya en Apocalipsis 1:1, que inicia el libro con la declaración "la revelación [o apocalipsis] de Jesucristo" (ver también 22:6, 8). La naturaleza profética del libro se enfatiza en 1:3, donde Juan se refiere al que lee y aquellos que escuchan "las palabras de la profecía" (ver también 22:6; 7b, 9, 10, 18-19). Finalmente, el libro comienza (1:4-6) como una carta: "Juan, a las siete iglesias que están en Asia: Gracia y paz a vosotros" y termina (22:21) de manera similar a las otras cartas del Nuevo Testamento: "La gracia de nuestro Señor Jesucristo sea con todos vosotros. Amén" (ver también 1 Corintios 16:23; Gálatas 6:18; Filipenses 4:23). Además, los capítulos 2 y 3 están escritos específicamente para las siete iglesias.

Más precisamente, creo que los escritos de Juan deberían ser vistos como una carta circular profética apocalíptica.[3] Tal descripción necesita ser evaluada y su importancia para la interpretación debe de ser subrayada. El Apocalipsis es, sobre todo, una obra cristiana. Fue escrita por un seguidor de Jesús, el apóstol Juan, a seguidores de Jesús que vivían en Asia Menor. Virtualmente, cada sección principal dice algo sobre Jesús y su iglesia.

Una profecía cristiana

Juan claramente identifica su obra como una profecía (1:3, ver también 22:7b, 10, 18-19; 19:10), y él es considerado un profeta (22:9; ver también 10:7, 11; 22:6). ¿Pero en qué sentido es profético el Apocalipsis? Desafortunadamente con demasiada frecuencia muchos escritores cristianos se enfocan en la naturaleza predictiva. Ellos afirman que los profetas predecían el futuro y que tales predicciones se pueden encontrar en sus sermones y escritos.

Sin embargo, muchos académicos han demostrado que el énfasis dominante de en los escritos proféticos no está en predecir el futuro, sino en proclamar la voluntad de Dios.[4] Una manera simple de explicarlo es que en los escritos proféticos hay ambos, predicción y predicación. La "predicción" enfatiza la naturaleza futura de la profecía, y la "predicación" subraya la meta del profeta de Dios de exponer la Palabra y la voluntad de Dios. Contrario a la opinión popular, el énfasis está en esto último, donde los profetas exponían los deseos de Dios. Un profeta proclama ambos, lo que Dios hará en el futuro y lo que Dios quiere que su pueblo haga en vista del futuro.[5]

En verdad, este énfasis en la predicación, con su llamado a la obediencia, es la nota que Juan toca en el primerísimo lugar donde identifica su obra como una profética: "Bienaventurado el que lee, y los que oyen las palabras de esta profecía, y guardan las cosas en ella escritas; porque el tiempo está cerca" (1:3). Felizmente en las versiones españolas de la Biblia que comúnmente son leídas en nuestros días tienen palabras que reflejan bien el desafío de Juan de "guardar" las cosas escritas en su libro.[En las traducciones en inglés no es siempre así.] La bendición es pronunciada en este versículo sobre los que oyen y obedecen (o hacen caso o cumplen u observan o guardan) las cosas que van a encontrar en el libro. En las otras partes donde aparece este término griego, es claro que el lector está llamado a no solo escuchar, sino también obedecer: 2:26; 3:3, 8, 10; 12:17; 14:12; 22:7, 9; ver también 16:15 el cual implica obediencia). La profecía debe de ser obedecida. Es cierto que Juan provee escenas del futuro (por ejemplo, la destrucción de los reinos malvados, el juicio final de los justos e incrédulos, el establecimiento de la nueva tierra y nuevos cielos, etc.), pero los pasajes orientados al futuro tienen como propósito el motivar al pueblo de Dios a ser un pueblo obediente hasta que él regrese, o hasta que ellos mueran.[6]

El Apocalipsis es profético en carácter y propósito. Juan, el profeta, veía su tarea como una que consistía en la presentación de la Palabra y la voluntad de Dios en un lugar y tiempo en particular. La inspirada perspectiva profética que se le dio, trajo como resultado un libro que ayudó a los que lo recibieron a penetrar en las cosas eternas que trascendían las crisis de su tiempo (1:9; 2:7, 11, 17, 29; 3:6, 13, 22; 17:3; 21:10). Como sus predecesores en el Antiguo Testamento (es decir, Isaías, Jeremías, Daniel, Ezequiel, y otros), Juan revelaba al pueblo de Dios los deberes que tenían que realizar en tiempos difíciles, y le aseguraba que los propósitos de Dios serian cumplidos.

El lenguaje simbólico es usado para hablar sobre realidades espirituales más profundas en la batalla entre el bien y el mal.

Un Apocalipsis cristiano

La primera palabra en el texto griego en la obra de Juan es traducida "revelación" o "apocalipsis" (1:1) e indica un segundo género literario.[7] El término describe el contenido de la obra; está lleno de visiones y sonidos (ver también 22:8 donde Juan testifica que él es "el que oyó y vio estas cosas". No existe prueba de que la palabra se usó en tiempos antiguos para describir un tipo particular de literatura. En décadas recientes, sin embargo, los académicos han sugerido que existe un cuerpo de literatura que puede ser clasificado como apocalíptico. Estas obras apocalípticas tienen características similares, incluyendo seres de otro mundo que comunican una revelación a los humanos (Apocalipsis 1:1; 5:5; 7:13: 10:1ss; 17:1ss; 19:9ss; 21:9-22:5; 22:6, 8-11, 16); una percepción del mundo sobrenatural, tanto como del mundo natural (4:1ss; 9:1ss; 12:7; 14:18; 16:15; 20:1ss); y una visión del final cuando el universo (21:1ss) y el pueblo de Dios (6:1ss; 7:13ss; 21:2ss; 22:3ss) serán finalmente liberados del mal.[8]

Además, al encarar el pueblo de Dios el sufrimiento y la derrota, estas obras apocalípticas proveen palabras de consuelo y reto. Los autores batallaron con preguntas tan profundas como: ¿por qué sufre el pueblo de Dios a manos de gente malvada? ¿Le importa a Dios en realidad? ¿Serán los fieles vindicados algún día? ¿Cómo debe de comportarse el pueblo de Dios hasta que venga el juicio?

Con el propósito de guiar a los lectores cristianos que tratan de vivir fielmente en un mundo hostil, los autores apocalípticos presentan respuestas a tales preguntas por medio de un lenguaje simbólico. A fin de hablar sobre realidades espirituales más profundas en la batalla entre el bien y el mal, ellos se comunican a través de símbolos[9] que literalmente permean a tales obras apocalípticas.[10] Este era un lenguaje que habría sido entendido por los fieles. Sin embargo, no estamos seguros si los que no eran creyentes fueron capaces

En medio de afán y
tribulación
Y tumulto de su guerra
Ella espera la consumación
de paz eterna;
Hasta que con gloriosa
visión
Sus ojos ansiosos sean
bendecidos
Y la gran iglesia victoriosa
Descansando por fin será

En la tierra ella se une
Con Dios, el Tres en Uno
Y mística dulce comunión
Es ganada con aquellos
que descansan
¡Oh felices y santos!
Señor, danos gracia para
que,
Como ellos, los mansos y
humildes,
En lo alto moremos
contigo.

El fundamento
Único de la Iglesia
Samuel J. Stone
1868

de entender dichas obras.[11] A través del uso de lenguaje simbólico, autores como Juan proclamaron que Dios tendría la palabra final: los fieles serán rescatados y recompensados, y se realizará juicio contra todos los poderes malignos, así como a las personas que se aliaron con ellos.

Parece ser que, principalmente por medio del uso de metáforas y símbolos, los autores de obras apocalípticas trataron con las realidades de la lucha del pueblo de Dios. Debido al lugar principal que el simbolismo ocupa en Apocalipsis, se dedicará un capítulo aparte para tratar este tipo de lenguaje.

Recuerdo una conferencia de jóvenes en la cual hablé hace muchos años. Al final de mi sermón, los organizadores presentaron una caricatura recientemente publicada de la famosa obra de C.S, Lewis *Las Crónicas de Narnia*, específicamente *El León, La Bruja, y el Armario*. Durante su presentación, yo estaba sentado detrás de una docena o más de adolescentes, algunos de los cuales eran cristianos, aunque no la mayoría de ellos. Recuerdo que al final de la película uno de los que no eran cristianos volteó hacia su amigo y le dijo: "¡Así que, de esto se trata la historia! Se trata de Jesús, y de su muerte y resurrección".

¿Por qué fue ella capaz de hacer esta conexión? Cuando vio la película por primera vez, ella me dijo, la había visto en la televisión ella sola. Esta vez el ambiente era diferente. Ella estaba en el edificio de la iglesia, y yo acababa de predicar sobre Jesús como Cordero y León. El sermón le proveyó de un contexto en el cual ella pudo entender el mensaje de la historia. Ella se dio cuenta que no es simplemente una historia sobre el bien contra el mal, sino, en última instancia, una historia sobre Jesucristo. Aslan, el León en las Crónicas de Narnia era Jesús, y la bruja era Satanás. Las historias de Jesús relatadas por ambos, Juan y Lewis, son un testimonio del cautivante poder del lenguaje simbólico.

De la descripción presentada anteriormente, el Apocalipsis es una obra profética apocalíptica, indica la cercanía entre los dos géneros literarios. Un académico llegó a llamar al género apocalíptico un hijo de la literatura profética.[12] Mientras que los dos géneros enfatizan verdades morales y espirituales, y le aseguran al pueblo de Dios que Dios está aún en control, el género apocalíptico hace un uso más extensivo del simbolismo que la profecía.

Una carta circular cristiana

Finalmente, el Apocalipsis debe ser visto como una "carta circular". Las cartas que se encuentran en el Nuevo Testamento eran mensajes escritos enviados a la gente debido a que el autor no podía darles el mensaje personalmente. De hecho, las siete iglesias forman un gran patrón circular, como un circuito de mensajería, cuando son vistas en un mapa en el orden presentado en Apocalipsis 2 y 3, comenzando desde, y finalizando, en Efeso.[13]

Juan comienza y termina el Apocalipsis igual que otras cartas (1:4ss; 22:21). El cuerpo del documento incluiría las secciones proféticas apocalípticas (1:9-22:7).[14] Era una carta para ser leída en una asamblea de creyentes (1:3; ver también Hechos 15:30-31; 1 Tesalonicenses 5:27; Colosenses 4:16). Además, era una carta escrita con la intención de que circulara entre varias congregaciones (1:4, 11; ver también 2:1-3:21; Colosenses 4:16; Santiago 1:1; 1 Pedro 1:1).[15]

Si el Apocalipsis es una carta circular, entonces el papel de Juan como un tipo de pastor para las siete iglesias es especialmente resaltado. Él estaba al tanto de sus circunstancias, y deseaba proveer el atento y responsable cuidado que estas necesitaban si habían de permanecer fieles a Cristo. Su pastorado, por decirlo así, incluía en última instancia a todas las iglesias alrededor del mundo, no solo a las siete mencionadas en los capítulos iniciales. Y tal y como lo hacen las otras epístolas del Nuevo Testamento, Juan ha continuado hablando a los cristianos a través de los siglos.

Manteniendo en mente que el Apocalipsis es también una carta, nos ayuda a apreciar el papel que juega la doxología en 1:4-8. Generalmente, los comentaristas están de acuerdo en que las secciones de acción de gracias (Filipenses 1:3-11, por ejemplo) y las secciones de doxología (por ejemplo, Gálatas 1:1-5, especialmente el v. 5) que se encuentran al principio de las cartas, dan indicios de los temas principales desarrollados a través del libro.[16] Este parece ser el caso con la doxología del Apocalipsis. La obra de Dios, Cristo, y El Espíritu Santo, permea el libro. De la misma manera, el conflicto entre los sacerdotes del reino de Dios y aquellos que rechazan a Cristo es también uno de los temas principales. Por supuesto, las referencias a la primera venida de Cristo (1:5) y a su venida final (1:7) proporcionan el contexto para el conflicto.

Estrategias enraizadas en el estilo

Juan no solo usó géneros literarios que eran familiares a sus lectores, su única combinación de estos tres géneros fue especialmente apropiada para el propósito pastoral del libro. Estos géneros habían sido usados antes que se escribiera el Apocalipsis para comunicar mensajes al pueblo de Dios que enfrentaban varios tipos de conflicto y necesitaban consuelo y estímulo. Por ejemplo, los problemas internos y externos de Israel son tratados en los escritos de los profetas del Antiguo Testamento. Libros como Daniel o Ezequiel, con sus características apocalípticas, son respuestas a tales crisis. El Nuevo Testamento provee amplio testimonio del uso de cartas para responder a dificultades internas (por ejemplo, 1 Corintios) o amenazas externas (por ejemplo, 1 Pedro).

La unión que Juan hizo de los géneros de profecía, apocalíptico, y epistolario fue una forma efectiva de presentar la Palabra y la voluntad de Dios a los cristianos de Asia Menor.[17] Los tres contribuyeron a hacer del libro algo: personal y no distante, pastoral más que teórico, directo en lugar de dar rodeos, y comprensible en lugar de oscuro. Al usar los tres estilos, Juan estimuló a los discípulos a percibir la verdadera naturaleza de su lucha: era un conflicto que involucraba a Dios y a sus seguidores y a Satanás y a sus aliados. El pueblo de Dios era exhortado a ejecutar sus responsabilidades fielmente, resistiendo la tentación a ceder en su testimonio al señorío de Cristo.

Reconocer los géneros que Juan usó, ciertamente desafía el modo en que muchos cristianos tratan el libro de Apocalipsis hoy en día. Por ejemplo, el aspecto predictivo es con frecuencia enfatizado a expensas del énfasis en la proclamación. Cuando esto sucede, se cae en un error de género literario. La gente malinterpreta el Apocalipsis, y, por lo tanto, lo aplica equivocadamente. En lugar de usar el libro para predecir el futuro en gran detalle, el libro debería de ser usado para guiar a los cristianos a una forma de vida adecuada entre la primera venida y la final venida de Cristo. El carácter, conducta y llamado del cristiano son señalados una y otra vez. Como resalté previamente, este énfasis se ve descuidado frecuentemente por la obsesión a usar el libro para interpretar eventos mundiales actuales. Para contrarrestar esto, resulta valioso realizar un estudio panorámico general a los métodos de Juan para confortar y motivar a los cristianos.

En vez de usar el libro de Apocalipsis para predecir el futuro, debe ser usado para guiarnos a la obediencia.

Es importante, entonces, mostrar cómo usa Juan los tres géneros para influenciar a su audiencia. ¿Qué estrategias adoptó?[18] ¿Cómo fue el libro relevante para creyentes del primer siglo, y cómo se aplica hoy en día a nosotros? Si tomamos el tiempo de leer el libro cuidadosamente, haciendo las preguntas correctas, se hace aparente que existe un efecto jaspeado. Juan tiene capas de visiones mezcladas con capas de exportaciones y palabras de ánimo. Juan utiliza destreza de autor para tratar con un asunto clave presentado en el capítulo relacionado con el contexto de la historia, esto es, como los discípulos de Jesús deben demostrar su compromiso con Dios y con Cristo en medio de oposición y seducción cultural. Si analizamos las técnicas de Juan para entrelazar las visiones con palabras de consuelo y de reto, descubrimos que él usa al menos siete estrategias.[19]

En **primer lugar**, las diferentes maneras en que Juan se refiere a los cristianos, son en última instancia un recordatorio de quienes son ellos y lo que deberían de estar haciendo. El término más frecuente que usa para referirse a los discípulos es santos (5:8; 8:3-4; 11:18; 13:7, 10; 14:12; 16:6; 17:6; 18:20, 24; 19:8; 20:9 (en 20:9 la *NVI* traduce "santos" como "el pueblo de Dios"); ver también 22:11].[20] Ellos deben vivir vidas santas en un mundo que no es santo. Los discípulos también son llamados

-sacerdotes, que sirven a Dios (1:6; 5:10, ver también 20:6; 22:3);

-el pueblo de Dios (18:4; 21:3; ver también 5:9; 7:9);

-la iglesia (1:4, 11, 20; 2:1, 7, 8, 11, 12, 17, 18, 23, 29; 3:1, 6, 7, 13, 14, 22; 22:16);

-siervos (1:1; 2:20; 7:3; 10:7; 11:18; 15:3; 19:2, 5; 22:3, 6);

-consiervos (6:11; 19:10; 22:9);

-hermanos (1:9; 6:11; 12:10; 19:10; 22:9);

-testigos (11:3);

-una esposa (19:7; 21:2, 9; 22:17);
-una ciudad (3:12; 21:2, 10ss);
-elegidos (17:14);
-fieles (17:14);
-justos (22:11).

En **segundo lugar**, hay cierto número de frases usadas para describir a los seguidores de Jesús. Ellos son los que:

-guardan el testimonio de Jesús (14:12; 22:7, 9);
-obedecen (12:17);
-escuchan (2:7, 11, 17, 29; 3:6, 13, 22; 22:17, 18; ver también 1:3);
-velan (16:15);
-guardan (16:15);
-temen (11:18; 19:5);
-siguen (14:4);
-tienen sus nombres escritos en el libro de la vida (21:27);
-han sido redimidos (14:3);
-han mantenido su pureza (22:14);
-han sido invitados a la cena de las bodas del Cordero (19:9)
-y destacamos en especial la frase "el que venciere" (2:7, 11, 17, 26; 3:5, 12, 21; 15:2; 21:7) (esta frase se usa más que cualquiera de las frases anteriores y es un llamado a vencer cierto número de maldades.[21]

En **tercer lugar**, Juan anima y exhorta al pueblo de Dios a través de mandamientos directos. En particular, se ordena a los discípulos a:

-arrepentirse (2:5, 16; 3:3, 19);
-recordar (2:5; 3:3);
-hacer obras (2:5);
-no temer (2:10);

-ser fieles (2:10);
-ser vigilantes (3:2);
-fortalecerse (3:2);
-obedecer (3:13);
-estar firmes (2:25; 3:11);
-ser celosos (3:19);
-dejar atrás la maldad (18:4);
-regocijarse (12:12; 18:20)
-alabar a Dios (19:5).

Además de estas exhortaciones específicas, se reta a los cristianos a escuchar (esto es, obedecer) lo que el Espíritu dice a las iglesias (2:7, 11, 17, 29; 3:6, 13, 22). Una frase similar se encuentra en 13:9, 18. Encontramos cuatro mandamientos en 22:11 y dos en 22:17.

Toda la Gloria y la alabanza
Al Cordero que fue inmolado,
Quien ha llevado nuestros pecados,
Y ha lavado toda mancha
¡Aleluya!
A Ti sea la gloria,
¡Aleluya! ¡Amen!
¡Aleluya!
A Ti sea la gloria;
Revívenos de nuevo.

"Te alabamos, o Dios"
William P. Mackay
1863

En **cuarto lugar**, cuatro veces encontramos la frase "en esto consiste(n)..." (*NVI*). En 13:18 y 17:9, se llama a los cristianos a demostrar una conducta apropiada al responder a los poderes malignos. Los cristianos necesitan sabiduría y conocimiento a fin de reconocer las tácticas de las fuerzas de maldad. Solo entonces pueden saber cómo conducirse como siervos de Dios. La frase también se usa en 13:10 y 14:12 para llamar a los lectores a perseverar, a la fe y a aceptar la voluntad de Dios. Tal y como se necesita sabiduría para entender la naturaleza de la maldad, así la perseverancia y la fe son esenciales para soportar las mismas fuerzas malignas, principalmente el gobierno anticristiano y las religiones anticristianas. Como observamos en el capítulo dos, Juan está hablando sobre el imperio romano y el culto imperial de sus días. Él llama a sus hermanos y hermanas a demostrar sabiduría y valor al encarar las malignas fuerzas de sus días. El poder de la maldad es grande; se necesitan perseverancia y fe si los cristianos han de ser vencedores. Las estrategias de la bestia son engañosas y opresivas (13:1ss). Un conocimiento que guía a la percepción es necesario si los discípulos han de evitar el ser engañados y han de permanecer fieles.

En **quinto lugar**, el privilegio y la responsabilidad van mano a mano en las así llamadas siete bienaventuranzas (1:3; 14:13; 16:15; 19:9; 20:6; 22:7, 14).[22] La primera y sexta de las bienaventuranzas en 1:3 y 22:7 son virtualmente idénticas: los siervos de Dios son bendecidos (esto es, tienen la aprobación de Dios que resulta en una confianza gozosa) porque han oído la palabra de Dios y han obedecido. De la misma manera, en 16:15, los cristianos siempre deben de estar en guardia. Cristo vendrá inesperadamente, así que el carácter y conducta del cristiano debe de ser el de una vida que busca ser obediente a la voluntad de Dios. En la venida final, como resultado de su fidelidad, los justos son bendecidos porque son invitados a compartir en comunión íntima con Cristo (19:8). Finalmente, Jesús anuncia como benditos aquellos que han permanecido puros y fieles, en contraste con aquellos que son "los perros, y los hechiceros, los fornicarios, los homicidas, los idólatras, y todo aquel que ama y hace mentira" (22:15).

Dos de las bienaventuranzas están ligadas con cristianos que han sido fieles hasta la muerte. En primer lugar, en 14:13, aquellos que permanecieron fieles al Señor hasta la muerte y no adoraron la maldad, serán bienaventurados. Porque han perseverado y han rehusado adorar a dioses falsos, su destino no será como la muerte de aquellos que adoran a la bestia

(14:11). En segundo lugar, aquellos que permanecen fieles hasta la muerte, serán bienaventurados porque participan en la primera resurrección (20:4-6). Ya sea que uno crea que este pasaje habla sobre aquellos que reinarán con Cristo en la tierra por mil años, o aquellos reinarán con Cristo después de su muerte, es cosa aparte. Aquellos que participan en esta resurrección son aquellos que han permanecido fieles a Jesús. Estos participantes incluyen aquellos que fueron ejecutados porque no cedieron ante las fuerzas malignas y fueron fieles hasta el fin.[23]

En **sexto lugar**, aun la fórmula, "si alguno," nos dice algo sobre la vida de los discípulos. En 13:10 leemos:

> Si alguno lleva en cautividad, va en cautividad;
> si alguno mata a espada, a espada debe ser muerto.

Aquí está la paciencia y la fe de los santos.

Aunque existen preguntas concernientes al significado preciso de este versículo, lo que debe de enfatizarse es que Juan está informando a los lectores como deben de (o quizá no deban de) responder a la bestia que hace guerra en contra de los santos (12:17). Yo tomo el versículo como que significa que el discípulo acepta prisiones y aun la muerte por la causa de Cristo.

El destino de aquellos que no permanecen fieles se registra en 14:9b-10 donde un ángel declara:

> Si alguno adora a la bestia y a su imagen, y recibe la marca en su frente o en su mano, él también beberá del vino de la ira de Dios, que ha sido vaciado puro en el cáliz de su ira; y será atormentado con fuego y azufre delante de los santos ángeles y del Cordero.

En el v. 11, leemos una breve descripción del castigo eterno de aquellos que sucumbieron, y en el v. 12, Juan llama a los cristianos a soportar, obedecer, y a permanecer fieles a Jesús. Nuevamente, el conflicto incluye a la bestia (un símbolo del opresivo gobierno Romano en los días de Juan y quizá también de cualquier gobierno opresor a través de los siglos) y a los cristianos. En 13:9-10 encontramos orientación en cuanto la apropiada respuesta no-violenta a las actividades hostiles del gobierno. El creyente en 13:9-10 pudiera experimentar tortura en la tierra y aun la muerte, pero los que sean infieles experimentaran separación eterna de Dios si ceden a la influencia de bestia (14:9ss).

La fórmula "si alguno" aparece una última vez en conexión con los cristianos en 20:15 donde leemos: "Y el que no se halló inscrito en el libro de la vida fue lanzado al lago de fuego." El contexto es el juicio final, en el cual, ambos cristianos y no-cristianos, están delante del trono de Dios, y sirve no solo como una palabra de consuelo para los creyentes (sus enemigos serán juzgados), sino también como una advertencia (los cristianos no deben ceder). Ellos deben permanecer fieles para que sus nombres sean hallados en el libro de la vida (3:5; 13:8; 17:8).

La Novia no mira a sus
vestiduras,
Sino al rostro querido
del Novio;
No miraré a la gloria
Excepto en mi Rey
de gracia.
No a la corona que nos da
Sino a su mano traspasada,
El Cordero es toda
la gloria
De la tierra de Emanuel.

"Las Arenas del Tiempo se Hunden"
Anne R. Cousin
1857

En **séptimo lugar**, encontramos cinco listas de virtudes y vicios donde Juan habla de la conducta de la gente. Apocalipsis 9:20-21, enfoca exclusivamente las características de aquellos que rehúsan arrepentirse y adorar a Dios. Existen cuatro que advierten o animan a los cristianos. En 14:4-5 los cristianos son "los que no se contaminaron con mujeres". Esta frase puede referirse a aquellos que se han mantenido sexualmente puros o aquellos que no cometieron inmoralidad espiritual al adorar a otros dioses. Como quiera que esto sea, estos son discípulos del Cordero; ellos pertenecen a Dios y al Cordero; ellos son íntegros al hablar; y son sin mancha. Ellos morarán con Dios (14:1ss). Las tres listas restantes se encuentran en 21:8, 27, y 22:15, donde Juan contrasta aquellos que morarán por siempre con Dios con aquellos que por siempre estarán apartados de Dios.

Lo anterior es un ejemplo de los lugares donde Juan habla a los cristianos, recordándoles quienes son y lo que deben de hacer.[24] Una y otra vez Juan construye sobre el énfasis que introdujo al principio en 1:3. Él está llamando a los discípulos a ser obedientes a Dios. Sería muy instructivo el leer todo el documento y localizar otros lugares y estrategias donde Juan exhorta y anima. Por ejemplo, podemos evaluar en detalle los capítulos 2 y 3 donde Jesús elogia (2:2-3, 6, 8-11, 12-13, 19; 3:4, 7) y reprende (2:4, 5, 15, 20-24; 3:1-2, 15-17). Hay amenazas de juicio, algunas veces enfocadas en aquellos que no son siervos de Dios y el mundo en el que viven (6:1–8:5; 8:6–11:19; 15:1–16:21). Con frecuencia Jesús advierte también a los cristianos en relación al juicio (2:16, 21-23; 3:3, 16; 14:9-13; 16:15; 18:4; 20:11-15; ver igualmente 21:8, 27; 22:15). Existen promesas y recompensas esparcidas a través del libro (2:7, 10b-11, 17a, 26-28; 3:4-5, 11-12, 21; 7:13-14; 11:18; 14:1ss; 17:14; 19:1-10), llegando a su clímax en 21:1ss.

Usando los tres géneros literarios (profecía, apocalipsis y carta), Juan consistentemente entrelaza privilegios y responsabilidad al describir recompensas para aquellos que sirven a Dios. Él también habla sobre el castigo que espera a aquellos que renuncian a Jesús. En ningún momento estos dos están separados. El carácter y conducta de la vida cristiana sobre la tierra anticipa o refleja la naturaleza de la vida con Dios en el nuevo cielo y la nueva tierra.

Cuando leemos el Apocalipsis, la pregunta que no debemos de hacer es: ¿Cómo nos ayuda el Apocalipsis a localizar donde nos encontramos en la línea de tiempo profética a fin de saber cuándo viene el Señor? Yo creo que usualmente tal pregunta se hace porque se ha fallado en identificar e interpretar el género literario del libro. La pregunta apropiada, que resultaría más productiva y más urgente, es esta: En vista del futuro que Dios ha prometido, ¿qué desea él que hagamos ahora a fin de ser fieles al Cordero? Tal pregunta es natural cuando recordamos que esta perspectiva está en el corazón de las cartas, profecías, y otra literatura apocalíptica encontrada en la Escritura. En verdad, tal pregunta honra el estilo del libro.

Si deseamos cantar la letra de los cantos delante del Cordero en el nuevo cielo y la nueva tierra, necesitamos comenzar a cantarlas desde ahora.

5

Escuchar el canto: las fuentes

En la mitología griega, una musa era "cualquiera de las nueve hermanas divinas que presidían sobre canto y poesía y las artes y ciencias".[1] El sustantivo ha llegado a significar "una fuente de inspiración... un genio guiador".[2] El verbo significa "el estar absorto en pensamiento... el dar vueltas a algo en la mente meditativamente".[3]

Algunos que escriben música frecuentemente hablan de su musa; la fuerza que los guía para componer una nueva pieza musical puede ser quizá una gran obra de arte, una amistad especial, o una experiencia que transforma la vida, para bien o mal. En última instancia, la fuente de inspiración de Juan es Dios (Apocalipsis 1:1; 22:6). Pero no hay duda de que Juan estaba tan absorto en lo que vio y escuchó que le dio vuelta a las imágenes y palabras una y otra vez mientras que meditaba en ellas. Como las otras obras inspiradas de la Escritura, tenemos algo en lo que lo divino y lo humano se entrelazan. Juan recibió la revelación de Dios, pero registró en su propio estilo lo que escuchó. En otras palabras, recibió, reflexionó en ello y después reportó el mensaje usando un lenguaje que le era familiar a él y a los otros discípulos. Él se comunicó de una manera artística, como vimos en el capítulo anterior, combinando tres géneros literarios (profecía, apocalipsis y carta circular) para presentar el mensaje de Dios. Él también recurrió a fuentes especiales y usó extensivamente símbolos para describir lo que a veces resultaba indescriptible. Cubriremos estos temas, las fuentes y el simbolismo, en este capítulo y el siguiente.

Una de las razones principales por las que fallamos en entender el Apocalipsis, es porque nos falta conciencia y conocimiento de las fuentes que Juan usó para comunicar el mensaje de Dios a los discípulos en Asia Menor. Más específicamente, nos falta un conocimiento adecuado de las Escrituras del Antiguo Testamento que permean el libro de principio a fin. En verdad, si nos diéramos cuenta de que Juan estaba usando un lenguaje e imágenes que les resultaban familiares a los recipientes originales, quizás habría menos tendencia a leer los eventos actuales en un texto del primer siglo.

Santo, Santo, Santo,
¡Señor omnipotente!
Siempre el labio mío
Loores Te dará..
Santo, Santo, Santo,
Te adoro reverente,
Dios en tres personas,
Bendita Trinidad.

¡Santo, Santo, Santo!
En numeroso coro,
Santos escogidos
Te adoran sin cesar.
De alegria llenos
Y sus coronas de oro
Rinden ante el trono
Y el cristalino mar.

"Santo, Santo, Santo"
Reginald Heber
1826
Tr. J. B. Cabrera

Cuando buscamos las fuentes para la presentación de Juan, nos encontramos frente a frente a una retadora doble tarea. Primero, necesitamos reconstruir el contexto original de los pasajes del Antiguo Testamento escritos a la gente antes de Cristo. Entonces necesitamos ver si, y como, Juan modificó tales pasajes para comunicar el mensaje al pueblo de Dios que seguía a Cristo.

Antes de tratar más a fondo el asunto del uso que Juan hace del Antiguo Testamento, permíteme compartir una historia. Mientras trabajaba en este libro, durante el verano del 2005, fui bendecido con una oportunidad, provista por una pareja cristiana, de pasar tiempo en su cabaña localizada cerca del Lago Michigan, donde me pude retirar para orar y escribir. En las cuatro horas de camino desde mi hogar hasta un pueblo en el estado de Michigan, justo después de la frontera con Indiana, decidí escuchar *El Mesías* de George Frederick Handel (1685-1759). En el mundo de habla inglesa, *El Mesías* es quizá la más amada de todas las composiciones de la música clásica. Aunque yo sabía un poco sobre la vida de Handel, me tomé el tiempo para revisarla más detenidamente, antes de escuchar toda la obra de nuevo en una sola vez.

Leyendo las notas en la cubierta del disco compacto, aprendí que, Charles Jennens, le había escrito a Edward Holdswort el 10 de julio de 1741,detallando una petición que había hecho a Handel:

> *Handel dice que no va a hacer nada este invierno, pero espero poder persuadirlo de que se ocupe de componer música para una nueva colección de Escrituras que he hecho para él, y que la ejecute para su propio beneficio durante la Semana de la Pasión. Es mi esperanza que utilice todo su genio y destreza en ello, a fin de que la composición sobrepase todas sus composiciones anteriores, ya que el tema sobrepasa a cualquier otro tema. El tema es el Mesías.*[4]

Describiendo el libreto[5] como otra colección de Escrituras de la Biblia, Jennens hace referencia a un trabajo anterior, sin duda *Israel en Egipto*, el cual Handel compuso en octubre de 1738. Jennens deseaba que la obra de Handel se presentara durante la Semana Santa. Él realizó su compilación de las Escrituras que era el fundamento para la pieza, usando la versión inglesa del rey Jaime de 1611 como su fuente primaria. Su meta era la de presentar un punto doctrinal central; la identificación del Mesías como el fundador del cristianismo, el ungido rey prometido por los antiguos profetas hebreos.

Esencialmente, los eventos del Nuevo Testamento son relatados y explicados a través del lenguaje de las profecías del Antiguo Testamento, algo que los primeros cristianos habrían hecho al usar las Escrituras para presentar a Jesús como el Mesías.

Handel accedió a la petición de Jennens, y la primera presentación de *El Mesías* se realizó el 13 de abril de 1742, en Dublín, Irlanda. Tiene tres partes. La Parte I tiene referencias a la entrada de Cristo a Jerusalén y a la bienaventuranza de sus seguidores. La Parte II ofrece una reflexión sobre el sufrimiento y muerte de Cristo y proclama que Cristo murió para hacer expiación por los pecados de la humanidad. El tema dominante es la agonía personal del rechazado y despreciado Cristo. Esta relata su ascensión, su recepción en el cielo, el esparcimiento del evangelio, la resistencia al evangelio y la visión del triunfo final. La Parte III enseña la promesa de la resurrección y vida eterna, una vida disponible a todas las personas por la conquista que Cristo obtuvo sobre la muerte.

Antes de comenzar a escuchar la música, revisé el contenido de las tres secciones y noté que cada pieza musical tenía uno o más versículos del Antiguo o del Nuevo Testamento. En los días de Handel, la Escritura era mucho más parte de la vida diaria que hoy. Comencé a preguntarme si los cristianos de hoy, incluyéndome a mí, no perciben la belleza de la composición a causa de nuestra falta de conocimiento de la Biblia. Por lo tanto, decidí ponerme a prueba. Estaba anticipando escribir este capítulo sobre las fuentes usadas por Juan, y enfatizar el hecho de que muchos de nosotros simplemente no conocemos la Escritura lo suficientemente bien para darnos cuenta cuando Juan está aludiendo a un pasaje en el Antiguo Testamento. Observé que hay cincuenta y tres recitativos6, o al substraer la obertura, cincuenta y dos solos y coros. Quería saber en cuantos de los cincuenta y dos podía yo identificar la Escritura en el canto. Al final, mi calificación fue del setenta por ciento. Fui capaz de identificar todos los pasajes del Nuevo Testamento, y aun algunos del Antiguo Testamento.

17[7] ¡Gloria a Dios en las alturas, Y en la tierra paz, buena voluntad para con los hombres!	Lucas 2:14
46 Porque por cuanto la muerte entró por un hombre, también por un hombre la resurrección de los muertos. Porque, así como en Adán todos mueren, también en Cristo todos serán vivificados.	1 Corintios 15:21,22

2 Consolaos, consolaos, pueblo mío, dice vuestro Dios. Hablad al corazón de Jerusalén; decidle a voces que su tiempo es ya cumplido, que su pecado es perdonado; que doble ha recibido de la mano de Jehová por todos sus pecados. Voz que clama en el desierto: Preparad camino a Jehová; enderezad calzada en la soledad a nuestro Dios.	Isaias 40:1-3
28 Se encomendó a Jehová; líbrele él; Sálvele, puesto que en él se complacía.	Salmo 22:8

Pero fallé en reconocer donde se encontraban los siguientes pasajes:

7 Y se sentará para afinar y limpiar la plata; porque limpiará a los hijos de Leví… y traerán a Jehová ofrenda en justicia.	

29 El escarnio ha quebrantado mi corazón, y estoy acongojado. Esperé quien se compadeciese de mí, y no lo hubo; Y consoladores, y ninguno hallé.	
30 Mirad, y ved si hay dolor como mi dolor que me ha venido.	

Sabía que los anteriores provenían del Antiguo Testamento, pero no sabía que eran Malaquías 3:3; Salmo 69:20 y Lamentaciones 1:12 respectivamente. Fue vergonzoso. He sido un estudiante de la Escritura por años, ¡y solo obtuve una calificación promedio en esta prueba!

Desafortunadamente, hace algunos años, hubiera sentido la misma vergüenza si se me hubiera pedido que identificara las alusiones al Antiguo Testamento que Juan hace en el libro de Apocalipsis. ¿Por qué? Fui criado dentro de una iglesia que enfatizaba que somos un pueblo del Nuevo Testamento y el Antiguo Testamento era, en el mejor de los casos, algo suplementario. Lo que he llegado a comprender a través de los años es que verdaderamente necesitamos ser un pueblo de la Biblia, si hemos de entender cualquier pasaje, ya sea del Nuevo o del Antiguo Testamento. Con demasiada frecuencia, las páginas menos usadas en nuestra Biblia son aquellas que se encuentran en el Antiguo Testamento.

Permíteme hacerte una prueba. ¿Serías capaz de identificar las alusiones al Antiguo Testamento en los siguientes pasajes del Apocalipsis?

Al que nos amó, y nos lavó de nuestros pecados con su sangre, y nos hizo reyes y sacerdotes para Dios, su Padre…	Apocalipsis 1:5b-6a
y tendréis tribulación por diez días…	Apocalipsis 2:10

Y cantan el cántico de Moisés siervo de Dios, y el cántico del Cordero, diciendo: Grandes y maravillosas son tus obras, Señor Dios Todopoderoso; justos y verdaderos son tus caminos, Rey de los santos. ¿Quién no te temerá, oh Señor, y glorificará tu nombre? pues solo tú eres santo; por lo cual todas las naciones vendrán y te adorarán, porque tus juicios se han manifestado.	Apocalipsis 15:3-4

Un cálculo conservador es que hay más de quinientas alusiones a los escritos del Antiguo Testamento en esta obra de Juan. Un académico propone, que de los 404 versículos en Apocalipsis, solo 126 no contienen alusiones al Antiguo Testamento.[8] A diferencia de pasajes como Mateo 2:6, Lucas 4:18-19 y Hechos 2:17ss, Juan nunca cita formalmente el Antiguo Testamento. Él solo alude a una cláusula o frase. Él asume que los recipientes sabrán los pasajes a los cuales él alude, tanto como a las capas de contexto y la historia o historias detrás de dichos pasajes.

Alusiones al Antiguo Testamento[9]

En general, Juan emplea las alusiones al Antiguo Testamento de varias maneras. Las usa para describir quién es Cristo, incluyendo lo que ha hecho en el pasado, lo que hace aún ahora, y lo que hará en el futuro. Las alusiones al Antiguo Testamento describen entre otras cosas, la majestad y el poder de Dios. Él usa el lenguaje del Antiguo Testamento para describir a la iglesia y para dirigirse a esta, incluyendo designaciones, mandamientos, elogios, advertencias, y promesas. Las poderosas imágenes del Antiguo Testamento se usan para retratar las fuerzas del mal y aquellos que se alinean con tales fuerzas.

El espacio no nos permite una presentación exhaustiva de las referencias al Antiguo Testamento, pero podemos empezar con los tres ejemplos dados anteriormente. Siguiendo una breve discusión de ellos, citaré algunos recursos específicos que nos ayudarán a localizarlos.

Juan emplea alusiones al Antiguo Testamento para describir quién es Cristo en el pasado, presente y futuro.

La primera alusión se encuentra en 1:6a, donde Juan escribe que Cristo "nos hizo reyes y sacerdotes para Dios, su Padre". Indudablemente, esta es una alusión a Éxodo 19:6, donde Dios se dirige al pueblo bajo el antiguo pacto, en el desierto de Sinaí, con las palabras "vosotros me seréis un reino de sacerdotes, y gente santa".[10]

Esta alusión a una declaración de bendición encaja perfectamente con la situación que Juan y sus hermanos y hermanas están enfrentando. Tal y como Dios llamó a su pueblo a salir de Egipto para servirle, Juan ve a Dios llamando a su pueblo a salir de nuevo. Esta vez, no es para salir fuera de Egipto, sino para salir fuera de Roma (ver Apocalipsis 18:10, donde Babilonia es un símbolo para Roma y el Imperio).[11] El mundo no le pertenece a Roma, sino a Dios, y sus siervos deben de ser fieles a él y no a las demandas idólatras de Roma. El reino de Dios es más grande que el reino de Roma y los sacerdotes de Dios deben de representarle en un mundo hostil y seductor.

La segunda alusión se encuentra en un mensaje a una de las siete iglesias. ¿Qué pasaje del Antiguo Testamento provee el contexto para la declaración hecha por Jesús de que sus seguidores en Esmirna sufrirán "tribulación por diez días" (2:10)? Usando una concordancia para trazar el uso de "diez días," descubrimos que existe solo un puñado de referencias.

Aunque, tales referencias a Números 11:19, 2 Crónicas 36:9, y Jeremías 42:7 mencionan "diez días," su relevancia para entender Apocalipsis 2:10 no es aparente.[12] Es solo cuando vemos Daniel 1:12ss que encontramos un probable enlace. Puedes recordar que Daniel y sus tres amigos fueron tentados a ceder a la religión pagana al comer comida de la mesa del rey. Ellos rehusaron porque tal conducta hubiera indicado que habían dado su lealtad a un rey pagano, algo impensable para un judío fiel. Ellos pidieron ser probados por diez días, confiados en que Dios bendeciría su fidelidad. Y Dios lo hizo así.

Una vez más, podemos ver por qué Juan usaría tal alusión al primer capítulo de Daniel. Habla poderosamente al pueblo de Dios que vivió en una renacida "Babilonia," al intentar ser fieles a Jesús, el Mesías. Tal y como en el caso de los dioses babilónicos, que no debían de ser adorados, para la audiencia de Juan, César no era Señor, sino solo Jesús lo es.

El Hijo de Dios sale
a la guerra,
Una corona real para
ganar;
Su bandera rojo sangre
hondea a lo lejos;
¿Quién sigue en pos de Él?
El que puede beber mejor
su cáliz de sufrimiento,
El que triunfe sobre
el dolor,
El que pacientemente
carga
su cruz terrenal, él es quien
puede ir en pos de él.

Un noble ejército,
hombres y muchachos,
La matrona y la joven,
Alrededor del trono del
Salvador se regocijan,
En túnicas de
luz desplegadas.
Suben el escarpado ascenso
al cielo
A través de peligro,
fatiga, y dolor;
Oh Dios, danos tu gracia
Para seguir en pos de él.

"El Hijo de Dios Sale a la Guerra"
Reginald Heber
1827

La tercera alusión al Antiguo Testamento es el canto de Moisés, que Juan destaca en 15:3-4. Es probable que Juan esté repitiendo, en parte, un canto en Éxodo 15:1-18. Como Israel, bajo el antiguo pacto, alabó a Dios por liberarle del ejército de Faraón, así Dios, será alabado cuando derrote a la bestia que amenaza a los seguidores de Jesús. Al referirse al canto, que es también el canto del Cordero, Juan está enfatizando una liberación más grande (Apocalipsis 1:5ss; 7:14; 12:10ss). Particularmente, la primera victoria en el Mar Rojo, como se registra en Éxodo, anticipaba una victoria aún más grande, lograda por la muerte y resurrección del Cordero (1:5b-6).

El canto de Moisés es un canto sobre juicio y puede también estar relacionado con Deuteronomio 32 (Deuteronomio 31:19, 22, 30; 32:44). Ambos, Éxodo 15 y Deuteronomio 32, están relacionados con el juicio. Es muy interesante que en Deuteronomio 32, Dios promete castigar al idólatra Israel junto con las naciones paganas que han oprimido a Israel.

El canto en Apocalipsis 15 es un poco más complicado que los ejemplos previos. El contenido del canto no proviene de una sola fuente primaria, ya sea Éxodo 15 o Deuteronomio 32. Por ejemplo, podemos comparar 15:3b-4a con Jeremías 10:7, y Apocalipsis 15:4 con Salmo 86:9-10, y Apocalipsis 15:4c con el Salmo 98:2. Una y otra vez Juan crea una composición visual y auditiva al entrelazar una variedad de pasajes del Antiguo Testamento para describir lo que ha visto y oído.

Necesitamos hacer una observación final sobre estos tres ejemplos, una observación que nos guiará cada vez que encontremos una alusión al Antiguo Testamento. En los tres pasajes, el pueblo de Dios que sigue a Jesús está conectado con el pueblo de Dios en la antigüedad. Tal y como Dios, por ser rey, esperaba que el pueblo bajo el Antiguo Pacto le sirviera como sacerdotes, de la misma manera, espera lo mismo del pueblo del Nuevo Pacto. El Apocalipsis enseña que Dios ha establecido un nuevo reino con sacerdotes que le sirven (1:5b 6; 5:9-10). Tal y como Dios liberó a gente como Daniel y los tres jóvenes (Daniel 1:3ss), así Dios libertará a la gente del

Nuevo Pacto. De acuerdo con el Apocalipsis, Dios protegerá a su pueblo cuando escogen el ser fieles a él al enfrentar persecución. Tal y como Dios liberó del Faraón al Israel de la antigüedad, así Dios libertará a los seguidores de Jesús de cualquier enemigo, incluido Satanás mismo. De acuerdo con Apocalipsis, Dios debe de ser alabado por sus juicios justos contra los malvados. Necesitamos reconocer y explorar tal continuidad cuando Juan hace una conexión entre un pasaje o historia del Antiguo Testamento y la historia que relata en el Apocalipsis.

Es imposible sobreenfatizar que no basta con simplemente encontrar un paralelo a una frase o declaración en el Apocalipsis en algún libro del Antiguo Testamento. El contexto de ambos libros necesita ser examinado. También las historias detrás de los pasajes necesitan mantenerse presentes. Vimos esto cuando consideramos la historia de Daniel y los eventos asociados con el Éxodo. Además, Juan puede modificar o adaptar un pasaje o historia para ajustarla a sus propósitos inspirados de la misma forma en lo que lo hace con muchos símbolos, así que debemos estar extremadamente conscientes del texto original.

Al examinar el uso que Juan hace del Antiguo Testamento, descubrirás que él usa temas, historias, patrones, personas, lugares, y eventos familiares del Antiguo Testamento para expresar ideas específicas. A veces, usa el texto informalmente para mostrar su cumplimiento en el Nuevo Testamento. Como vimos anteriormente, él constantemente incorpora significados centrales del Antiguo Testamento para enseñar verdades del Nuevo Testamento.

Tipología

Necesitamos examinar un uso especial del Antiguo Testamento en el Nuevo Testamento. Aunque "tipología" pudiera ser un término con el cual muchos no estén familiarizados, es, sin embargo, un importante método de interpretación encontrado en el Nuevo Testamento. La palabra se refiere a un enfoque que enlaza eventos, personas o cosas del Antiguo Testamento con eventos, personas o cosas en el Nuevo Testamento. Cuando en el Nuevo Testamento se usa esta técnica, el término "tipo" describe un evento, persona o cosa que es la realidad pasada. El "antitipo" es la nueva realidad que corresponde a la realidad pasada. Además, la tipología muestra que Dios trabaja de manera similar a través de la historia para traer redención o juicio. Podríamos decir que la tipología es básicamente una forma más especializada de analogía. Algunos ejemplos harán más claro lo anterior.[13]

Jesús mismo usa la tipología. En Juan 3:14, el levantamiento de la serpiente en el desierto es el tipo (Números 21:8-9); el antitipo es el levantamiento del Hijo del Hombre en la cruz. O en Mateo 12:39-41, la liberación de Jonás del vientre del gran pez, es el tipo, y la resurrección de Cristo es el antitipo (Jonás 1:17; Mateo 16:4).

En 1 Pedro 3:20-21, Pedro escribe que la familia de Noé fue salvada en el arca y que el arca fue sostenida por el agua. Él sugiere que el agua es el tipo y el bautismo el antitipo. La liberación por medio de agua de Noé y su familia en el arca anticipó la más grande realidad de la salvación asociada al bautismo por agua (Génesis 7:13ss).

Encontramos tipología en los ejemplos del Apocalipsis explorados anteriormente. Los diez días de prueba experimentados por Daniel y sus colegas son el tipo (Daniel 1:12ss); las pruebas de los cristianos en Esmirna es el antitipo (Apocalipsis 2:9ss). Podemos citar otros ejemplos. Los infielesde Pérgamo son el antitipo (Apocalipsis 2:14ss) de aquella

El Apocalipsis no envejece porque habla a los cristianos de todos los siglos que viven en culturas que seducen y se oponen al pueblo de Dios.

gente en el Antiguo Testamento que siguió las enseñanzas de Balaam y Balac quienes sedujeron a los Israelitas a adorar falsos dioses y practicar inmoralidad (Números 22–24). La historia de Jezabel en 1 y 2 de Reyes es el tipo; la así llamada profetisa "Jezabel" que está engañando a los cristianos de Tiatira, es el antítipo. En los escritos de Jeremías y Daniel, Babilonia, que es poderosa en seducción y oposición, es el tipo. Para Juan y su audiencia, Roma es el antitipo, una Babilonia renacida (Apocalipsis 14:8; 17:1–18:24; ver también 1 Pedro 5:13).

Al considerar los conceptos de tipo y antitipo, es de mucha ayuda para nosotros el resaltar un evento importante del Antiguo Testamento que es desarrollado en el libro de Apocalipsis. El libro de Éxodo contiene la historia de la liberación que Dios hace del pueblo de Israel de la esclavitud en Egipto. Pocos eventos del Antiguo Testamento son tan importantes histórica y teológicamente como aquellos descritos en Éxodo. Históricamente, el evento del Éxodo fue el nacimiento de Israel como nación. Teológicamente, la liberación del pueblo judío de Egipto fue interpretada como un prototipo de Dios liberando a todo su pueblo.

La historia del Éxodo es un tema fascinante de trazar en el Apocalipsis. El enfoque de tipo y antitipo se desarrolla de manera importante. El Éxodo es un tema prominente en el resto del Nuevo Testamento (Mateo 2:13-15; 1 Corintio 5:7ss; 1 Pedro 1:19ss), pero en ningún otro escrito del Nuevo Testamento es este gran evento del pasado de Israel más completamente desarrollado que en el Apocalipsis. Si no estamos conscientes de su narrativa, nos perderemos la forma creativa en que Juan entrelaza su historia. Se trata del "éxodo" del pueblo de Dios a un mundo mejor tanto como del "éxodo" de la maldad.

Unos pocos ejemplos mostrarán la importancia del evento. Como hemos visto anteriormente, existen alusiones claras al Éxodo en Apocalipsis 1:5b-6:

- convirtiéndose en un reino y en sacerdotes (Éxodo 19:6; ver también Apocalipsis 5:9-10; 20:4-6; 22:3-5);
- siendo llevados en alas de águila (Éxodo 19:3ss; ver también Apocalipsis 12:3ss);
- entonando el canto de Moisés que enfatiza el reino de Dios (Éxodo 15:1ss; ver también Deuteronomio 31:19ss y Apocalipsis 15:1ss).

Otras referencias incluyen:

- La mención del "maná escondido" en 2:17 debe de ligarse a Éxodo 16:31ss.
- Las ropas lavadas en 7:14 es una probable alusión a Éxodo 19:10, 14.
- Hay una referencia al opresivo poder de Egipto en 11:8 (Joel 3:19; Ezequiel 20:4ss), un pasaje que describe la oposición del mundo a la iglesia (bajo el símbolo de los dos testigos, uno de esos testigos es retratado en términos asociados con Moisés, y el poder desplegado en las diez plagas; ver Éxodo 7–11).

El lenguaje usado para describir las siete copas en 16:1ss es derivado de los eventos asociados con el Éxodo.

Cita de Apocalipsis	Ángeles con copas	Plaga	Cita de Éxodo
16:1-2	1	úlcera	9:9-11
16:3-4	2 y 3	agua se convierte en sangre	7:17-21
16:8-9	4	fuego	9:23 y Deuteronomio 32:24
16:10-11	5	tinieblas y úlceras	10:22
16:12-16	6	Río Éufrates se seca	14:21-22

16:17-21	7	relampagos, voces, truenos	9:22-34

Verdaderamente, el Éxodo anticipado por Juan es mucho más grande que el experimentado por el pueblo de Dios en el Antiguo Testamento.[14] Esta analogía entre el juicio final de Dios en la historia y la liberación de Israel de Egipto muestra que, a través de toda la sangre y trueno, el propósito de Dios continúa siempre siendo un propósito de salvación. Como en el Éxodo, las plagas vienen como respuesta de Dios a las oraciones de su pueblo que sufre y que clama pidiendo vindicación en contra de sus perseguidores (Éxodo 2:24ss; ver también Apocalipsis 6:9ss; y 8:1ss). El Éxodo final no será uno que solamente libere al pueblo de Dios de los poderes terrenales, sino de todos los poderes de Satanás, y la libertad venidera no es solo para los judíos, sino para aquellos "de todas naciones y tribus y pueblos y lenguas" (Apocalipsis 7:9).

También vemos la conexión entre el Apocalipsis y los eventos del Éxodo cuando consideramos el campo de batalla. Roma estaba forzando a los cristianos a adorar al emperador romano como a un dios. En el corazón de la lucha entre Moisés y Faraón estaba el mismo asunto de adoración. Moisés sostenía que el pueblo de Dios necesitaba ser liberado de Egipto a fin de adorar a Dios: "Después Moisés y Aarón entraron a la presencia de faraón y le dijeron: Jehová el Dios de Israel dice así: Deja ir a mi pueblo a celebrarme fiesta en el desierto" (Éxodo 5:1). Como sabemos, el faraón rehusó (5:2). El pensamiento de Peterson nos es útil:

> La tarea de Moisés era la de guiar al pueblo a adorar. El pecado del faraón fue el de estorbarles. Las plagas de juicio están relacionadas con este motivo, y este solamente. El más grande mal que la gente de fe enfrenta del exterior

es la obstrucción a la adoración. El más grande mal que encaramos desde el interior es la subversión a la adoración.[15]

Corónalo con muchas coronas
El Cordero sobre su trono;
¡Como ahoga el himno celestial toda música excepto la suya!
Despierta, mi alma, y canta
De Él quien murió por ti
Y salúdalo como tu Rey inigualable
Por toda la eternidad.

¡Corónalo el Señor de amor!
Contempla sus manos y costado,
Heridas aun visibles
En belleza glorificada
¡Saluden al Redentor!
Porque has muerto por mí;
Tu alabanza y gloria no faltarán

Por toda la eternidad.
"Corónalo con Muchas Coronas"
Matthew Bridges
1851

No es sorpresa que el tema de adoración es enfatizado en Apocalipsis. El libro de Apocalipsis promete que Dios juzgará a Roma si el imperio se interpone en el camino del pueblo para adorar a Dios. Tal y como lo hizo en Egipto (Apocalipsis 17–18).

Juan está convencido de que lo que la gente hace en su adoración está detrás de lo que hacen en el mundo. La adoración no debe de estar limitada a la reunión de los creyentes o a cierto día de la semana; la adoración o servicio a Dios debe ser ofrecido continuamente. Verdaderamente, Juan está de acuerdo con la noción de Pablo de que los cristianos deben de presentar sus vidas diariamente a Dios en completa sumisión a su voluntad (Romanos 12:1). Es una entrega completa del corazón. Si Dios es verdaderamente reconocido en todo lo que los cristianos dicen y hacen, *la batalla en el corazón de todas las cosas está ganada porque la guerra de nuestro corazón ha sido ganada.*

Yo creo que el uso tipológico que Juan hace del Antiguo Testamento es la clave para ayudarnos a ver la atemporalidad del Apocalipsis. Al usar la tipología, Juan demuestra el valor permanente de las Escrituras del Antiguo Testamento. De forma similar, el Apocalipsis es atemporal porque habla a los cristianos de todos los siglos, que viven en culturas que seducen y se oponen al pueblo de Dios. La Babilonia de la antigüedad es un tipo; Roma se convierte en el antitipo. En turno, la antigua Roma se convierte en un tipo de cualquier cultura impía, que aún hoy persigue a los siervos de Dios, e intenta llevarlos a ceder en relaciones comprometedoras. Por causa de esto, el Apocalipsis es más flexible y atemporal en su aplicación. Al describir la caída de Roma a sus lectores, Juan la presenta como un tipo para la destrucción de todas las culturas impías subsecuentes hasta la destrucción del mundo, cuando Cristo venga en gloria.

Recursos para el estudio de las fuentes de Juan

A medida que haces este peregrinaje estudiando las alusiones al Antiguo Testamento, puede que quieras hacer tu propia concordancia a fin de ver la forma en que un libro como Daniel es usado en Apocalipsis, considerando los pasajes específicos en Daniel a los cuales el Apocalipsis hace alusión. Tú querrás poner las alusiones dentro del contexto de ambos, Daniel y Juan, a fin de determinar su significado.

En lo referente a los recursos que te ayudarán a encontrar las alusiones, el punto de partida es el conocimiento personal que uno tiene de las Escrituras. Martín Lutero retaba a sus estudiantes a leer y estudiar la Biblia a fin de que se convirtieran en concordancias siempre listas, capaces de localizar pasajes rápidamente. Los cristianos necesitan estudiar el contenido y contexto de toda la Biblia, así como el de cada uno de los libros en particular. Por supuesto, este es un peregrinaje que nunca tiene fin.

Una segunda ayuda de estudio es una buena concordancia.[16] Aquellos que tienen conocimiento de los lenguajes originales, necesitaran concordancias en hebreo y griego. Para todos los estudiantes, concordancias exhaustivas en una o más traducciones serán invaluables.

Otro recurso es una Biblia con un sistema extenso de referencia cruzada. Para aquellos que pueden usar el griego, sería útil consultar los mejores textos griegos y hacer una lista de todas las alusiones enlistadas en los márgenes. Buenas Biblias de estudio en español serán también de ayuda.

El conocimiento de las alusiones en el Antiguo Testamento es crucial, de hecho, he incluido al final del libro una lista detallada de ellas.[17]

Los programas de software bíblicos pueden facilitar grandemente la tarea de estudio, debido a sus capacidades exhaustivas de búsqueda, junto con reportes especializados. Más y más recursos electrónicos están disponibles, incluyendo versiones de la Biblia, diccionarios bíblicos, y comentarios.[18]

Finalmente, los mejores comentarios disponibles en Apocalipsis son aquellos que tratan con las alusiones. Para aquellos con conocimiento del griego y hebreo, creo que el mejor comentario, que tratan del uso de alusiones al Antiguo Testamento en el Apocalipsis, es *The Book of Revelation* (El libro de Apocalipsis) de G.K. Beale.[19] Aun aquellos que no conocen los lenguajes bíblicos serán capaces de usar la obra de Beale hasta cierto grado.

Para finalizar, no debería de sorprendernos el hecho de que Juan use el Antiguo Testamento tan extensivamente. Después de todo, como vimos en el capítulo anterior, el usa tres géneros literarios, dos de los cuales se encuentran en el Antiguo Testamento, el profético y apocalíptico. Es muy natural usar el lenguaje empleado por los autores de esos géneros (por ejemplo, Isaías, Daniel, y Ezequiel) para comunicar lo que él vió y escuchó. Juan comunicó verdades maravillosas que Dios le reveló usando imágenes de palabras que eran conocidas por los recipientes originales. En ocasiones, las imágenes son modificadas, y en algunas otras no lo son.[20] Las usó para mostrar que lo que sucedía en su mundo, y en sus vidas, no era inusual. Era parte de la perpetua lucha entre Dios y sus seguidores y Satanás y sus aliados.

En Apocalipsis, Dios le dio a Juan en numerosas ocasiones un punto de vista atemporal que ve la historia en un destello, desde la primera venida de Cristo, hasta su venida final. Es en estos destellos de revelación que recibimos consuelo y reto. Dios siempre ha tenido la última palabra al tratar con las culturas de este mundo, y siempre la tendrá. Y tal relato debe de estremecer nuestros corazones y nuestras mentes para permanecer fieles hasta que él pronuncia "El Final". ¡Que rica es la herencia en la que participamos cuando apreciamos y entendemos la forma en que Juan usa el Antiguo Testamento en el Apocalipsis, y cuando llegamos a conocer mejor esa porción de la palabra de Dios!

Quizá deberíamos de pasar más tiempo saturando nuestras mentes con las Escrituras del Antiguo Testamento, en lugar de llenarlas con eventos contemporáneos. Lo que necesitamos hacer es renovar nuestro compromiso de ser un pueblo del libro, un libro que abraza a ambos, el Antiguo y el Nuevo Testamento. Necesitamos estudiar la Biblia entera para que nos convirtamos en una concordancia andante y siempre lista, sabiendo donde se encuentran versículos, frases, cláusulas, y aun palabras.

La letra de los cantos que entonamos hoy en día reflejan una rica herencia de cantos que han sido usados a través de los siglos y anticipan la letra de los cantos que serán entonados delante del Cordero por la eternidad.

6

Escuchar el canto: El simbolismo

Tal y como el capítulo anterior sobre las fuentes fluye naturalmente de las conclusiones sobre el género literario, este capítulo en simbolismo construye sobre los dos anteriores. Hemos visto que el simbolismo abunda especialmente en las obras apocalípticas. Además, se nos ha recordado que mucho de este simbolismo tiene sus raíces en las Escrituras del Antiguo Testamento. Este capítulo trata con la división y discusión, que ha durado siglos, en debates entre los estudiantes de la Biblia. ¿Debería el Apocalipsis ser leído "literalmente" o "simbólicamente"?

Como he escrito anteriormente, me gusta escuchar todo tipo de música. En años recientes, me he interesado en un particular género musical, los así llamados "cantos espirituales," entonados por los esclavos americanos del siglo XIX. A través de los años, mientras escucho estos cantos una y otra vez, su simbolismo me ha conmovido intensamente. ¿Por qué? Porque comprendí el trasfondo histórico en el cual fueron compuestos e interpretados. Por ejemplo, recuerdo haber escuchado a un solista que estaba a mitad de "Wade in the Water" (Caminar por el agua) cuando me acordé de un comentario que escuché de un predicador. Este canto de llamado y respuesta entonado por los esclavos sureños les decía cómo escapar: "Caminen por el agua, niños," para que los sabuesos del amo no puedan percibir tu rastro. "Vístete de negro," dice otro verso, para escapar y no ser detectado en la noche.

Bueno, ¿Quien escribe el libro?
Juan el revelador
¿Quien escribe el libro?
Juan el revelador
¿Quien escribe el libro?
Juan el revelador
Un libro de los siete sellos

Dime ¿Qué está escribiendo Juan?
Pregunta al revelador
¿Qué está escribiendo Juan?
Pregunta al revelador
¿Qué está escribiendo Juan?
Pregunta al revelador
Un libro de los siete sellos

Canto espiritual siglo XIX

Comencé a preguntarme qué otros cantos de significado secreto fueron entonados en los campos mientras los despistados capataces hacían guardia. "Follow the Drinking Gourd" (Seguir el Gran Cucharón [que es la constelación Osa Mayor]) les decía a los esclavos fugitivos como seguir hacia el norte usando a la Osa Mayor hacia la libertad. "The Gospel Train" (El tren del evangelio) se trataba de la ruta de escape llamada "The Underground Train" (El tren subterráneo). "Swing Low, Swing Chariot" (Venga cerca, dulce carruaje) les decía a los esclavos que debían llegar a Ripley, Ohio, donde una "banda de ángeles" traería una "dulce carreta" para llevarlos a través del peligroso Río Ohio. "Balm in Gilead" apuntaba al profeta Jeremías, quien dijo: "¡Ay del que edifica su casa sin justicia y sus salas sin equidad, sirviéndose de su prójimo de balde, y no dándole el salario de su trabajo!" (Jeremías 22:13; ver también 8:22; 22:6; 46:11).[1]

Los amos pensaban que los cantos cristianos pacificarían a sus esclavos y los entrenaría a sufrir calladamente. En lugar de esto, los espirituales se convirtieron en su "Teología de la liberación," el entrenar a los cautivos para su liberación con instrucciones de escape y la promesa de que el Dios liberador del Éxodo estaba viniendo por ellos.

Tal y como los amos de esclavos del siglo XIX pensaban que los esclavos comenzaban a causar trastornos, Juan sabía, que los romanos comenzaban a darse cuenta de que la fe cristiana trastornaría y subvertería el orden social establecido. Nuestra fe se trata de transformación. Habla de una nueva creación, de un nuevo reino, de nuevos nombres, nuevas identidades, nuevos hogares, y un nuevo estilo de vida; bendiciones que los esclavos anhelaban. La fe cristiana se trata de movimiento, no de quedarse quieto. La fe apunta hacia el frente, no hacia atrás. Se trata de seguir al Mesías, al Cordero (14:4ss) y no al dragón o a sus aliados. Tal fe es una amenaza a cualquier reino terrenal que echa su suerte con las fuerzas de Satanás, ya sea en el primer siglo, el siglo XIX, o en la actualidad.

No solo es posible encontrar simbolismo en los cantos espirituales, lo observamos en muchos de los grandes himnos de la iglesia que no fueron escritos en respuesta a la esclavitud. Con frecuencia estos himnos hacen referencia a la Escritura sin citarla directamente. Además, muchos de sus símbolos necesitan interpretación. A menos que estemos familiarizados con la Escritura, fácilmente pasaremos por alto las alusiones en muchos de esos cantos, sin reconocerlas. Y si no entendemos lo que los símbolos representan, el significado escapará nuestra comprensión.[2]

Para apreciar completamente la música que escuchamos, debemos primero escuchar cada una de las notas. Cada nota separadamente representa un sonido en particular, que, cuando se ejecuta junto con otras notas, crea una melodía o una canción. Los muchos símbolos del Apocalipsis son las muchas notas que crean toda su canción. Los símbolos que forman la letra deben de ser propiamente entendidos dentro de su trasfondo, tal y como las notas son entendidas apropiadamente dentro de las reglas de la música.

Aunque amo la música, si me mostrara una partitura con notas y letra, podría probablemente entender la letra, pero las notas musicales me serían incomprensibles. ¿Por qué? No leo música. Y porque no leo música, ciertamente no debería de asignar tonalidad y sonidos a las notas de manera arbitraria. El hacerlo no tendría sentido. Tampoco debemos hacerlo así al asignar un significado a una palabra. Yo podría aun malinterpretar la letra, si ignoro el simbolismo que el escritor pudiera haber usado. Lo mismo es verdad en lo referente al Apocalipsis.

¿Literal o figurado?[3]

¿Interpreto Apocalipsis literalmente? Frecuentemente se me hace esta pregunta. Tal pregunta no es realmente una buena pregunta. La palabra "literal" viene de la palabra latina *littera* que significa "letra". Cuando interpretamos algo literalmente, significa que ponemos atención a la *littera*, es decir, las letras y palabras que un autor u orador usa. ¿Qué significa esto? Significa que el significado natural del pasaje debe de ser interpretado de acuerdo con las reglas de la gramática, discurso, contexto, y el género literario del escrito.

Con frecuencia se asume, sin embargo, que pasajes que describen la venida final de Cristo y los eventos asociados con esta, deben de ser interpretados literalmente. Con tal afirmación, el término "literal" toma el significado de que las palabras se usan de una forma directa. Después de todo, como algunos declaran, ¿no fueron los pasajes asociados con la primera venida de Cristo cumplidos literalmente? Pero ¿lo fueron? ¡Seguramente, ningún intérprete cree que Juan el Bautista fue una reencarnación de Elías (Malaquías 3:1-4; 4:5; Mateo 11:7-15; 14:5; Marcos 11:32; Juan 1:20-24)!

Al leer los Evangelios, uno tiene la impresión de que ni los líderes religiosos de esos tiempos, ni los doce discípulos, fueron capaces de interpretar las profecías mesiánicas apropiadamente.

Si un israelita que vivió una generación o dos antes de la primera venida de Cristo hubiera escrito un comentario sobre las profecías que pensaba describían la venida del Mesías, ¿hubiera probado la venida de Cristo que estaba en lo correcto? O sí ese israelita hubiera usado las profecías del Antiguo Testamento para escribir una novela sobre la venida de Cristo, ¿crees que el novelista hubiera usado las profecías para escribir sobre el nacimiento virginal, la naturaleza del reino, y la venida del Mesías como un siervo? ¿Habría sido retratado el personaje central, el Mesías, como un siervo sufriente? ¿Habría incluido la novela la historia de la muerte, sepultura y resurrección del Mesías? ¡Difícilmente!

Creo que las profecías mesiánicas que fueron cumplidas en Cristo habrían sido inimaginables para tal comentarista o autor. En realidad, los evangelios revelan la ignorancia de aquellos que vivieron cuando Jesús vino. Tanto sus oponentes, tales como los maestros religiosos, como sus doce discípulos estaban conmocionados de la manera en que su primera venida cumplió la Escritura. Juan nos recuerda la ocasión, durante la entrada triunfal, en que "estas cosas no las entendieron sus discípulos al principio; pero cuando Jesús fue glorificado, entonces se acordaron de que estas cosas estaban escritas acerca de él, y de que se las habían hecho" (Juan 12:16; ver también Lucas 18:34; 24:13-35, especialmente v. 25ss). Los efectos de tal conmoción continúan aun en el libro de los Hechos, en referencia al don del Espíritu Santo, cuando la naturaleza universal del reino (no solo para los judíos) fue hecha clara (Hechos 1:6ss; 8:25; 10:34ss).

Seguramente, tales sorpresas deberían hacernos hacer una pausa. Jesús trajo salvación de una manera que conmocionó a todos. De la misma manera, yo creo, su venida final estará llena de sorpresas. No hay duda de que las escrituras asociadas con su venida se harán más claras después del evento. Hasta entonces, debemos de ser humildes al tratar un libro como Apocalipsis. Se nos recuerda que, en última instancia, ningún intérprete conoce la inescrutable mente de Dios cuando se trata de la primera o la final venida de Cristo.

Ningún estudiante serio de la Escritura negará que sus autores utilizaron símbolos y metáforas. De principio a fin, la Escritura está llena de estos. No se trata de que si el Apocalipsis se interpreta literal o figurativamente. En lugar de esto se trata de como interpretamos el Apocalipsis, o cualquier otro libro de la Escritura, *naturalmente* a la luz del género, o géneros, literarios del libro. Además, debemos de recordar que un género en particular puede expresar la verdad de manera ya sea literal (si entendemos literal como el significado normal de una palabra), o no literal (esto es simbólica o figuradamente). Un método de interpretación de las Escrituras verdaderamente literal reconoce que una palabra puede tomar un significado sencillo y directo, o puede ser usada como un símbolo o metáfora. La percepción de Bruce Metzger es extremadamente útil: "Juan no quiere decir lo que escribe, quiere decir lo que quiere decir».[4]

De la misma forma en que Apocalipsis 1:3 conecta el género profético con un llamado a la obediencia,[5] así 1:1 une otro género literario, el apocalíptico, con el uso de simbolismo. Capítulo 1, versículo 1 dice en RVR 60: "La revelación de Jesucristo, que Dios le dio, para manifestar a sus siervos las cosas que deben suceder pronto; y la declaró enviándola por medio de su ángel a su siervo Juan." Donde dice "la declaró" (y en otras versiones "la dio a conocer," o "la dio a entender") tiene un significado especial. El verbo en griego donde tenemos "declaró" quiere decir "dio a conocer a través de símbolos".

El mismo verbo, "declarar" o "dar a entender" se usa en Juan 12:33 en el mismo sentido que en Apocalipsis 1:1. Jesús dice que él será "levantado". Juan explica que este es un símbolo de que Jesús sería levantado en la cruz. En las palabras de Juan (12:33): "Y decía esto *dando a entende*r de qué muerte iba a morir" (énfasis añadido).[6]

Es paradójico, pero verdadero, declarar que el término griego en Apocalipsis 1:1 *apocalipse* significa divulgar, destapar, revelar. Y la "revelación" dada a Juan fue comunicada en símbolos. Después de todo, las obras apocalípticas impartían su mensaje, no en un lenguaje simple, sino por medio de símbolos. Cuando nos damos cuenta de esto, estaremos mejor preparados para interpretar el libro apropiadamente. Como resultado, nos daremos cuenta de que, después de todo, el Apocalipsis es una revelación. En realidad, no hay un solo capítulo en el libro que no contenga palabras que están escritas para ser interpretadas como símbolos. Juan escribe en símbolos, no para ocultar, sino para revelar las realidades espirituales más profundas en escena.[7] Los símbolos de Juan no están diseñados para oscurecer sino para iluminar el mensaje de Dios. La evaluación de un académico es acertada cuando hace la observación de que Apocalipsis, "es una palabra de un tipo diferente: una palabra actuada, una palabra dramatizada, pintada, musicalizada, una palabra que puedes ver, sentir, degustar,"[8] y yo añadiría, escuchar.

El decir que una palabra usa simbolismo, no disminuye para nada la obra. No implica que los eventos son menos reales o históricos que cuando un escritor se comunica de una forma no simbólica. Juan está describiendo personas, eventos, y circunstancias reales. Pero describe tales asuntos en términos simbólicos (o metafóricos). Al usar un lenguaje simbólico, Juan está intentando describir cómo eventos históricos sucedieron, suceden (en su tiempo), y sucederán. Por ejemplo, los símbolos usados para describir las fuerzas del mal, no describen el mal literalmente, sino que crean en nuestra mente el horror de la maldad. Estos símbolos no son el mensaje, sino más bien, son el poderoso vehículo, en el que el mensaje de Dios es la verdad o la realidad a la cual el símbolo se refiere. Aun así, es verdad que la realidad simbolizada está más allá de la presente experiencia o entendimiento humano.

Lo mismo es verdad de los símbolos usados para describir a Dios, a Cristo, a la iglesia, al cielo, a Satanás y al infierno. Hablando en general, el simbolismo nos reta a determinar qué verdades teológicas o cuáles eventos en la historia de los hechos redentores de Dios son retratados en los símbolos. Por ejemplo, en la primera venida, Cristo vino como un niño varón (Apocalipsis 12:1ss); en su venida final vendrá como un guerrero en un caballo blanco (19:11ss). Lo que importa es que vino y que vendrá de nuevo. La historia de la natividad está llena de símbolos enfatizando su humildad (Belén, el pesebre, los pastores, la pobreza de María y José). La segunda venida está llena de símbolos que enfatizan poder y majestad (un cordero guerrero, una espada, un caballo blanco, y muchas diademas).

La fe de los cristianos es algo que se mueve, no es estática.

Además, el Apocalipsis fue la respuesta de Dios a las profundas preguntas que estaban haciendo Juan y otros seguidores de Jesús, especialmente la pregunta: ¿dónde está Dios durante el tiempo de maldad y sufrimiento? Al usar símbolos, Juan fue capaz de tratar, de manera poderosa, las más profundas realidades de la lucha cósmica en el que se encontraba el pueblo de Dios al vivir en un mundo hostil y seductor.

Aunque Juan comunica el mensaje de Dios en palabras de una clase diferente, se necesita subrayar que el mensaje de Juan no contradice los otros escritos del Nuevo Testamento.

Con frecuencia, lo que Juan ofrece, es un panorama más amplio de algo ya tratado anteriormente por otros autores bíblicos. Por ejemplo, mientras que Pablo habla de principados y poderes en Efesios 6:10ss, Juan tiene una presentación más desarrollada y completa de la naturaleza y obra de tales fuerzas de maldad.[9]

Pablo también escribe sobre Satanás enmascarándose como un ángel de luz (2 Corintios 11:14), mientras que en Apocalipsis leemos una descripción más detallada de las engañosas formas en que Satán se manifiesta de manera atractiva. Aunque Pablo habló un mensaje de sabiduría, hasta donde sabemos, aún él, no vio o escuchó lo que Juan escuchó y vio (1 Corintios 2:9).[10]

Algunos ejemplos para interpretar lo figurado

Entonces, ¿cómo interpretamos los símbolos que se encuentran en Apocalipsis? En primer lugar, debemos de recordar que los símbolos representan la realidad. Es reconocido generalmente, que un símbolo apunta más allá de sí mismo y participa en lo que simboliza. En el Apocalipsis, se usan símbolos para representar a Dios, a Cristo, al Espíritu Santo, a la iglesia, a Satanás, a los cristianos, a aquellos que no son cristianos, al cielo, al infierno, etc. Imágenes concretas como colores, animales, y números, tanto como eventos, personas, y lugares son usados por Juan para representar algo más. En esencia, un símbolo es una palabra en clave, y no está diseñada para representar una imagen literal. Por ejemplo, ¿regresará Cristo con una espada que sale de su boca, o tal símbolo enfatiza el poder de las palabras de Cristo (1:16)?

Otra manera de expresar este concepto es que los símbolos apuntan a realidades espirituales. Cuando leemos Apocalipsis, debemos usar nuestra habilidad de pensar por medio de imágenes visuales y de la intuición, junto con nuestro conocimiento del mundo de Juan, y del mundo literario del Antiguo Testamento. Una mente saturada con las Escrituras, tanto como un conocimiento de la historia de la antigüedad, servirá como un control para nuestra imaginación e intuición.[11] Solo entonces el mensaje del Apocalipsis podrá ser entendido y aplicado.

Obviamente, Juan tenía una mente saturada con las Escrituras. También es aparente que él conocía el mundo en el cual vivía, y las condiciones de los cristianos que vivían a la sombra del imperio romano. Yo creo que Juan escuchó mensajes y vio visiones.[12] Quizá podríamos sugerir que lo que escuchó lo escribió palabra por palabra. Pero lo que vio lo tuvo que describir usando su conocimiento de las Escrituras y su propia destreza creativa. Él vio imágenes y símbolos ya conocidos y, a veces, en extrañas o diferentes combinaciones. Por lo tanto, él usó analogías para describir la experiencia. No es sorpresa que la palabra "como" (un término que no es sinónimo de "es") permea el libro (72 veces).[13]

Tres ejemplos ilustrarán la realidad sobre el simbolismo. Uno se enfoca en el significado de una sola palabra. El segundo, trata de uno de los números favoritos de la Escritura. El ejemplo final revela como Juan prende la luz sobre una historia familiar, narrándola de nuevo, de una forma que no nos resulta familiar.

Ejemplo 1. Considera el uso del término "puerta" en el Apocalipsis. De acuerdo con el diccionario, una puerta es usualmente un "hueco o abertura regular en una pared, una cerca, una verja, etc., desde el suelo hasta una altura conveniente, que se usa para entrar y salir".[14] ¿Adapta Juan este significado para comunicar otra realidad? Sería útil listar todos los lugares donde se usa esta palabra (el énfasis en cursiva es mío):

3:8 Yo conozco tus obras; he aquí, he puesto delante de ti *una puerta abierta*, la cual nadie puede cerrar; porque aunque tienes poca fuerza, has guardado mi palabra, y no has negado mi nombre.

3:20 He aquí, yo estoy a la puerta y llamo; si alguno oye mi voz y abre *la puerta,* entraré a él, y cenaré con él, y él conmigo.

4:1 Después de esto miré, y he aquí *una puerta* abierta en el cielo; y la primera voz que oí, como de trompeta, hablando conmigo, dijo: Sube acá, y yo te mostraré las cosas que sucederán después de estas.

El uso de "puerta" en estos tres pasajes ilustra que un símbolo puede tener más de un significado. Una idea clave asociada con una puerta, que es la entrada a algo o alguien, es preservada en todos los versículos. Pero hay algunos significados más precisos que apuntan a realidades espirituales más profundas. De hecho, cuando consideramos el contexto (el de Juan y con frecuencia el del Antiguo Testamento), parece como si la expresión tiene tres significados diferentes.

Considera el uso de la palabra en 3:8. El contexto (3:7-13) sugiere que el pequeño número de cristianos en Filadelfia estaba experimentando oposición de los judíos, que enfatizaban que ellos (los judíos) eran la verdadera sinagoga de Dios (3:9), y no los cristianos. Específicamente, los judíos tenían acceso a Dios y no así los seguidores de Jesús.

Juan parece estar aludiendo a la puerta en Isaías 22:22. El rey, Eliaquim, tiene poder político absoluto sobre el trono davídico, y Dios dice: "Pondré la llave de la casa de David sobre su hombro; y abrirá, y nadie cerrará; cerrará, y nadie abrirá». Mientras que Eliaquim fue puesto en su oficio real por Dios, Cristo ha sido designado a un oficio real más alto: Él es Rey de Reyes (3:7; ver también 1:5; 17:14).

Evidentemente los judíos en Filadelfia estaban aún reclamando ser el pueblo del pacto; solo ellos tenían acceso a Dios. En consecuencia, solo ellos eran verdaderamente la sinagoga de Dios. Jesús les recuerda a los cristianos de Filadelfia que solamente él, con su absoluto poder espiritual, tiene poder sobre la salvación y el juicio. Él tiene las llaves para dejar entrar a la gente a una vida con Dios, y esas llaves[15] serán usadas para introducirlos a la casa de David (3:7) y hacerlos pilares en el templo (3:12), símbolos de la presencia de Dios. La puerta está abierta y *nadie* la puede cerrar.

Existe una posibilidad intrigante, esta es, que la imagen visual de Juan de "la puerta" en Apocalipsis 3:8, tenga paralelo en una historia que encontramos en Juan 9–10, el único otro pasaje donde "puerta" aparece en los escritos de Juan como un símbolo (ver 10:1, 2, 7, 9; comparar 18:6; 20:19, 26 donde se trata de una puerta literal). La historia comienza en Juan 9, donde Jesús sana a un hombre que ha estado ciego desde su nacimiento. Después de investigar la sanación, los fariseos se enojan por la renuencia del hombre a ponerse de su lado, y decir que Jesús es un pecador. En Juan 9:34 el hombre es expulsado de la sinagoga por defender a Jesús (9:30-33). Entonces Jesús habla sobre la ceguera espiritual, extendiéndose en la enseñanza hasta Juan 10, donde Jesús enlaza la imagen de la puerta con la de un buen pastor, y se identifica a sí mismo con ambos. Este es un reto dirigido a los fariseos que se veían a sí mismos como pastores y como quienes guardaban la puerta de aquellos que deseaban tener una correcta relación con Dios. Ambos, el ciego y los creyentes en Filadelfia, eran considerados como insignificantes y eran rechazados por los judíos. Jesús les dice, a ambos, que él es el camino a Dios. Si la conexión entre Juan 9–10 y Apocalipsis 3:7ss no es deliberada, es, aún así, extraordinaria.[16]

Por otro lado, la doblemente mencionada puerta en Apocalipsis 3:20 no es la puerta que admite a uno a una nueva relación con Dios (como a un nuevo discípulo o convertido). Al contrario, es un símbolo usado para describir al creyente que se arrepiente y desea renovar su relación con Cristo, y está dispuesto a someterse a él.[17]

Finalmente, la puerta de Apocalipsis 4:1 es una puerta que da a Juan entrada al cuarto del trono celestial, a fin de que él pueda ver los asuntos del mundo desde una perspectiva diferente. El entrar a través de la puerta, lo lleva a experimentar aún más visiones, que Juan debe comunicar al pueblo de Dios.

Ejemplo 2. Este ejemplo se enfoca en un importante número. La mayoría de los cristianos saben que el Apocalipsis es un libro lleno de números (por ejemplo, los adjetivos "primero," y "tercero" o "un tercio"; y los números "cuatro," "un cuarto," "siete," "diez" [y sus múltiplos] y "doce" [y sus múltiplos]). En toda la Escritura, ¡solo el libro de Números sobrepasa al Apocalipsis en el uso de números! Pero igual como sucede con colores, animales, joyas, muebles, ropa, y aun condiciones climáticas, debemos determinar el significado del simbolismo en los números, y no debemos de pensar que el Apocalipsis es un libro matemáticamente preciso.

Si buscamos tal precisión en números, terminaremos con algo que no tiene sentido. Por ejemplo, en Mateo 18:22 Jesús enseña que debemos perdonar setenta veces siete. Él no quiere decir que tenemos que perdonar exactamente cuatrocientas noventa veces, y si una persona peca una vez más allá de este número, no se le debe de perdonar. Lo que quiere decir es que debemos de perdonar siempre.

Aun en nuestra cultura, vemos la importancia de los números. Escuchamos a la gente hablar de 24/7/365. ¿Qué quieren decir con esto? La combinación de estos números enfatiza totalidad, algo completo.

Así sucede también con el número "siete" en Apocalipsis. Cerca de dos terceras partes de las veces que aparece el "siete" en el Nuevo Testamento aparece en el Apocalipsis. Leemos de siete iglesias, siete espíritus, siete ángeles, siete sellos, siete trompetas, siete truenos, siete copas, siete plagas, siete lámparas, siete estrellas, siete cabezas, siete coronas, siete cuernos, siete ojos, siete montañas, siete reyes, y aun la muerte de siete mil.[18] ¿Qué simboliza este número? El consenso entre los académicos, es que debemos de pensar en términos de algo que está "completo" o "total," quizá encontrando su origen en los siete días asociados a la creación.[19]

Ejemplo 3. Para un ejemplo final, considera la historia que se encuentra en Apocalipsis 12:1-6.[20] Hace algún tiempo, publiqué un artículo sobre este pasaje titulado "Navidad en Patmos".[21] En esta pieza, sugerí que Mateo y Lucas presentan sus respectivas versiones de la historia de la Natividad, pero una que pasamos por alto, es la historia relatada por Juan en estos breves versículos. El panorama completo es que Juan, en seis versículos, nos cuenta toda la historia terrenal de Jesús, comenzando con su nacimiento y terminando con su ascensión. Juan comienza a contar la historia diciendo que vio una nueva señal (este sustantivo está relacionado con el verbo "declarar" en Apocalipsis 1:1).

Basándonos en los símbolos usados en el Antiguo Testamento para las doce tribus de Israel, podemos identificar a la mujer del 12:3 como un símbolo para Israel, el pueblo de Dios.**22** El Mesías saldrá de Israel (Apocalipsis 5:5).

El dragón como un símbolo (el sustantivo "señal" se encuentra también en 12:3) es fácil de identificar, no solamente porque Juan lo hace para nuestro beneficio (12:9), sino por las ricas alusiones que el Antiguo Testamento hace del enemigo de Dios y de su pueblo.[23] El Diablo, como representante principal de todos los poderes malignos, trata de destruir al niño. En última instancia, Herodes fue el asesino usado por Satanás (Mt. 2:16ss).

No existe debate alguno sobre la identidad del niño en 12:5; él es Cristo (ver también Salmos 2:7-9; Isaías 66:7). Satanás no tiene éxito en destruir al niño, ni en su nacimiento, ni aun en la cruz. En 12:5, Juan hace un resumen de la muerte, resurrección, y ascensión de Jesucristo. El niño varón, es victorioso sobre el dragón.

Algunas guías de estudio[24]

Dedicarnos al estudio de todos los símbolos en el Apocalipsis pudiera parecer una tarea abrumadora. Pero si seguimos algunas guías de estudio, no es algo imposible. En realidad, nuestro estudio de las Escrituras a través de los años, aun el haber realizado un estudio inicial como el que acabamos de hacer, enriquece nuestro entendimiento de los diferentes símbolos. Ofrezco siete guías para ayudarte en tu estudio de símbolos.[25]

En ***primer lugar***, un símbolo debe de ser interpretado a la luz del contexto inmediato en el que aparece. Haz todo esfuerzo por entender la intención del autor, examinando el símbolo en sus ricos estratos de contexto.[26] Debes de tener cuidado de ver la idea de fondo detrás del símbolo. Esto solo se logra cuando vemos el significado directo de la palabra y como los autores bíblicos la usaron de una o más formas simbólicas. Debemos de enfocar la atención en como el símbolo se usa en el Apocalipsis y después proceder al estudio de su uso en

Cumple ahora tu promesa
Danos purificación;
En ti bien asegurados
Veamos plena salvación.
Llévanos de gloria
en gloria
A la celestial mansión;
Y ante ti allí postrados
Te rindamos devoción.

"Solo excelso, amor divino"
Charles Wesley
1747

otros escritos bíblicos de Juan para después considerar otros escritos bíblicos y extrabíblicos).[27]

Prestando cercana atención a la manera en que un símbolo es usado, aun solamente dentro del Apocalipsis, paga grandes dividendos. Por ejemplo, el Apocalipsis parece usar parodia para resaltar la diferencia entre el bien y el mal. Una parodia es una imitación débil o ridícula. La bestia que sale del mar, es una parodia del Cordero (13:1ss). La bestia tiene cuernos, cabezas, coronas, y una herida moral que ha sido sanada. El poder de sus pies y de su boca es enfatizado, y tiene autoridad universal, y recibe adoración. Este es el intento de la maldad de imitar atributos similares asociados con el Cristo (1:14ss; 5:5ss; 19:11ss). Otro ejemplo de parodia es detectado cuando comparamos las descripciones de la prostituta y de Babilonia en Apocalipsis 17:1ss, con los atributos de la novia y la Nueva Jerusalén, en Apocalipsis 21:1ss.[28]

En ***segundo lugar***, busca descubrir si el símbolo tiene un significado tradicional. Por ejemplo, en el mundo antiguo, los dragones no eran considerados criaturas amigables, sino que eran consistentemente asociadas con la maldad.[29] Aun examinando el uso del símbolo en otros escritos bíblicos, el estudiante debe de ser sensible a la posibilidad de que Juan pudiese haber modificado el significado, y de esta manera, transformado el término en una nueva imagen con un nuevo significado. Este, sin embargo, no parece ser el caso con dragones.

En *tercer lugar*, busca los lugares donde Juan mismo explícitamente explica el significado de un símbolo. El hace esto en numerosas ocasiones (por ejemplo, 1:20; 4:3; 5:8; 7:13-14; 12:9; 13:18; 17:9, 12, 15, 18; 19:8; 20:4-6, 14). Pero para muchos estudiantes de la Biblia, Juan no lo hace lo suficiente, especialmente en los pasajes que consideramos como los más difíciles de descifrar (por ejemplo, el 666 en 13:18, o Armagedón en 16:16). Y, aun así, ¿puedes imaginar si explicara cada uno de los símbolos? La belleza del libro se vería disminuida. Algo sucede cuando cambias todos los símbolos a prosa. ¿Puedes imaginar el resultado de hacer esto con la poesía? El poder de las palabras, principalmente su habilidad para capturar la imaginación, resultaría debilitada.

En *cuarto lugar*, necesitamos darnos cuenta de que Juan usa también otros mecanismos para explicar las visiones. Por ejemplo, la adoración es el tema dominante en Apocalipsis 4–5. Y, aun así, este tema podría posiblemente pasar inadvertido, si simplemente intentamos determinar los símbolos detrás de cada joya o condición climática. Los cantos, entonados por los diversos miembros de la corte celestial, se enfocan en el poder y la majestad de Dios como Creador Santo (4:8, 11). Cristo, por otro lado, es adorado porque ha redimido a la gente (5:9-10, 12, 13).

Algunas veces, las declaraciones sumarias, ya sea al principio o al final de las visiones, proveen pistas del panorama total. Por ejemplo, Apocalipsis 21:1ss promete que Dios morará entre los redimidos, en los nuevos cielos y la nueva tierra. En lugar de enfocarse en detalles tales como las dimensiones de la ciudad y las joyas, los versículos iniciales enfatizan la idea clave, esto es, la intimidad con Dios y la absoluta seguridad.[30] La imagen del Jardín de 22:1ss, nos lleva de regreso al principio de la historia, donde Dios, y Adán y Eva, moraban en perfecta unidad.

En *quinto lugar*, debemos de tener el cuidado de no enfatizar demasiado los detalles. Verdaderamente, los detalles particulares pudieran pertenecer al panorama total o ser usados para dar un efecto dramático. Por otro lado, es posible que los veinticuatro ancianos presentados en Apocalipsis 4:4 pudiesen ser ángeles identificados con las doce tribus y los doce apóstoles. Ellos representan los redimidos del Antiguo y Nuevo Pactos. Sin embargo, el significado preciso de la descripción que se hace de Dios, quien se sienta en el trono, en términos de jaspe, cornalina, y un arco iris, pudiera evadirnos. Las imágenes del trono, sin embargo, seguramente enfatizan poder y fuerza.

Quizá una ilustración fuera de la Biblia pudiera clarificar lo que propongo. En el otoño de 1982, mi familia y yo estábamos viviendo en Aberdeen, Escocia. Un sábado, decidimos visitar la pequeña villa de Balmoral, ya que la reina de Inglaterra y algunos miembros de la familia real, estaban programados para hacer una visita a los Juegos de las Tierras Altas de Balmoral, donde atletas compiten para ganar premios. Temprano de mañana, sonaron las trompetas. Mientras estábamos de pie afuera de la pista, del lado contrario al cual estábamos, las puertas se abrieron, y la procesión real salió en carruajes jalados por caballos. La multitud vitoreó. Mi hijo de cuatro años miraba con asombro cuando el desfile pasaba al lado de nosotros, a solo unos pocos metros. Cuando le pregunté qué había observado, él simplemente respondió que había visto ruedas, caballos, y soldados sobre los carruajes. Lo habíamos llevado a ver a la Reina y su familia, y mi hijo no los vio. Creo que esto es lo que hacemos con muchas de las escenas del Apocalipsis. No vemos el bosque por poner atención a los árboles. Fallamos en ver el panorama total, y no vemos lo que Dios quiere que veamos.

Por consiguiente, en el Apocalipsis, algunos detalles pueden ser añadidos para dar un efecto dramático o para clarificar la imagen. Es crítico enfocarse en lo esencial (esto es, la naturaleza fundamental o calidad de lo Juan está revelando) de la visión, si no es posible determinar el exacto significado de ella. En otras palabras, busca un significado central en la imagen. No puedes saber si los detalles son importantes hasta que los has estudiado tan detenidamente como es posible. ¿Está Juan describiendo con exactitud o esencia? Esta es una pregunta que debe ser repetida mientras estudias los símbolos del Apocalipsis.

También necesitas intentar descubrir la relación entre el símbolo y el tema principal. Es obvio en Apocalipsis 4:1ss que la adoración es el tema central; Dios debe de ser adorado por su belleza, poder, majestad y, sobre todo, porque es el Creador. En Apocalipsis 5:1ss Cristo es adorado a causa de la redención que trae a la gente. Sabemos que la esencia del dragón (Apocalipsis 12:1ss), y de las dos bestias (Apocalipsis 13:1ss), es la maldad. Ellos fuerzan, engañan, seducen. En última instancia, ellos se oponen a Dios y a sus siervos.

Debemos de preguntarnos constantemente: ¿Cuál es la intención del autor al usar este simbolo?

En *sexto lugar*, debemos interpretar lo oscuro por medio de lo claro. Esto suena lógico, pero es sorprendente ver cuántas personas con frecuencia interpretan pasajes relativamente claros usando otros que son más difíciles. Por ejemplo, algunos sugieren que el ángel asociado con cada iglesia en los capítulos 2 y 3 es el pastor que lidera cada iglesia. Sin embargo, cada vez que el término aparece en Apocalipsis, se refiere a aquellos seres celestiales que sirven a Dios.[31] ¿Por qué habría de cambiar el significado en el mensaje a las siete iglesias? Yo creo que este es un ejemplo de leer con nuestro entendimiento presente del liderazgo en la iglesia e imponerlo a un documento del primer siglo.

O considerando otro ejemplo, ¿quiénes son los "siete espíritus delante del trono" en 1:4? Note que los siete espíritus están asociados con Dios y con Cristo en 4:5 y 5:6, y las siete veces que el Espíritu habla a las iglesias. Porque, con frecuencia siete indica algo que está completo o su totalidad, quizá Juan les está recordando a los destinatarios del completo poder del Espíritu de Dios. Las alusiones al Antiguo Testamento apoyan el punto de vista de que el Espíritu Santo es retratado en este símbolo (Zacarías 4:2ss; Is. 11:2ss).

En *séptimo lugar*, la simplicidad debería de ser la norma y el principio de humildad debe de ser empleado. Existen límites para lo que Dios ha revelado (por ejemplo, Apocalipsis 10:4), tanto como límites para lo que podemos entender, debido a nuestra ignorancia sobre los tiempos en que Juan vivió, o a causa de nuestros prejuicios. La interpretación precisa de algunos de los símbolos, aún nos evade (por ejemplo 13:18). Debemos de estudiar la Biblia en el contexto de la comunidad cristiana, y esto quiere decir que debemos de consultar las contribuciones que otros cristianos han hecho a nuestro entendimiento del libro.[32]

Al llegar al final de esta sección, es necesario hacer un llamado a la cautela. No entendemos los símbolos siguiendo simplemente ciertos pasos o principios. El comprender la Biblia no es solo un asunto de desarrollar una mente afinada para el estudio; se trata también de un asunto del corazón. Debemos desear tener ojos que ven y oídos que escuchan, aproximándonos a la Escrituras con un deseo de oír lo que Dios quiere decir. Debemos de cuidarnos de no imponer nuestras prioridades, o conclusiones, y aun de encontrar respuestas a preguntas nuestras que Dios nunca intentó responder. El Apocalipsis revela su mensaje a aquellos que dan su mejor esfuerzo al estudiarlo, y que tienen corazón y mente abiertos; pero continúa ocultando su significado cuando nos aproximamos al texto con principios pobres, y una mente y un corazón cerrados, o cuando buscamos revelar aquello que Dios aún encubre.

La atemporalidad de los símbolos

Una pregunta permanece. Si estos símbolos significaron algo para Juan y para su audiencia, ¿continúan estos hablando a los discípulos de Jesús mucho después de que Roma haya caído? Más precisamente, ¿nos hablan aún a nosotros, o es la mayor parte del libro irrelevante para nosotros hoy en día? ¿Cómo podemos aplicar la totalidad del Apocalipsis responsablemente? No debemos de olvidar, que el asunto de la aplicación para el día de hoy, es pertinente para el estudio de cualquiera de los libros de la Biblia. Los Salmos, Isaías, y Oseas aún nos hablan hoy en día, siglos después de que fueron escritos. ¿Cómo es que continúan hablando? No muchos de nosotros tenemos en la actualidad encuentros con los judaizantes, así que, ¿cómo aplicamos las partes en Gálatas que tratan de ellos? No muchos de nosotros somos parte de una congregación donde hay tensión entre seguidores de Jesús que son judíos, y seguidores de Jesús que son gentiles. Así que, ¿cómo aplicamos Romanos?

Con el Apocalipsis, algunos creerían que el problema de la aplicación se complica a causa de su simbolismo. Al contrario, yo creo que el apreciar la riqueza de los símbolos hace más fácil la aplicación. Las guías de estudio anteriores enfatizan que el Apocalipsis puede ser entendido adecuadamente, solamente a la luz del significado dado por el autor mismo. De acuerdo a esto, uno debe de retener el contexto del Apocalipsis tanto como la situación de la iglesia durante el primer siglo. No debemos imponer un significado de afuera (ya sea de nuestro siglo XXI o aun del tiempo del Antiguo Testamento). Esencialmente, debemos de preguntarnos constantemente: ¿cuál era la intención del autor al usar tal símbolo? ¿Qué pistas provee, directa o indirectamente, ya sea en el contexto inmediato o en el contexto más amplio de la Escritura?

Para ilustrar, las dos bestias de Apocalipsis 13 significaron algo para los contemporáneos de Juan. La mayoría de los académicos están de acuerdo en que las bestias son una referencia al gobierno romano y el cuto que adoraba al emperador como a un dios. Juntos, el gobierno anticristiano y la religión anticristiana hostigaban y perseguían al pueblo de Dios a finales del primer siglo. Tal oposición ha continuado a través de eras subsecuentes.

Esto nos recuerda que existe cierta fluidez en los símbolos. Juan realmente vio escorpiones, bestias, y otras fuerzas malignas junto con las fuerzas del bien; pero el énfasis está en la realidad que simbolizaban. Juan está hablando de realidades más allá de la experiencia descriptiva humana. El apunta a algo real, pero las imágenes no son la realidad misma. Esto subraya la razón por la que es tan crucial determinar lo que los símbolos representan.

Por lo tanto, creo que podemos sostener que los símbolos son flexibles y manejables. Puede haber otras Jezabeles, prostitutas, y bestias a través de la historia tal y como existen otros como Antipas y los fieles que vivieron en Esmirna y Filadelfia, o los que batallaron en Éfeso, Pérgamo, Tiatira, Sardis, y Laodicea. Como símbolos de realidades espirituales, estas realidades pueden renacer una y otra vez a través de los siglos. Con toda seguridad, estas hablaron a los lectores de Juan, pero no están limitadas solamente al tiempo de Juan, y las décadas subsecuentes. Babilonia, por ejemplo, significaba el imperio romano para la audiencia de Juan. La Babilonia del primer siglo reflejaba la Babilonia antigua de los días de Daniel. Y quizá podemos ir un paso más allá y decir que Babilonia ha tomado muchas formas a través de la historia. De esta manera, los eventos descritos en el Apocalipsis, son perpetuamente relevantes, desde los días de Juan hasta el fin de la historia. Ellos son más grandes que su contexto histórico.[33]

He enfatizado que nunca debemos de leer el Apocalipsis teniéndolo en una mano y un periódico en la otra. No debemos de pensar que Juan vio visiones de helicópteros, comunismo, armas nucleares, y el conflicto más reciente de Oriente Medio.

Esto necesita repetirse: Las visiones debieron tener significado para Juan y para los otros seguidores de Jesús. Por lo tanto, debemos de buscar primero, y más que cualquier otra cosa, el significado para Juan y sus destinatarios, antes de buscar el significado para nosotros.

La búsqueda por determinar cómo los símbolos hablaron a la audiencia de Juan, no implica que no debemos de buscar discernir cómo el mal trabaja el día de hoy, y cómo estos símbolos nos ayudan a identificar fuerzas similares que trabajan en nuestros días. Sin embargo, debemos de ser cuidadosos. Es fácil para nosotros ver culturas similares a Babilonia en países donde gobiernos totalitarios están en el poder, pero no es fácil verlo cerca de nosotros. Seguramente, es más confortante ver otras culturas perversas seduciendo al pueblo de Dios, intentando llevarlos a estándares bajos de vida, sin darnos cuenta cuán tóxica es nuestra propia cultura. Aún mientras escribo estas palabras, me parece que mi propio país está mostrando características similares, y no estoy seguro de que un cambio importante para bien esté cercano en el horizonte. Debemos tener precaución al aplicar el libro, pero cuando seguimos principios apropiados, y estudiamos dentro de la comunidad cristiana, tenemos una mejor probabilidad de discernir lo que el libro significó para los destinatarios originales, y lo que significa para los discípulos hoy en día.

¿Por qué el simbolismo?

Varias veces en el capítulo 1 he enfatizado que los símbolos representan realidades espirituales. Juan usa símbolos para describir lo mejor que pudo, lo indescriptible, a fin de provocar, de enriquecer, de estimular, de motivar, de irritar. Los símbolos apelan a los ojos, oídos, corazón, y mente. Los símbolos pueden dejar impresiones en nuestra mente de una manera muy vívida. Ellos dibujan en nuestra imaginación retratos de cosas reales e irreales, ayudándonos a entender con más claridad los pensamientos que se transmiten. Teorías de comunicación modernas sostienen que entendemos y retenemos mucho más de lo que vemos, que de lo que escuchamos, o leemos. Los símbolos le ayudaron a Juan a expresar realidades cuando su idioma alcanzaba el punto de quiebre, y las palabras directas simplemente no eran capaces de expresar lo que había visto y oído. Pero repito: los símbolos no son la realidad; ellos apuntan a una realidad más profunda. Permíteme ilustrar.

Digamos que un niño de diez años en 1985 descubre la máquina de escribir eléctrica de su padre en el ático y está fascinado por ella. Se le explica al niño como su padre usaba la máquina para escribir sus trabajos cuando asistía a la universidad. El padre entonces pone una hoja de papel y el niño está encantado de poder escribir en la máquina. Cuando ha terminado, el hijo le pregunta al padre si puede tener una máquina de escribir cuando vaya a la universidad, y el padre está de acuerdo en hacerlo. Pasan los años, y es el día de graduación, 1993. En ese día, el padre le da a hijo una computadora portátil, y una impresora. La máquina de escribir ha caído en el olvido desde hace mucho tiempo. ¿Cumplió el padre su promesa? Si insistimos en un significado "literal," entonces la respuesta es no. Pero, ¿en realidad cumplió su promesa? Sí, pero de una manera más completa y mejor.

De la misma manera, Dios describe el bien y el mal, la justicia y la injusticia, la santidad y la inmundicia, por medio de símbolos. Dios es en realidad aún más majestuoso y poderoso que el retrato que se nos presenta. Jesús es más poderoso y majestuoso que la descripción que se nos da de un Cordero resucitado. El diablo es mucho más aterrador que un dragón rojo. El infierno es mucho peor que un lago ardiente. Y el cielo será mucho mejor que caminar sobre calles de oro.

Phillips nos recuerda que cuando tratamos de interpretar y traducir los símbolos, tenemos "solo la más ligera impresión de un mundo en tiempo y espacio con el que él (Juan) está familiarizado. Él no es trasladado a un mundo inexistente de fantasía, sino a la eterna tierra de valores y juicios del Dios que vive para siempre".[34] Por medio del uso de símbolos Juan tiene la esperanza de proveer consuelo y retos a sus condiscípulos. Ellos se encontraban en una situación difícil y necesitaban ser reafirmados. ¡Qué mejor manera de conmover los corazones y las mentes que usando simbolismo!

Reconectándonos con nuestra metáfora de la música, se nos recuerda que la música es emotiva; tiene el poder de mover personas, haciéndolas detenerse y reflexionar. Cuando ponemos atención al poder de los símbolos del Apocalipsis, somos tocados por ellos. Experimentamos una rapsodia, nada diferente de la de una conmovedora pieza musical. Nos inclinamos en asombro ante el Dios todopoderoso quien se sienta en el trono. Somos conmovidos por el Cordero del sacrificio que está en pie. Podemos estar tentados a temblar ante el poder del dragón y las dos bestias, pero sabemos que la victoria le pertenece al Cordero y a sus seguidores. Nos regocijamos cuando se nos permite echar un vistazo a la celebración de la boda de la novia y el Esposo. Nos maravillamos cuando vemos el agua clara y cristalina del río de vida. Y celebramos que Dios, quien ha venido entre nosotros, nos invita a escuchar la letra de los cantos del Cordero.

Los símbolos no son la realidad; ellos apuntan hacia una realidad más profunda.

7

Escuchar el canto: La estructura

Hace más de treinta años, evalué dos comentarios sobre el Apocalipsis que han influenciado profundamente mi entendimiento de la organización del libro. En 1974, cuando leí *More Than Conquerors* (Más que conquistadores) de William Hendriksen, un libro escrito en 1939 y aún en venta,[1] me sentí liberado. El Apocalipsis ya no me atemorizaba más. La perspectiva general tomada por Hendriksen era que el Apocalipsis está dividido en secciones paralelas. Las secciones cubren el lapso desde la primera venida de Cristo hasta su venida final, repitiendo el mismo material de una manera que intensifica los eventos. Los académicos bíblicos utilizan la palabra "recapitulación" de una manera especializada para describir el enfoque de Hendriksen. Yo usaré este mismo término "recapitulación," y lo explicaré más ampliamente en este capítulo.

La otra obra era un comentario de G. B. Caird, *The Revelation of St. John the Divine* (La Revelación de San Juan el Divino).[2] Recientemente leí de nuevo a Caird, y noté que había subrayado dos veces una apreciación sobre la estructura que ya había olvidado que había tenido una profunda influencia sobre mi manera de pensar: "La unidad del libro de Juan...no es ni cronológica ni aritmética, sino artística, como la de un tema musical con variaciones, en la que cada variación añade algo nuevo al significado de la totalidad de la composición".[3]

Después de casi veinte años de haber leído la apreciación de Caird, se me pidió que tratara con el asunto de la organización del libro en un estudio bíblico. Se puede notar su influencia en una observación que hice:

> *Cada una de las siete series parece llevarnos al fin del mundo. ¿Cómo encajan juntas? Juan no es un cronologista. Por ejemplo, las trompetas no necesariamente siguen a los sellos en un exacto orden cronológico. Nos pudiera ayudar el ver a Juan como a un artista o un músico. Si este "tema musical" es referente al fin del mundo, entonces cada una de las series... es una "variación" que añade a la composición total. Cada una subraya e intensifica el final, la confrontación culminante entre Dios y las fuerzas del mal. Es el mensaje teológico y no la cronología estricta lo que en realidad cuenta. Los sellos nos recuerdan que el mal existe solo con permiso de Dios. Las trompetas llaman a la gente al arrepentimiento. El sonido de los truenos enfatiza los juicios de Dios (8:5).*[4]

Si pudiera reescribir mi explicación de esos eventos en Apocalipsis 5, y los capítulos siguientes, yo elaboraría, enfatizando que las diferentes secciones del Apocalipsis no tienen una sucesión cronológica, sino que cada una de ellas incluye a la anterior y avanza en detalles más allá de esta.

El enfoque básico que presento en este capítulo no es algo nuevo, sino que data del siglo tercero d.C. Un temprano oponente de leer el Apocalipsis cronológicamente fue Victorino de Petovia, un obispo que fue martirizado cerca del 304 d.C. Victorino concluyó que en última instancia "el orden no debe de buscarse en el Apocalipsis, el entendimiento es lo que se debe de buscar".[5] Aunque el enfoque que argumenta la repetición y recapitulación en Apocalipsis no es nuevo, hasta ahora no ha recibido la atención que merece.

La estructura de un libro y su mensaje

Necesitamos recordar que el Apocalipsis no es diferente a los otros libros de la Escritura en lo que se refiere a la estructura. Todos los libros de la Biblia tienen un diseño. El mensaje del libro es realzado por su organización. Verdaderamente, podemos entender mejor el mensaje si entendemos su estructura.[6] Claramente, podemos ver que la organización de algunos libros es más clara que la de otros. Y aun así, aun en aquellos libros en los que la estructura parece relativamente simple de bosquejar, cuando los examinamos más profundamente, vemos arreglos complejos que con frecuencia son pasados por alto. Sin embargo, la mayoría de los académicos estarán de acuerdo en que la composición de Juan es mucho más compleja que la de los otros libros de la Biblia.[7]

El Rey vendrá
Al amanecer de la mañana
Y la luz triunfante aparece,
Cuando la belleza cubra de oro
Las colinas del este
Y la vida al gozo despierte.

El Rey vendrá
Al amanecer de la mañana
Y luz y belleza nos trae
¡Aclamad a Cristo el Señor!
Su pueblo ore:
¡Ven pronto, Rey de reyes!

"Tu Rey Volverá
Himno griego antiguo

Muchos cristianos creen equivocadamente que el Apocalipsis debe de ser leído como si los eventos sucedieran en un orden cronológico.[8] Prefieren pensar que Juan entona un canto fácil de entonar. No quieren ninguna sorpresa de arreglos elegantes. "No gracias. Canta tu mensaje, Juan, con una melodía directa," ellos parecen decir. Ellos ven la composición como una que comienza en el primer siglo, y se mueve a través de los siglos, hasta llegar a la generación justo antes del regreso de Cristo. Primero, un evento sucede, enseguida el próximo, y después el siguiente, hasta llevarnos al final. Algunos llegan al extremo de sugerir que los capítulos 2 y 3 dividen la historia en siete periodos, uno para cada uno de las iglesias y que la generación anterior a la venida de Cristo a establecer su reino terrenal es la generación de Laodicea. No es de sorprender que los que proponen esta posición frecuentemente piensan que están viviendo en la etapa de tibieza. Los que abogan por este enfoque secuencial, dicen con toda confianza que la mayor parte del libro está destinado para los cristianos que vivirán en los días que preceden inmediatamente al regreso de Cristo.

Aunque muchos intentan estructurar el Apocalipsis como si fuera una historia escrita por anticipado, tales esfuerzos, yo creo, están destinados a fracasar. Puedes consultar en una biblioteca comentarios que han tomado un enfoque cronológico al libro. O visita una librería y encontrarás en la sección de liquidación libros sobre el Apocalipsis que usaron eventos contemporáneos para explicar las visiones de Juan. Los autores de esos libros ni siquiera se ponen de acuerdo entre ellos sobre los eventos que Juan estaba prediciendo. Tales autores son parte de una larga herencia que se origina en los primeros siglos, una herencia que está destinada al fracaso. Todo lector puede citar algún predicador bien conocido que ha intentado predecir el tiempo específico en el Cristo vendrá. Tales predictores tienen una cosa en común: todos ellos se han equivocado. Con toda seguridad, esto debería de hacernos tomar una pausa y cuestionar tal enfoque.

Muchos cristianos creen equivocadamente que el Apocalipsis debe de ser leído como si los eventos sucedieran en un orden cronológico.

Yo creo que es posible entender la estrategia general de Juan; es una que combina repetición y recapitulación. La repetición consiste en que el contenido suena parecido, es decir, la repetición de una palabra, una frase, una cláusula principal, una oración, y aun una sección entera. Los poetas la usan cuando repiten un renglón de la poesía. Los autores pueden repetir una porción del texto. Los músicos con frecuencia repiten la letra o la melodía. Juan repite también.

Por otro lado, recapitulación es repetición y algo más. Es una repetición intensificada, por así decirlo, en esteroides. La podemos encontrar en composiciones musicales y escritas. El autor, o compositor, repite o reafirma temas o ideas que ha introducido previamente, pero avanzándolas de alguna manera. La estrategia es describir los mismos eventos de forma diferente y siempre aumentando intensidad.

Específicamente, estoy proponiendo que el Apocalipsis no se mueve hacia delante de una manera estrictamente cronológica. Las diversas secciones del apocalipsis son recurrentes más que sucesivas.[9] El libro parece moverse hacia adelante y hacia atrás; avanzando, pausando, moviéndose hacia adelante de nuevo, y entonces circulando de regreso al punto original. "Suena" como una pieza de jazz. El jazz se mueve alrededor y alrededor y alrededor. El libro de Apocalipsis tiene ese tipo de movimiento. Circula y construye, circula y construye, siendo simple y complejo al mismo tiempo.

Las implicaciones de este enfoque son tan obvias como profundas. El reconocer tal esquema, significa que no debemos de leer el Apocalipsis de manera secuencial. Juan no está exponiendo en gran detalle un cronograma de eventos que sucederán antes del regreso final de Cristo. Las diversas secciones (por ejemplo, los siete sellos en 6:1ss; las siete trompetas en 8:6ss; y las siete copas en 15:1ss) no son sucesivos, sino que se sobreponen y a la vez se intensifican, siempre llevándonos hasta el fin del mundo.

Arreglos artísticos: Repetición en la Escritura

La repetición, y en un grado menor, la recapitulación, puede encontrarse a través de toda la Biblia en niveles macro y micro. Las podemos encontrar cuando comparamos dos o más libros, así como las secciones, dentro de los libros. Consideremos los siguientes ejemplos, cubriendo primero el Antiguo, y después el Nuevo Testamento.

Encontramos repetición involucrando libros enteros en el Antiguo Testamento. 1-2 de Crónicas repite material de 2 de Samuel y 1 y 2 de Reyes. ¿Por qué? Los libros posteriores fueron escritos para un pueblo en el exilio. La gente se preguntaba cómo y por qué llegaron hasta ahí. Primero y Segundo de Crónicas fueron escritos a un pueblo que regresó del exilio. Ellos batallaban para entender si aún formaban parte del plan de Dios o no.

Vemos repetición, en particular, dentro de los escritos del Antiguo Testamento vemos repetición. Podemos citar ejemplos que representan sus principales géneros literarios. Vemos repetición en el Pentateuco en los dos relatos de la creación en Génesis 1-3. Génesis se refiere también varias veces al pacto que Dios estableció con Abraham (Génesis 12:1ss; 15:1ss; 17:1ss). Hay dos relatos de la entrega de los Diez Mandamientos (Éxodo 20 y Deuteronomio 5).

Hace mucho que los académicos han reconocido que la repetición abunda en los Salmos, especialmente en la forma del paralelismo. Este "es una construcción en el que el contenido de un renglón es repetido, contrastado, o avanzado por el contenido del siguiente [renglón]".[10] Algunos ejemplos representativos se encuentran en: Salmos 8:1-9; 19:1-14; 118:1-4 y 136:1-26.

Encontramos repetición en los escritos históricos y proféticos. Varias veces en los Jueces se nos dice que Israel hizo lo malo ante los ojos del Señor (2:11; 3:7, 12; 4:1; 6:1;

10:6; 13:1). Encontramos tres veces la historia del sitio de Jerusalén por Senaquerib y los papeles que Ezequías e Isaías desarrollaron (2 Reyes 18–19; 2 Crónicas 32; Isaías 36–37). Además, considera la repetición de la fórmula en Amós: "Por tres pecados de...y por el cuarto" (1:3, 6, 9, 11, 13; 2:1, 4, 6).

Daniel y Ezequiel vienen a la mente como ejemplos específicos de recapitulación. Es comúnmente aceptado que Juan alude a Daniel y a Ezequiel en numerosos puntos. Yo creo que es importante notar que estos tres libros también comparten similitudes en su organización. Las visiones de Daniel y los sueños en el capítulo 2 tienen básicamente el mismo contenido de los del capítulo 7.[11] Similarmente, Ezequiel 16 y 23 cubren el mismo tema, la historia de la apostasía de Israel.[12] El capítulo 23 es mucho más gráfico que el 16.

También vemos repetición en el Nuevo Testamento. Los tres Evangelios Sinópticos (Mateo, Marcos y Lucas) dan un punto de vista común sobre Jesús. Podemos encontrar el mismo arreglo que Marcos hace de la vida de Jesús, y la mayor parte del contenido de Marcos, en Mateo y Lucas, con estos dos añadiendo material que corresponde a sus propios propósitos inspirados.

En un nivel micro, en Mateo, vemos la repetición de la fórmula "Cuando terminó Jesús" (7:28; 11:1; 13:53; 19:1; 26:1). Estas subrayan cinco bloques principales de enseñanzas que se entrelazan dentro y fuera entre narrativa y enseñanza. También tenemos repeticiones de las frases "desde entonces..." en Mateo 4:17 y 16:21, para mostrar otra forma de dividir Mateo. La primera vez que aparece esta frase, se introduce el tema del reino. La segunda vez, enfatiza el sufrimiento que Jesús debe de pasar ya que ha terminado de proclamar la visión divina del reino.

En Hechos, encontramos a Pedro y a Pablo sanando a un cojo (3:1ss y 14:8ss), ambos son echados en prisión y son milagrosamente liberados (12:1ss y 16:16ss), y ambos levantando a personas que habían muerto (9:36ss y 20:7ss), quizá legitimando el ministerio de ambos apóstoles. Este resultaría especialmente importante para Pablo, ya que él fue llamado específicamente para ministrar a los gentiles. Él y Pedro fueron ambos fortalecidos por Dios para llevar a cabo sus respectivos ministerios.

También descubrimos repetición en las cartas. En una de las cartas más tempranas de Pablo, abundan referencias a la venida final de Cristo y sus efectos en la manera de vivir del cristiano (1 Tesalonicenses 1:10; 2:19; 3:13; 4:13-18; 5:1-11, 23). La repetición de la frase "Ahora en lo referente..." en 1 Corintios subraya algunos de los asuntos en los que los Corintios habían pedido la guía de Pablo (7:1, 25; 8:1; 12:1; 16:1, 12).

En este breve resumen hemos visto que la repetición impregna toda la Biblia. Por consiguiente, su uso en el Apocalipsis, no debe de ser una sorpresa.

Arreglos artísticos: Repetición en Apocalipsis — nivel micro

El Apocalipsis contiene repetición en cada sección principal. Lo veremos a un nivel micro en esta sección. Tenemos los siguientes ejemplos a continuación:[13]

1. Las descripciones de Cristo, en 1:12ss, son repetidas en los mensajes dados a las siete iglesias en los capítulos 2 y 3.
2. Existe repetición en la fórmula triple en 1:4 ("del que es y que era y que ha de venir;" ver también v. 8); 4:8 ("el que era, el que es, y el que ha de venir"); y 17:8 ("la bestia que... era y no es, y está para subir").
3. Siete veces Jesús anuncia: "vendré a ti pronto" (2:5, 16; 3:11; 16:15; 22:7, 12, 20).

4. Hay siete bendiciones en forma de bienaventuranzas (1:3; 14:13; 16:15; 19:9; 20:6; 22:7, 14).
5. La frase "el testimonio de Jesús" se repite en 1:2, 9; 12:17; 19:10 (2 veces); 20:4; ver también 6:9; 11:7; 12:11.
6. Muchos de los números se repiten (4, 7, 10 y sus múltiplos, y 12 y sus múltiplos).
7. Aun el término "he aquí" se repite y juega un papel importante al llamar a los recipientes a levantar sus ojos y considerar lo que Dios está haciendo, o va a hacer (1:7, 18; 2:10, 22; 3:8, 9 (2 veces), 20; 4:1, 2; 5:5, 6:2, 5, 8; 7:9; 9:12; 11:14; 12:3; 14:1, 14; 16:15; 19:11; 21:3, 5; 22:7, 12).
8. Juan comienza y termina el libro con un "Amén" (1:6, 7; 22:20-21), y también encontramos esta palabra en puntos clave en medio de estos versículos (3:14; 5:14; 7:12 [2 veces]; 19:4).
9. Los capítulos 2 y 3 reflejan una estructura que está construida en torno a la repetición. El contexto histórico es subrayado con la misma fórmula "Al ángel de la iglesia en…" (2:1, 8; y así sucesivamente). Encontramos algo sobre el carácter y/o la conducta de Cristo (2:1b, 8b, y así sucesivamente) en cada descripción, y esta a su vez tiene a la vista la descripción encontrada en 1:12ss. Cristo entonces ofrece una evaluación, ya sea positiva o negativa (¡usualmente ambas!) de la iglesia, usualmente alabando y censurando, algunas veces solo alabando, y cuando menos una vez solamente censurando, pero siempre retando a los discípulos a tener un compromiso más profundo (2:2-6, 9-10, y así sucesivamente). Se repite 7 veces la frase, "Al que venciere…" tanto como, el llamado, "el que tiene oído…" (2:7, 11, y así sucesivamente). Cada mensaje termina con un mensaje para los que permanecen fieles (2:7, 11, y así sucesivamente).
10. Además del análisis anterior de los capítulos 2 y 3, Juan parece usar una técnica llamada "quiasmo" al presentar los mensajes a las siete iglesias. El quiasmo es "un mecanismo literario en el cual palabras, cláusulas, o temas son presentados y después repetidos, pero en un orden inverso."[14] El punto central del quiasmo está en la punta de la flecha, en este caso "C" (ver abajo). El material asociado con el punto central es con frecuencia el punto capital o el tema que el autor está

resaltando o enfatizando. Este patrón es llamado "quiasmo" porque toma la forma de la letra griega "Chi" (pronunciada "ki"), la cual se parece a nuestra letra "X." A fin de ver esto, imagina la letra "X" con su lado derecho cortado. Entonces tendrás como resultado algo que se parece a la punta de una flecha apuntando hacia la derecha. Podemos tomar renglones del texto y arreglarlos en este patrón de punta de flecha, de tal manera que las líneas siguientes están en sangría primero hacia la derecha, y después hacia la izquierda como se ilustra a continuación:

A – Éfeso
B – Esmirna
C – Pérgamo, Tiatira, Sardis
B' – Filadelfia
A' – Laodicea

Cuando se aplica a Apocalipsis 2-3, la estructura de quiasmo que aparece es la siguiente:

A –Éfeso– Los cristianos reciben elogios, pero han perdido su primer amor y se dirigían hacia el declive, como los de Laodicea.

B –Esmirna– Los cristianos no reciben crítica dura de Jesús, sino que los estimula a permanecer fieles al encarar la persecución de los judíos.

C –Pérgamo, Tiatira y Sardis– *Aunque se da cierto elogio, los cristianos de estas ciudades eran culpables de, ya sea ceder ante la cultura en cuanto a la adoración de ídolos y la inmoralidad (Pérgamo y Tiatira), o volverse complaciente al vivir su fe (Sardis).*

B' –Filadelfia– Los cristianos no reciben critica dura de Jesús, pero los anima a permanecer fieles a pesar de su aparente debilidad, y de la oposición que encaran de los judíos.

A' –Laodicea– Los cristianos no reciben ningún elogio de Jesús, sino que son reprendidos por su tibieza.

Aquí, el punto central del quiasmo es "C," mostrando que el interés principal de Juan es que los cristianos están siendo seducidos por la cultura. Como se señaló en el capítulo 2, existe una falta de referencias a una persecución a gran escala en este tiempo. En los días de Juan, la verdadera presión que Roma ejercía en las iglesias era una seducción sutil que se dirigía a la exclusividad de los cristianos, tentándolos a adoptar la moral y los principios de la sociedad en general.

Este análisis no minimiza los problemas que encaraban las otras iglesias. Por un lado, los cristianos de las iglesias de Éfeso y Laodicea están emparejados en el quiasmo, porque comparten un decaimiento en su compromiso con Cristo. Por el otro lado, mientras que las congregaciones en Esmirna y Filadelfia permanecen fieles a Cristo, están emparejadas porque ambas encaran oposición presente o inminente de los judíos.

Arreglos artísticos: Repetición en Apocalipsis — nivel macro

Al analizar los arreglos artísticos de Juan, nos enfocaremos en cinco características organizacionales de nivel macro que usa. La primera apoya la unidad de la obra. La segunda es la clave para descifrar el diseño del libro. Las últimas tres se enfocan en repetición, tanto en las secciones principales como en todo el libro. Finalmente, veremos la relación entre repetición y tipología.

1. "Inclusio" o agrupación.

Ciertos documentos del nuevo Testamento comienzan y terminan de manera similar, reforzando de esta manera ciertos temas. El nombre técnico dado a este mecanismo literario es "*inclusio*" (del latín "inclusión") y se refiere a agrupar o encuadrar, cuando algunos conceptos clave se encuentran al principio de una unidad de Escritura (o de un libro entero) y son repetidos al final de esta. El mecanismo refuerza la importancia de lo que se repite.

Por ejemplo, Mateo 1-3 comienza la historia de Jesús introduciendo al lector a ciertos temas como: rey y reino (1:6; 2:1-2, 6), oposición y adoración (2:7, 11, 16-18), bautismo (3:6, 11) y discipulado (4:18-22). En los capítulos finales, Mateo cierra el círculo al contar la historia de la muerte sepultura y resurrección. Aquí, se refiere a temas como el rey y reino (27:11, 37), oposición y adoración (26:47ss; 28:17), bautismo (28:19) y discipulado (28:19).

Los académicos han notado que el evangelio de Juan adopta la estrategia de agrupamiento.[15] Por ejemplo, uno de mis colegas convincentemente argumenta por el uso de *inclusio* en Juan 1 y 21.[16] Él señala que Pedro (1:40, 44 y 21:2, 3, 7, 11, 15, 17, 20, 21) y Natanael (1:44-51 y 21:2), son mencionados en cada pasaje, junto con dos discípulos desconocidos (1:37 y 21:2). Johnson sugiere que este mecanismo apoya el punto de vista de que Juan 21 no es solamente un apéndice al evangelio de Juan, como algunos académicos argumentan. El agrupamiento muestra que Juan considera al capítulo 21 una parte integral del evangelio, enfatizando el importante tema de discipulado con el que comienza su evangelio.

Los versículos iniciales y finales del Apocalipsis funcionan como sujeta libros. Juan introduce y concluye el libro, tal y como lo hace con su evangelio, con un llamado a la obediencia y la fidelidad como discípulos (1:1ss y 22:6, 8; 1:3, tanto como, 1:4-6 y 22:21). Existen pistas identificando los géneros literarios que Juan ha usado: 22:7 que enfatiza la naturaleza profética del libro; 22:8 enfatizando que, como en otros apocalipsis, Juan vio y escuchó cosas; y 22:21 termina como muchas de las cartas de Pablo, con el recordatorio sobre la gracia de Dios.

Cuando estás consciente del inclusio, estás también consciente de la unidad del libro. El inclusio introduce los temas principales del libro y los reafirma al final. Porque un estudio cuidadoso revela la continua reaparición de estos temas, la unidad de la obra es confirmada.

Es necesario incluir una palabra final. La identificación que Jesús hace de sí mismo como "el Alfa y la Omega," en el principio y en la conclusión del libro (1:8 y 22:13), es una parte clave del inclusio. ¿Por qué? Porque enfatiza que la unidad del libro se encuentra en última instancia en Jesús, quien es el Primero y el Último.

2. El papel de Apocalipsis 1:19

La segunda característica organizacional se encuentra en 1:19. Se le manda a Juan: "Escribe las cosas que has visto, y las que son, y las que han de ser después de estas". ¿Provee el versículo una clave para entender la estructura de todo el libro? La mayoría de los académicos que he examinado contestarán "Si," pero su significado es objeto de debate. Se han presentado muchas propuestas, pero dos han surgido como las opciones principales.[17]

Algunos sugieren que este versículo divide el contenido del libro entero en tres partes. Por ejemplo, 1:19a ("Escribe las cosas que has visto") se refiere a toda la visión, 1:19b (" y las que son") se refiere a las descripciones de las iglesias en los capítulos 1-3, y 1:19c ("y las que han de ser después de estas") se refiere al resto del libro, 4-22. En otras palabras, los capítulos 4-22 siguen históricamente después de las descripciones de las iglesias en los días de Juan.

Tal entendimiento asume que el libro debe de leerse cronológicamente. Pero ya hemos sugerido que Juan describe los mismos eventos varias veces, repitiendo con intensificación (recapitulación). Si Juan usa repetición y recapitulación, no parece que una línea cronológica del libro entero es factible. Además de esto, existen excepciones a una secuencia cronológica en los capítulos 4-22. Se refieren a eventos pasados en lugares como el 5:5ss, y 12:1ss, este último incluyendo una descripción del nacimiento de Cristo. Este pasaje representa un problema especial para aquellos que leen el libro cronológicamente. La historia de la primera venida de Cristo es ciertamente no un evento futuro, y está fuera de lugar si se sostiene una estricta lectura cronológica.[18]

Las diferentes secciones del Apocalipsis son recurrentes más que sucesivas; "suena" como una pieza de jazz.

La segunda opción, la cual yo favorezco, es ver 1:19 como refiriéndose igualmente a todo el libro. Este punto de vista sugiere que hay una mezcla de eventos pasados, presentes, y futuros, enfocándose especialmente en el presente y futuro. Las dos últimas cláusulas ("las que son," y "las que han de ser después de estas") describen la naturaleza en general del contenido del Apocalipsis. Juan está escribiendo lo que ya es y lo que aún no sucede. La frase "Escribe… lo que has visto" en 1:19, repite la comisión "escribe lo que has visto y envíalas a las siete iglesias" que se encuentra en 1:11. Lo que Juan ve se refiere a lo que ya está presente y lo que aún no está en el presente. El presente y el futuro, en otras palabras, están mezclados a través del libro.

No encontramos en el libro un movimiento claro o suave del pasado, hacia el presente, y hacia el futuro. Quizá la traducción de un comentario clarifica el significado: "Escribe, por tanto, las cosas que estás por ver, es decir, lo que es ahora y lo que está aún en el futuro."[19] Encontramos el entrelazado del pasado, presente y futuro a través del libro. James Moffatt resume bien el tema cuando hace la observación de que "el contenido de la visión... consiste en lo que es y lo que será".[20]

3. Comparando las trompetas y las copas

La tercera característica organizacional se enfoca en la repetición en los relatos de las trompetas y las copas. Aquí, encontramos apoyo adicional para la teoría de la recapitulación, es decir, que los eventos en el Apocalipsis no forman todos series continuas, sino que algunas escenas recapitulan los eventos de otras escenas. El vocabulario similar encontrado entre cada una de las trompetas y las copas sugiere recapitulación.[21] El diagrama siguiente confirma esto:

Las siete trompetas	Las siete copas
1. Granizo y juego, con sangre, arrojado a la *tierra*. Una tercera parte de la tierra se quema (8:7).	**1.** Derramada sobre la *tierra* -úlceras malignas aparecen en los hombres que tienen la marca de la bestia (16:2).
2. Una montaña de fuego es arrojada al *mar*. Una tercera parte del mar se convierte en *sangre* (8:8-9).	**2.** Derramada en el *mar* – se convirtió en *sangre*. Y toda vida murió (16:3).
3. Una estrella ardiendo llamada Ajenjo cae sobre una tercera parte de los *ríos y fuentes de agua* (8:10-11).	**3.** Derramada sobre *ríos y fuentes de agua* – estos se vuelven sangre por la sangre de sangre de los santos y de los profetas que fue derramada. (16:4-7).
4. Una tercera parte del *sol, la luna, y las estrellas* son oscurecidas (8:12).	4. Derramada sobre el *sol* – quema a la gente, pero no se arrepintió, ni dio gloria a Dios (16:8-9).
5. Una plaga demoniaca de langostas. El sol se *escureció*. Se dio autoridad a las langostas para lastimar a la gente con el aguijón de escorpiones (9:1-12).	**5.** El reino de la bestia fue oscurecido. Aunque en gran dolor, la gente blasfema al Dios de los cielos y no se arrepiente de sus obras (16:10-11).
6. Se desatan los ángeles atados cerca del *gran rio Eufrates*. Un ejército de doscientos millones de caballos, con colas como de serpientes con poder para matar a la gente. La gente no se arrepiente (9:13-21).	**6.** El *gran rio Eufrates* se hace amargo. Se abre un camino para los reyes del este. Espíritus parecidos a ranas reúnen a todos los reyes a la gran guerra del Armagedón (16:12-16).

Las siete trompetas	Las siete copas
7. "Los reinos del mundo han venido a ser de nuestro Señor y de su Cristo" (11:14-19).	7 "Esta hecho." El Juicio Final sobre Babilonia, con granizo gigante. Y la gente aun así blasfema a Dios. (16:17-21).

Ocurre una intensificación o progresión en los juicios. Los primeros cuatro de cada grupo de catástrofes, muestra la soberanía de Dios sobre todos los reinos de la creación (compare con los cuatro primeros sellos en 6:1-8). Los últimos tres son resaltados como para impresionar directamente a la gente. Con el rompimiento del quinto y sexto sellos (6:9-7:17), aquellos que no adoran a Dios experimentan su ira (6:12ss), mientras que aquellos que adoran a Dios experimentan seguridad y salvación (7:1ss).[22] El silencio de 8:1 debe de verse como una continuación del Juicio Final descrito en 6:12ss. La imagen del silencio está frecuentemente ligada al juicio de Dios (Habacuc 2:20; Zacarías 2:13; ver también Isaías 23:2; 41:1-5; 47:5; Ezequiel 27:32; Amós 8:2-3; Lamentaciones 2:10-11).[23] Como el séptimo sello (8:1ss), la séptima trompeta y la séptima copa, nos llevan a la terminación final de los propósitos de Dios en la historia. El final resulta no solamente en juicio, sino en un positivo triunfo (11:15; 16:17).

Apoyo adicional para este concepto de progresión ocurre en las expansiones de las series. Específicamente, con cada serie de siete hay una intensificación de las imágenes metafóricas de juicio. Por ejemplo, el movimiento de un cuarto (los sellos), a un tercio (las trompetas), y a una totalidad (las copas). Como se mencionó antes, es posible que el resaltar un cuarto y un tercio es un mecanismo literario que muestra que Juan no está listo aún para llevar el libro a su final, porque la visión no ha terminado.

4. La relación entre Apocalipsis 12-14, Apocalipsis 15-16, y Apocalipsis 17-20

La cuarta característica en la organización, la cual destacaremos en nuestro análisis de Apocalipsis 12-20, también apoya la recapitulación. Considera este breve esquema:

Capítulo	Contenido
6-8	7 Sellos
8-11	7 Trompetas
12-14	*Dragón, 2 Bestias, Babílonia*
15-16	7 Copas
17-20	Las 4 fuerzas malignas destruidas

Nota que existen dos grandes unidades donde no encontramos una serie de siete, en los capítulos 12-14 y 17-20. Los siete sellos en 6-8 fluyen hasta llegar a las siete trompetas en 8-11, pero las siete trompetas no fluyen hasta las siete copas registradas en 15-16. Los capítulos 12-14 interrumpen las series. Tal y como los sellos, las trompetas y las copas nos traen hasta el fin del mundo, si revisamos el contenido de los capítulos 12-14 y 17-20, encontramos que estos también nos llevan al final. En lugar de presentar el escenario del fin de los tiempos una sola vez, tal y como lo esperarías en una obra cronológica, Juan nos lleva hasta el fin del mundo cuatro veces.

El interludio que separa las siete trompetas y las siete copas comienza en 12:1 y termina en 14:20. Uno de los propósitos de este interludio, parece ser la introducción de los principales antagonistas de Dios, y sus siervos. Leemos acerca del dragón (12:1ss); las dos bestias en 13:1ss; y Babilonia la Grande (14:8). Comenzando con 15:1ss, tenemos el derramamiento de las siete copas, que enfatiza la totalidad del juicio. Juan entonces se torna más específico en cuanto a quién o qué es juzgado totalmente: él se centra en los antagonistas, quienes son juzgados y aniquilados, en un orden inverso al que fueron presentados. Babilonia es jugada en 17:1-19:10, seguida por las dos bestias en 19:11-21, y entonces finalmente Satanás y sus seguidores son el punto central en 20:1-15, un pasaje que termina con el juicio final.

Esta secuencia tiene una estructura en quiasmo, evidente en el esquema siguiente:

A - El dragón (12:1ss)

B – Las dos bestias (13:1ss)

C – Babilonia la grande (14:8)

D – Las siete copas (15:1-16:21)

El derramamiento de las siete copas enfatiza el juicio total sobre la creación, incluyendo aquellos que no sirven a Dios. También anticipa el juicio total de los antagonistas que son derrotados en orden inverso; Babilonia, las dos bestias, y el dragón.

C' – La destrucción de Babilonia (17:1-19:10)

B' – La destrucción de las dos bestias (19:11-21)

A' - La destrucción del dragón (20:7-10)

El centro del quiasmo se encuentra en el punto de cruce de la "X," el punto de la cabeza de flecha, que, en este caso, es "D – Las siete copas". Aquí el énfasis es en juicio total. Presumiblemente, Babilonia, las bestias y el dragón fueron tolerados hasta que los pecados de la gente alcanzaron un nivel que Dios juzgó como suficiente. Entonces, con el juicio total sobre la tierra y la humanidad, Babilonia, las dos bestias, y el dragón, se han convertido en actores sin un escenario. Su condena ya está determinada.

Juan habla de una destrucción venidera sobre una cuarta y una tercera parte de ciertas partes de la creación. Al usar las fórmulas un cuarto (6:8), y un tercio (8:7, 9, 10, 12), como indiqué anteriormente, las fracciones se usan para animar a los recipientes a seguir leyendo o escuchando; la visión continua. Aun 6:9ss muestra esto, ya que más santos morirán. Comenzando con el capítulo 15, Juan está concluyendo, por decirlo así, porque la visión está por terminar. No se usan fracciones en relación a las copas en 16:1ss; la totalidad de la creación y de la humanidad es afectada.

Irónicamente, se dedica más atención al juicio de Babilonia que al de las dos bestias. El dragón es simplemente eliminado en unos pocos versículos. Por causa de tal brevedad, quizá podríamos argumentar que Juan está mostrando desprecio por los enemigos de Dios y de sus siervos. O, en las palabras de Lutero, "Una pequeña palabra lo derribará."

Cuando el Señor me llame
A su presencia,
Al dulce hogar, al cielo
De esplendor,
Le adoraré, cantando
La grandeza
De su poder y su
infinito amor.

"Cuán grande es él"
Stuart K. Hine
1949

5. *Una síntesis*

Al dirigir nuestra atención a la característica final necesitamos mantener en mente las primeras cuatro características. A la luz de los detalles presentados anteriormente, quiero extenderme en los comentarios que hice en las notas de estudio en Apocalipsis publicadas en *The Quest Study Bible*. Juan no es un cronista en el sentido de que él está exponiendo en gran detalle los eventos que sucederán antes de la venida final de Cristo. Incontables veces se han hecho esfuerzos por leer el Apocalipsis de esta manera, y como hemos observado, todos estos intentos han fracasado.

Creo que nos ayuda el ver a Juan como un compositor. Su *tema* está expuesto –un mensaje de advertencia para aquellos que no adoran a Dios y un mensaje de esperanza para aquellos que lo hacen– y después es reafirmado de varias formas. Al componer una pieza musical basada en la forma de *tema y variaciones*, los elementos del *tema* –su melodía, ritmo, e instrumentación– variarán mientras que se retiene el tema. Por consiguiente, si el *tema* de Juan es el fin del mundo (un fin que trae ya sea salvación o castigo), entonces cada una de las series de siete (sellos, trompetas, y copas), y aun los interludios que se encuentran en los capítulos 12–14,[24] constituyen una *variación* que aporta a la composición. Cada serie de siete, tanto como el interludio, mueve al lector más cerca al fin del mundo. Esto no es porque cada uno sigue a la serie previa en un sentido puramente cronológico, sino porque cada uno de ellos realza e intensifica la final y climática confrontación entre Dios con su pueblo y Satanás con sus aliados. El destino de Satanás y sus aliados es un castigo eterno. Pero Dios y su pueblo morarán juntos por siempre.[25]

El siguiente esquema ilustra esto:

Versículo	Comentario
1:1–3:22	El Mensaje a las Siete Iglesias, cada uno de ellos terminando con una promesa para el vencedor, una promesa que será completamente realizada cuando se establezcan los nuevos cielos y la nueva tierra (2:7, 11, 17, 26-28; 3:5, 11b-12, 21).
4:1–8:5[27]	Los Siete Sellos conducen hasta el final, con 6:12-17 describiendo el destino de aquellos que no son seguidores de Cristo. Ellos (junto con el resto de la creación) experimentarán la ira de Dios.[28] En lo que se refiere al destino de los redimidos, ellos están sellados y serán capaces de estar de pie en el Día del Juicio (7:1-17). Note también que hay un interludio, en 7:1-17, que enfatiza la seguridad del pueblo de Dios en el día del juicio. En medio del caos, el pueblo de Dios está seguro.

Versículo	Comentario
8:6–11:19	Las siete trompetas nos llevan hasta el fin del mundo, con el final retratado en 11:17ss, en el cual Dios es alabado: "Te damos gracias, Señor Dios Todopoderoso, el que eres y que eras, porque has tomado tu gran poder, y has reinado"). Es importante que a diferencia de 1:4, 8 y 4:8, la cláusula "y que has de venir" sea omitida por Juan.[29] ¿Por qué? Porque Dios ha venido y su reino perfecto ha comenzado. Nota nuevamente que hay un interludio entre la sexta y la séptima trompeta 10:1–11:14, con un énfasis en la responsabilidad de Juan y de la iglesia (simbolizada por los dos testigos) de dar testimonio del poder de Dios, a pesar de la respuesta hostil del mundo. En medio de las fuerzas de maldad que intentan destruir a la iglesia, el pueblo de Dios debe de ser fiel en su testimonio.
12:1-14:20	Este es un interludio que introduce los principales antagonistas de Dios y de su pueblo. Se encuentra entre los sellos y las trompetas (que han llevado al lector hasta el final, pero mostrando que solo un cuarto o un tercio han sido afectados por el juicio, Juan ha indicado que no está listo para llevar aún la revelación a su cierre). El propósito de este interludio es de llevar a los lectores a una mayor profundidad y presentarlos a la verdadera naturaleza del conflicto en el cual participan. No es solamente Roma quien se les opone, sino el Dragón (12) y sus dos aliados (el gobierno anticristiano y la religión anticristiana, el culto imperial) junto con Babilonia la Grande (14, la ramera, es decir, la cultura Romana en todas sus manifestaciones). De esta manera, Juan nos presenta a los protagonistas claves. Su destino será explorado más ampliamente con el derramamiento de las siete copas(15:1-16:21), que, a su vez, nos lleva a una aún más detallada descripción de la completa derrota de los poderes malvados. Pero entre tanto, aquellos que adoran a la bestia serán castigados (14:9-20), siendo esta otra referencia más del final.
15:1-16:21	Las siete copas nos conducen hasta el fin del mundo, descrito en 16:17-21. Existe un interludio final, aunque breve, en 16:15 en el cual hay una exhortación a ser vigilante y fiel. A medida que las fuerzas del mal se agrupan en un esfuerzo final para destruir a la iglesia (20:7-10), el pueblo de Dios debe de permanecer vigilante y leal.[30]
17:1-20:15	Las siete copas y su énfasis en juicio total son la transición al juicio total sobre Babilonia, las dos bestias, y el dragón (en orden inverso en el cual fueron presentados).

Versículo	Comentario
21:1–22:5	Se da a Juan una descripción del nuevo cielo y la nueva tierra, y del pueblo de Dios simbolizado por la novia y la nueva Jerusalén.
22:6-21	El epílogo trae la revelación a un círculo completo, enfatizando los géneros literarios del libro y un llamado final a la obediencia.

La estructura del apocalipsis refleja su énfasis en el fin del mundo[26]

El esquema provee un resumen de todo el libro, apoyando la teoría de recapitulación. Este punto de vista sugiere que no todos los eventos del Apocalipsis forman series continuas, sino que las series de siete (siete sellos en 6:1-8:5, siete trompetas en 8:6-11:19, y siete copas en 15:1-16:21) nos llevan repetidamente al fin del mundo, cuando Cristo viene en juicio para recompensar o castigar. Como se ha notado anteriormente, aun el interludio de Apocalipsis 12-14 comienza con la primera venida de Cristo (12:1ss) y termina con el juicio final (14:14-20).[31] Existe "cronología" en el sentido de que *dentro* de cada serie de siete (los sellos, las trompetas, y las copas), y también *dentro* del interludio de Apocalipsis 12-14, se lleva al lector al "final".[32] De esta manera, nuevamente vemos que no es posible una lectura cronológica de Apocalipsis.

Imagina el siguiente escenario. Después de que Juan recibió la revelación, sin duda se hicieron copias a mano. Digamos que, a través de las décadas, por cualquier razón, los capítulos 8–22 fueron omitidos por aquellos responsables de copiar el documento. Si el Apocalipsis hubiera terminado en 7:17, los lectores hubieran estado satisfechos. El panorama total puede encontrarse en los primeros siete capítulos: Dios juzga al malvado y recompensa a sus fieles seguidores. Verdaderamente, el libro pudo haber terminado en varios puntos, esto es, 11:15-17; 14:14-20; 16:17-21; y 17:1-20:15. Por lo tanto, si el libro pudo haber terminado en el 7:17, tenemos otra indicación de que el libro no debe de ser leído de una manera puramente cronológica.

Otra manera de ver el Apocalipsis afirma que este tiene un efecto de espiral en la revelación, en el sentido de que cada sección regresa al punto donde comienza, pero en un plano más elevado, por así decir. Cada serie de siete traslada al lector más cerca del final, no porque cada uno sigue a la anterior serie en un sentido cronológico, sino porque cada una aumenta e intensifica la final y última confrontación entre Dios y las fuerzas del mal.[33]

Además, aunque las visiones son paralelas en muchos aspectos, también son visiones acumulativas de la historia. El mal empeorará más y más, junto con un juicio más severo sobre el mundo, hasta que llegue a un punto sin retorno. Pero el punto donde no hay regreso no es el punto donde el mal tiene la victoria final, sino en el que Dios tiene la palabra final. Todos los juicios de Dios sobre las culturas malvadas a través de los siglos están dirigiéndose al juicio final.[34]

Repetición, recapitulación y tipología

El análisis previo de recapitulación concuerda con la argumentación anterior sobre tipología.[35] Yo sugiero que con cada serie de siete, en lo que se refiere al aspecto de juicio, Juan está describiendo el fin del mundo en términos del fin del imperio romano. Al traer al lector al fin del imperio, el fin del mundo está siendo prefigurado. Verdaderamente, podemos argumentar que la destrucción de Roma es un modelo para la destrucción de cualquier cultura impía, conduciendo a la destrucción del universo y del juicio de toda la humanidad.[36] Juan está describiendo el fin del mundo, no solamente en símbolos que le eran familiares a la gente de su tiempo, sino que también está usando la cultura romana como un tipo de cualquier otra cultura impía, que anticipa la final cultura impía, sobre la cual Dios traerá la historia como la conocemos, a su conclusión final.[37]

¿Porque repetición y recapitulación?

¿Por qué tanta repetición? ¿Por qué usar recapitulación como un mecanismo literario para comunicar el tema del libro? Quizá existan dos razones.

En primer lugar, Dios tiene un antecedente de usar repetición al comunicar su Palabra. Es su estilo. Permíteme ilustrar esto con dos ejemplos del Antiguo Testamento. El primero es la historia de José y sus hermanos en Génesis 37. José tuvo dos sueños. En el primer sueño, José vio las gavillas de sus hermanos inclinándose ante la suya (v. 7). Cuando les contó el sueño a sus celosos hermanos, ellos se enfurecieron y preguntaron, "¿Reinarás tú sobre nosotros?" (v. 8). Ellos entendieron claramente las implicaciones simbólicas del sueño.

Después, José tiene un segundo sueño con el sol, la luna y once estrellas inclinándose ante él. Esta vez, su padre Jacob lo reprende, preguntándole si él pensaba que su madre, su padre, y sus once hermanos se inclinarían ante él. Una vez más el sueño fue interpretado apropiadamente.

Cuando vemos los dos sueños, podemos hacer algunas observaciones. Hay dos sueños, y estos usan diferentes imágenes, algunas veces para representar lo mismo (por ejemplo, en ambos, las gavillas y las estrellas representan a los hermanos). Hablan de los mismos eventos, pero de manera progresiva. El primer sueño, mostró solo a los hermanos inclinándose y esto sucedió así (42:6). El segundo sueño, mostró a toda la familia inclinándose. Aunque Génesis no registra que el padre y la madre de José se inclinaran ante él, quizá esto se cumplió cuando la familia entera se muda a Egipto y vive bajo el liderazgo de José (Génesis 46:1ss).

El segundo ejemplo se registra en Génesis 41 y es más difícil de interpretar. El Faraón tuvo dos sueños. En el primer sueño, siete vacas gordas estaban pastando, y entonces, siete vacas flacas vinieron y devoraron a las vacas gordas. En el segundo sueño, siete espigas llenas crecían, y entonces, siete espigas menudas devoraron a las siete espigas llenas. José interpretó el sueño del Faraón con el significado de que habría siete años de abundancia seguidos por siete años de hambruna. José nos da información valiosa cuando dice, "El sueño de Faraón es uno mismo; Dios ha mostrado a Faraón lo que va a hacer" (Génesis 41:25). José dice además: "Y el suceder el sueño a Faraón dos veces, significa que la cosa es firme de parte de Dios, y que Dios se apresura a hacerla" (Génesis 41:32).

¿Por qué son estos ejemplos relevantes para nuestro estudio del Apocalipsis? Primeramente, ellos muestran que Dios usa repetición como estilo literario. Además de esto, Dios revela uno de sus propósitos al usar repetición: que los eventos presentados están firmemente determinados y ocurrirán. Esto muestra la definitiva soberanía de Dios.

Aplicando esto al Apocalipsis, los lectores de Juan necesitaban escuchar el mensaje de que Dios está en control, a pesar de lo que estaban viendo. Dos temas son tratados: (1) El perseguido pueblo de Dios se pudo sentir abandonado y Dios les asegura que él aún reina y (2) el pueblo de Dios puede verse tentado a ceder ante el mundo, y Dios les recuerda que hay un mundo venidero mejor, uno habitado solamente por sus santos siervos.

La segunda razón para la repetición y la recapitulación es el reforzar el mensaje y hacerlo más claro. Esto es especialmente importante en una cultura donde la gente estaría *escuchando*, más que *leyendo*, un mensaje. La tradición en tiempos del Nuevo Testamento era que una persona letrada leía para aquellos que no sabían leer. Muchos piensan que este es el trasfondo de Apocalipsis 1:3: "Bienaventurado el que lee, y los que oyen las palabras de esta profecía, y guardan las cosas en ella escritas; porque el tiempo está cerca."

¿Por qué Dios repite o recapitula? Quizá por otras razones además de las literarias. Hace años, uno de mis estudiantes proveniente de la República Checa compartió conmigo un dicho de su país: "La repetición es la madre de la sabiduría." Decir algo dos veces o más lo intensifica. El repetir algo significa subrayarlo. En otras palabras, la repetición enfatiza la actitud o acción que el autor quiere implantar en los corazones y en la mente de los recipientes. El propósito de golpear el mismo clavo varias veces es el de introducirlo más adentro.

Dios sabe cómo debemos de ser confrontados a enfocarnos, para no olvidarnos. Dios sabe que tenemos lapsos de atención cortos. Juan quiere que entendamos el punto. Las culturas de este mundo, semejantes a Roma, vienen y van, y Dios siempre las juzgará. Y todos sus juicios a lo largo de la historia, prefiguran su juicio final. Por nuestro propio beneficio como discípulos de Jesús, y por causa del hostil y seductivo mundo, no es posible oír tales advertencias demasiadas veces. Tampoco podemos predicar tales advertencias demasiado.

Cordero de Dios, que quita
el pecado del mundo,
Ten misericordia de
nosotros.
Cordero de Dios, que quita
el pecado del mundo,
Concédenos paz

Agnus Dei (Cordero de Dios)
Siglo VII

Pero al predicar las advertencias a nosotros mismos y a otros, debemos recordarnos a osotros mismos que los retos del Apocalipsis están balanceados con su consolación. El escenario de juicio suena como un canto funeral después de horribles imágenes de destrucción y muerte. Pero en el otro lado del juicio está la promesa de Dios de corregir todas las cosas. Para aquellos de nosotros que somos tentados y oprimidos al vivir en culturas idolátricas e inmorales, aun escuchamos el clamor de Apocalipsis 6:10, "¿Hasta cuándo, Señor, santo y verdadero, no juzgas y vengas nuestra sangre en los que moran en la tierra?" El llamado del Apocalipsis a la fidelidad obediente y a la perseverancia infunde consuelo basado en la promesa de que un día, por medio del justo juicio de Dios, toda mal será desterrado, y finalmente, finalmente el pueblo de Dios abandonará sus lamentos, haciendo suyas una nueva colección de letras de cantos celestiales, y entonará un canto de victoria con el Cordero.

Epílogo

Una invitación a escuchar el canto del Cordero por la eternidad

Cuando aprendemos a escuchar la música de Juan, aprendemos a vivir con el final a la vista. Este concepto se aplica a todo lo que hacemos en la vida. ¡El final! Escuchamos el resonar de la conclusión, del cierre. El final del día...el final de una temporada...el fin de otro año...el fin de una comida...el final de una canción...el final de un libro.

La experiencia constante de vivir con el fin a la vista se resume con frecuencia en una variedad de declaraciones emocionales. ¿Cuándo terminará esto? ¡Quisiera que terminara! ¡Desearía que nunca terminara! ¿Por qué tiene que terminar esto?

Si nuestros oídos están perfectamente sintonizados, y si escuchamos lo suficientemente cerca al Apocalipsis, veremos que es un libro que nos guía a vivir con el final a la vista: el fin de la historia como la conocemos... el fin del mundo, en realidad el fin del universo... el fin de nuestras vidas terrenales... el final de la maldad y del sufrimiento.

Ya hemos visto que Juan constantemente nos recuerda del final. Su intención es hacernos conscientes del final. ¿Por qué? Porque él sabe que el final es en realidad el principio, un principio que no conoce un final. Para los seguidores del Cordero, es un comienzo que lleva a una vida eterna, perfecta. Es el principio de una vida más profunda y rica con Dios, y uno con el otro, en el más maravilloso de los escenarios: cielos nuevos y tierra nueva.

Si escuchamos a Juan, sabemos que al final tú y yo, en realidad todos, tendremos un nuevo comienzo, ya sea el más maravilloso o el más terrible de todos. Es un final que lleva a una rapsodia, por estar ante el reinante Señor y el Cordero redentor, o de lamento, por estar desterrado por siempre de su presencia.

Al final, lo que hace la diferencia es el canto que entonamos. La canción que hace toda la diferencia es la que encontramos en el Apocalipsis, la cual hemos ya elegido entonar, o rehusado cantar. En una tarde de Domingo del 2005 en que escuché el Mesías de Handel, estaba sorprendido cuando el coro terminó de cantar el famoso "Coro de Aleluyas" (basado en Apocalipsis 11:15; 19:6, 16). La composición no llegó a su final; otras estrofas siguieron. Yo estaba aturdido. Había olvidado completamente que la obra concluía con otras palabras del último escrito de Juan:

> El Cordero que fue inmolado es digno de tomar el poder, las riquezas, la sabiduría, la fortaleza, la honra, la gloria y la alabanza. Y a todo lo creado que está en el cielo, y sobre la tierra, y debajo de la tierra, y en el mar, y a todas las cosas que en ellos hay, oí decir: Al que está sentado en el trono, y al Cordero, sea la alabanza, la honra, la gloria y el poder, por los siglos de los siglos.
>
> --Apocalipsis 5:12-13

Aun con las palabras "por los siglos de los siglos," la pieza de Handel no llega a su cierre. Tampoco el Apocalipsis cierra con "por los siglos de los siglos". No tiene trueno, ni relámpago, ni granizo, y no hay coros celestiales alabando a Dios, solo silencio. La Rapsodia y el silencio aparecen juntos. Las últimas palabras de Handel son también las últimas palabras de Juan: "La gracia de nuestro Señor Jesucristo sea con todos vosotros." Cerca del final, se nos recuerda de la gracia de Dios en Jesucristo, Juan lo hace con una sola palabra, y Handel con el canto del Cordero. Gracia, ambos autores nos dicen, nos llevan al hogar. La gracia nos lleva hasta el final. La gracia nos capacita para escuchar el canto del Cordero y la letra de los cantos dados por el Cordero. Es la gracia salvadora y sustentadora de Dios la que nos permite no solamente escuchar, sino también vivir la letra de los cantos del Cordero.

A través de los años he asistido a innumerables conciertos. Antes de que comience el concierto, las luces se reducen, la gente deja de hablar, y el silencio invade el auditorio. Una vez que comienza el concierto, los instrumentos resuenan: las trompetas suenan, los címbalos retiñen, las arpas vibran, las campanas repican, y la audiencia es capturada en el momento. Nuestros corazones se elevan y algunas veces siento como si el oxígeno se hubiera removido de la sala. Estoy hechizado. Al final del concierto, cuando han cesado los aplausos, cierto silencio invade de nuevo el auditorio. Hay un silencio.

Ambos, Handel y Juan usan una sola palabra para terminar sus obras. Aunque es solo una pequeña palabra, es una palabra poderosa, una palabra de confianza, consuelo, y reto, basada en la gracia. Es una expresión que entrelaza rapsodia y silencio. Es una palabra que solo puede ser hablada jubilosamente por aquellos que conocen y obedecen la letra de los cantos del Cordero. Esta es, *¡Amén!*

Notas

Prólogo

1. Ver *Jesus Means Freedom* (Jesus significa libertad), trad. por F. Clarke (Philadelphia: Fortress Press, 1970) 139.
2. Cuando uso un término técnico que pienso que se necesita definir, lo haré así ya sea en el texto, o en una nota de pie de página. Al final del libro hay un glosario que define varios de los términos técnicos.
3. En contraste con J. S. Bell y S. Campbell, *The Complete Idiot's Guide to the Book of Revelation* (La guía completa para idiotas sobre el libro de Apocalipsis) (New York: Alpha, 2001). [Nota de editor: En Estados Unidos de América es común que un autor titule su libro instructivo para una persona indocta en la materia, La guía completa para idiotas sobre… El lector lo toma con una nota de humor y no como insulto.]

Capítulo Uno

1. G. K. Chesterton, *Orthodoxy* (Ortodoxia) (Nueva York: Lane, 1908) 17.
2. M. Strom, *The Symphony of Scripture* (La sinfonía de Escritura) (Downers Grove, IL: InterVarsity, 2001).
3. Herramientas tales como diccionarios bíblicos y enciclopedias, comentarios, y otros estudios especializados, enriquecen nuestro entendimiento de la

Palabra de Dios. Recursos específicos que te ayudarán en tu estudio serán mencionados a través del libro.

4. Estoy muy consciente de que algunos enseñan que Jesús vendrá dos veces, pero este es un escenario desconocido en el Nuevo Testamento. Explicado simplemente, Jesús regresará una vez (Hebreos 9:27-28).
5. *Merriam-Webster's Collegiate Dictionary* (Diccionario colegial de Merriam-Webster) , 11th ed, "letra."
6. El uso de "cordero" es la forma favorita de Juan para simbolizar a Cristo. Es una imagen visual poderosa en Apocalipsis (5:6, 8, 12, 13; 6:1, 16; 7:9, 10, 14, 17; 12:11; 13:8, 11; 14:1, 4 (2 veces), 10; 15:3; 17:14 (2 veces); 19:7, 9 (2 veces); 21:14, 22, 23, 27; 22:1, 3, todas estas referencias a Cristo, con el 13:11 como una excepción, siendo una referencia a una bestia que es una parodia de Cristo, el Cordero). Además, la forma de la palabra para "cordero" posiblemente enfatiza que Juan se está refiriendo a un "pequeño cordero››. Considera la paradoja: Un "pequeño cordero" derrota a un monstruoso Dragón (12:7ss y 20:7-10), y la gente sigue a un "pequeño cordero" (14:4). Otras paradojas incluyen la ira del Cordero (6:16), el Cordero como pastor (7:17), y gente como una ofrenda al Cordero (14:4). El trasfondo del Antiguo Testamento para el término de "cordero" para referirse a Jesús se encuentra tanto en el cordero de la Fiesta de la Pascua como en las profecías mesiánicas concernientes al cordero del sacrificio, descritas en Isaías 53:7ss. En un libro referente al conflicto, en el que los discípulos del Cordero se encuentran al enfrentar al Dragón (Satanás) y a sus aliados, seguramente es paradójico que Jesús es presentado principalmente como un Cordero que ha conquistado la maldad por medio de su autosacrificio.

7. J. B. Phillips, *The Book of Revelation: A New Translation of the Apocalypse* (El libro de Apocalipsis: Una traducción nueva del Apocalipsis) (Londres: Geoffrey Bles, 1957) xiv.
8. Ibíd., xiv-xv.
9. El artículo "Music" (Música) de L. Ryken en el *Dictionary of Biblical Imagery* (Diccionario de imágenes bíblicas) (Downers Grove, IL: InterVarsity, 1998) 576-578, es de especial ayuda.
10. Juan usa algunas veces la palabra "dice" (4:8) en lugar de "canta," (5:9). Los versículos citados sugieren que estos dos verbos son usados intercambiablemente. En consecuencia, la palabra para "hablar" es consistente con "cantar". En ciertos puntos, no hay un verbo introductorio (7:15-17). Los editores de la Nueva Versión Internacional arreglan los pasajes mencionados con sangrías y estancias separadas, subrayando su naturaleza hímnica. Algunos eruditos creen que estos himnos (o porciones de ellos) eran, de hecho, cantados por los primeros cristianos y se volvieron parte de su servicio de adoración. Ver R. P. Martin, *Worship in the Early Church* (Adoración en la iglesia primitiva) (Grand Rapids: Eerdmans, 1974) 42-46. Ver también L. Morris, *The Revelation of St. John* (La Revelación de san Juan) (Grand Rapids: Eerdmans, 1969) 100. Un buen estudio devocional que se enfoca en los cantos del Apocalipsis es el de R. Coleman, *Singing with the Angels* (Cantando con los ángeles) (Grand Rapids: Baker, 1998).
11. Aunque la idea de conocer el trasfondo de la historia de un libro bíblico puede ser nueva para unos lectores, es un elemento de ayuda al estudiar cualquier obra de la Escritura.

12. Ver G. D. Fee, *Listening to the Spirit in the Text* (Escuchando al Espíritu en el texto) (Grand Rapids: Eerdmans, 2000) 14.
13. G. K. Chesterton, *Varied Types* (Tipos variados) (New York: Dodd, Mead, 1908) 126.

Capítulo Dos

1. U. Eco, *The Name of the Rose* (El nombre de la rosa) trad. por W. Weaver (San Diego: Harcourt, 1994) 303.
2. Para una discusión concisa de la batalla para la inclusión del Apocalipsis en el Nuevo Testamento, ver I. Boxall, *Revelation:Vision and Insight* (Apocalipsis: Visión y perspicacia) (London, SPCK, 2002) 146-150.
3. Para un buen estudio panorámico de la relación amor-odio con el Apocalipsis ver C. R. Koester, *Revelation and the End of All Things* (Apocalipsis y el fin de todas cosas) (Grand Rapids: Eerdmans, 2001) 10-26.
4. El escritor se presenta a sí mismo simplemente como Juan en Apocalipsis 1:1, 4, 9 (ver también 22:8). El discutir el complejo tema de autoría, y el asunto de la relación entre el Apocalipsis y los escritos de Juan (El Evangelio y las Epístolas de Juan), no es necesario para lograr nuestro propósito. Aunque yo creo que Juan el apóstol escribió los cinco documentos, F. F. Bruce, nos recuerda que "cualquiera que haya sido el vidente de Patmos, fue considerado como un mensajero apropiado para transmitir las advertencias y exhortaciones del Apocalipsis a la iglesia en Éfeso, y las otras ciudades de Asia." Ver *Peter, Stephen, James, and John* (Pedro, Esteban, Santiago, y Juan) (Grand Rapids: Eerdmans, 1979) 149.
5. Algunos eruditos fechan el libro durante el tiempo de Nerón (a mediados de de la década 60), mientras que otros lo fechan en el reinado de Domiciano, alrededor del 95 o 96 D. C. No existe nada en el libro que

demande una fecha temprana, y no hay evidencia que desacredite el testimonio de los maestros tempranos de la iglesia, que creían que el libro fue escrito a fines del primer siglo. Si quieres ahondar más en el tema, por favor examina los comentarios enlistados al final de mi libro.

6. Para numerosas ilustraciones, ver R. Kyle, *The Last Days Are Here Again: A History of the End Times* (Los últimos días están aquí otra vez: Una historia de los últimos días) (Grand Rapids: Baker, 1998).
7. Una concordancia contiene una lista, en orden alfabético, palabras bíblicas en una versión determinada con su localización y contexto. Existen tres tipos de concordancias: exhaustiva, completa, y analítica. Una concordancia exhaustiva es una lista de todas las palabras en una traducción dada, proveyendo en cada palabra las veces que aparece junto con su contexto, excepto por palabras como artículos ("el"), conjunciones ("y"), etc. Una concordancia completa enlista palabras en una traducción determinada proporcionando en cada palabra una representación (y en ocasiones todos los casos) de ocurrencias en su contexto. Una concordancia analítica va más allá al agrupar las ocurrencias de una palabra bajo la raíz de la palabra en su lenguaje original (hebreo, arameo, y griego), mostrando una o más formas en que la palabra en su lenguaje original es traducida en esa versión. Últimamente, algunos editores han oscurecido algunas de estas distinciones añadiendo material sobre el lenguaje original a las concordancias exhaustivas, a fin de ayudar al lector (por ejemplo. *The Strongest NIV Exhaustive Concordance*. (La concordancia exhaustiva NIV más fuerte) Editada por E. W. Goodrick y J. R. Kohlenberger [Grand Rapids: Zondervan, 2004]).

8. Mateo 24:6, 13 y 14 usan "el fin" para referirse a la destrucción de Jerusalén, un evento que tuvo lugar en el 70 D. C. y que fue el cumplimiento de la promesa hecha en 24:34 en la cual Jesús dijo a sus discípulos del primer siglo que vivirían para ver estos catastróficos eventos ("De cierto os digo, que no pasará esta generación hasta que todo esto acontezca"). Cuando aparece la frase "esta generación" en otras partes del evangelio de Mateo, siempre se refiere a la primera generación de seguidores que vivieron para ver a Jerusalén destruida (11:16; 12:41, 42, 45; 23:36; ver también 12:39; 16:4; 17:17). Nunca se refiere a la generación de discípulos que vivirá justo antes de la venida final de Cristo.
9. *The Oxford English Dictionary* (Diccionario Oxford de inglés), Vol. III (Oxford: Clarendon Press. 1933) 284.
10. La palabra griega *parousia,* que significa "venida," "llegada," o "presencia," con frecuencia se refiere a la venida final de Jesús (1 Tesalonicenses 2:19; 3:13; 4:15; 5:23; 2 Tesalonicenses 2:3; Santiago 5:7; 2 Pedro 1:16; 3:4; y 1 Juan 2:28).
11. Esto sucede aparentemente porque se ha adoptado la definición estrecha del término.
12. Ver A. Köing, *The Eclipse of Christ in Eschatology: Towards a Christ-centered Approach* (El eclipse de Cristo en escatologia: Hacia un método enfocado en Cristo) (Grand Rapids; Eerdmans, 1989).
13. Ver *Salvation in History* (Salvación en la historia), traducido al inglés por S.G. Sowers (New York: Herder & Herder, 1967) 13; y *Christ in Time*, trad. de F. V. Filson (Philadelphia: Westminster, 1950) 17-19, 72, 81-82.
14. Ver *Christ in Time* (Cristo en el tiempo), 84.
15. Cullman, *Salvation in History* (Salvación en la historia), 172. Para un tratamiento exhaustivo de este concepto.

Ver A. J. Conyer *The Eclipse of Heaven* (El eclipse del cielo) (Downers Grove, IL: InterVarsity, 1992).

16. En *Christ in Time* (Cristo a través del tiempo) (87), Cullman afirma: "La esperanza de la victoria final es mucho más vívida a causa de la inconmovible y firme convicción de que la batalla que decide la victoria ya ha tenido lugar". A pesar de tal convicción o esperanza, los autores del Nuevo Testamento no se comprometieron a ningún cronograma. Ellos enfatizaron la urgencia del tiempo en el cual vivieron, sugiriendo que debemos de estar listos en todo tiempo para la venida final de Cristo (1 Tesalonicenses 5:1ss; Hebreos 10:23; 1 Juan 2:18ss).
17. Algunos de los pasajes que yo relaciono con la venida final de Cristo en este punto (por ejemplo, 11:15ss, etc.) pueden parecer cuestionables, pero en el capítulo que trata de la estructura mostraré que en verdad se refieren a su *parousia*.
18. El tema del reino y los cristianos reinando es un tema muy importante (1:9; 5:10; 11:15; 12:10; 16:10; 20:4, 6; 22:5, etc.), tanto como las representaciones de los cristianos como sacerdotes que sirven a Dios (1:6; 5:10; 20:6; ver también 3:12; 7:14; 22:3).
19. La palabra griega es *nikē,* y fuera del Nuevo Testamento se usa para referirse a la diosa romana de las victorias militares. *Nikē* es la diosa alada que enfatiza la visión romana de la victoria y conquista imperial. Es un término cargado de significado político. Juan intrépidamente usa el verbo para describir a Cristo (5:5) y a los cristianos (2:7, 11, 17, etc.). Roma conquistaba por medio de la guerra o muerte; Cristo conquista por medio de un fiel testimonio y al morir una muerte sacrificial. De la misma manera, los cristianos siguen las pisadas de Cristo (12:11; 14:4ss).

20. Yo creo que existen pistas de que el conflicto se intensificará antes de la venida final de Cristo (Apocalipsis 20:7ss). Pero es difícil especular cuándo ocurrirá (o aun si está sucediendo en nuestro tiempo).
21. Eugene Peterson, *Reversed Thunder: The Revelation of John and the Praying Imagination* (Trueno invertido: La revelación de Juan y la imaginación orando) (San Francisco: Harper & Row, 1988) 21.
22. Del griego *protos*, que significa "primero," y *logos*, que significa "palabra."
23. C. G. Rossetti, *The Face of the Deep: A Devotional Commentary on the Apocalypse* (Cara de lo profundo: Un comentario devocional sobre el Apocalipsis) (New York: E. & J. B. Young, 1895) 551.

Capítulo Tres

1. Michal Card, *Unveiled Hope* (Esperanza desvelada) (Franklin, TN: Word Entertainment, 1997).
2. Ver S. Smith and M. Card, *Unvailed Hope: Eternal Encouragement from the Book of Revelation* (Esperanza desvelada: Ánimo eterno del libro de Apocalipsis) (Nashville: Thomas Nelson, 1997) x-xii. Este libro es un ejemplo excelente de aplicación basado en un estudio apropiado.
3. Ibíd., xii.
4. La credibilidad de tal técnica de interpretación es cuestionada por Kyle en *The Last Days Are Here Again: A History of the End Times* (Los últimos días están aquí otra vez: Una historia de los últimos días). Otros recursos de apoyo incluyen: D.J. Lewis, *3 Crucial Questions About the Last Days* (3 preguntas cruciales sobre los últimos días) (Grand Rapids: Baker, 1998); B. R. Rossing, *The Rapture Exposed: The Message of Hope in the Book of Revelation* (El arrebato al descubierto: El mensaje de esperanza en el libro de Apocalipsis)

(Boulder, CO: Westview Press, 2004); T. P. Weber, *On the Road to Armageddon: How Evangelicals Became Israel's Best Friend* (En el camino a Armagedón: La manera en que los evangélicos llegaron a ser el mejor amigo de Israel) (Grand Rapids; Baker Academic, 2004); y D. Wilson, *Armageddon Now* (Armagedón ahora) (Grand Rapids: Baker, 1977).

5. D. T. Niles, *As Seeing the Invisible: A Study of the Book of Revelation* (Como viendo el invisible: Un estudio del libro de Apocalipsis) (New York: Harper and Brothers, 1961) 19.
6. El conflicto entre judíos y cristianos es posiblemente reflejado en la presentación de cristianos como verdaderos judíos en pasajes tales como Apocalipsis 1:6; 7:4ss; 14:1ss; y 21:12. Verdaderamente, no existe una designación asociada a los cristianos en Apocalipsis que no esté también ligada a la descripción del pueblo de Dios en el Antiguo Testamento. Ver D. E. Aune, "St John's Portrait of the Church in the Apocalypse" (El retrato que Juan dibuja de la iglesia en el Apocalipsis) *The Evangelical Quarterly* 38 (1966) 131-149.
7. Evidencia de que la persecución judía continuó hasta el segundo siglo es provista en el relato del martirio de Policarpo (entre el 155 y el 160 d.C.), obispo de Esmirna. Los judíos que vivían en Esmirna unieron fuerzas con los Romanos para oponerse a los cristianos. Para una lectura fascinante, ver "El Martirio de Policarpo" en *The Apostolic Writings: A New Translation and Commentary*, (Las escrituras apostólicas: Una nueva traducción y comentario) 6 tomos editado por R. M. Grant (Camden, NJ: Thomas Nelson, 1967). En la historia sobre la muerte de Policarpo, vemos a los judíos aprobando su castigo porque él rehusó adorar al emperador como a un dios.

8. Consideraremos la respuesta del pueblo Romano en general cuando hablemos de la tentación que los cristianos enfrentaron de conformarse a su cultura.
9. B. Witherington III, *Revelation* (Apocalipsis), The New Cambridge Bible Commentary (Cambridge University Press, 2003) 23ss, representa el consenso de los eruditos. Ver también S. J. Friesen, *Imperial Cults and the Apocalypse of John* (Cultos imperiales y el Apocalipsis de Juan) (Oxford: Oxford University Press, 2001) 122ss.
10. Ver *Roman Civilization Sourcebook II: The Empire* (Tomo II de consulta sobre civilización romana: El imperio), ed. por N. Lewis y M. Reinhold (New York: Harper & Row, 1955) 582-585.
11. La persecución de cristianos por Nerón alrededor del 64 D.C. estuvo limitada a aquellos que vivían en Roma. El historiador romano Suetonio provee información sobre la demanda de Domiciano de que se le llamara "Nuestro Amo y Dios," pero no existe prueba de que los cristianos fueran perseguidos extensivamente durante su reinado por no participar en el culto. Ver J. B. Lightfoot, *The Apostolic Fathers* (Los padres apostólicos) (London: Macmillan, 1890), primera parte, 74ss. La persecución de la iglesia alcanzó su clímax bajo Diocleciano (284-305 D.C.) y no terminó hasta los días de Constantino (306-337 D.C.). Por lo tanto, es mejor llegar a la conclusión de que la persecución había sido o fue, en los días de Juan, a lo más, ocasional y selectiva. En ningún lugar del Apocalipsis revela claramente la realidad de una persecución rampante y sistemática al tiempo de ser escrito. Sin embargo, Juan ve anticipadamente una era en la que la negativa de los cristianos a participar en el culto imperial resultaría en el encarcelamiento romano (3:10a), boicot (13:16-17), y la ejecución de

cristianos (13:10b; ver también 20:4). El problema local en Pérgamo (2:13) prefiguraba la tormenta universal que habría de venir. La persecución sería inevitable, y sería sostenida, sistemática, y amplia. Por supuesto, aun después de los tiempos romanos, esto ha sido el caso a través de la historia hasta nuestro siglo.

12. Está en contraste con las afirmaciones de Domiciano, el emperador que reinó cuando Juan escribió el Apocalipsis (81-96 D.C.). En *Domitian* (Domiciano), XIII, el antiguo historiador romano Suetonio (69-122 D.C.) escribió sobre Domiciano: "Con no menos arrogancia ha comenzado a continuación a producir una carta circular en el nombre de sus procuradores, 'Nuestro Amo y Dios les pide que esto sea hecho.' Así que, de esta manera se implantó la costumbre de dirigirse a él de ninguna otra manera, sino en esta, ya sea por escrito o en conversación." *Suetonio*, vol. 2, Loeb Classical Library (Biblioteca clásica de Loeb). Editado por T. E. Page, et al. y traducido al inglés por J. C. Rolfe.

13. La situación enfrentada por los primeros cristianos no era diferente a la enfrentada por el Israel de la antigüedad, en ambos, el Antiguo Testamento (la influencia de los cananeos, asirios, babilonios, etc.), y en el período inter-testamentario (el período entre el último de los escritos del Antiguo Testamento y la venida de Cristo durante el cual especialmente la influencia griega era una amenaza). La fidelidad a Dios al enfrentar adversarios y culturas atrayentes, fue un sonido de advertencia que se presenta una y otra vez en las Escrituras. Por tanto, no es de sorprender que Juan usa el lenguaje y las imágenes de los escritos del Antiguo Testamento tales como Ezequiel, Isaías, Jeremías, y Daniel para retratar la naturaleza del conflicto y las demandas presentadas al pueblo de

Dios. Este tema será explorado más completamente en el capítulo que trata con las fuentes de Juan.

14. Para un análisis detallado del contexto histórico de cada una de las iglesias, la obra de Colin Hemer es indispensable. Ver *The Letters to the Seven Churches of Asia in Their Local Setting* (Las cartas a las siete iglesias de Asia en su entorno cultural) (Grand Rapids: Eerdmans, 2001).
15. Ibíd, 107-109, 120-121, 127-128.
16. Para una discusión de estos cargos, ver F. F. Bruce, *New Testament History* (Historia del Nuevo Testamento) (Grand Rapids: Eerdmans, 1969) 378ss.
17. Escribiendo sobre la agresión romana, W. C. Frend observa que "Persecución… es la otra cara de agresión, el resultado inevitable del verdadero espíritu misionero; los dos están ligados como acción y reacción". Ver *Martyrdom and Persecution in the Early Church: A Study of a Conflict from the Maccabees to Donatus* (Martirio y persecución en la iglesia primitiva: Un estudio de conflicto de los Macabeos a Donato) (New York: Anchor Books, 1967) 20.
18. 29 de agosto, 2005.
19. G. Theissen, *The Shadow of the Galilean, The Quest of the Historical Jesus in Narrative Form* (La sombra del galileo: La búsqueda del Jesús histórico en forma narrativa), trad. por J. Bowden al inglés (Philadelphia, Fortress Press, 1987) 8.
20. H. B. Swete. *The Apocalypse of St. John* (El apocalipsis de San Juan) (Grand Rapids: Eerdmans, 1908) 158.

Capítulo Cuatro

1. Debemos de ser precavidos para evitar un peligro cuando hablamos de "la Biblia". Al referirme a ella de esta manera no quiero decir que los sesenta y seis libros que se encuentran en el volumen son todos

iguales. Como se observó anteriormente, encontramos una variedad de géneros literarios. Es como si compráramos una colección de las mejores cuentos cortos escritos en un determinado año. Al abrir el volumen, bien podremos encontrar una variedad de géneros desde ciencia ficción, historias del oeste, historias de misterio, hasta romance.

2. Ver *The Modern Preacher and the Ancient Text: Interpreting and Preaching Biblical Literature* (El predicadormodernoyeltextoantiguo:Lainterpretación y la predicación de la literatura Bíblica) (Grand Rapids: Eerdmans, 1988) 17. Otros dos libros muy útiles que tratan de los principios de interpretación de diversos géneros literarios son G. D. Fee and D. Stuart, *How to Read the Bible for All Its Worth* (Cómo leer la Biblia por todo su valor), 3ª edición (Grand Rapids: Zondervan, 2003); y D. B. Sandy y R. L. Giese, Jr., *Cracking Old Testament Codes: A Guide to Interpreting the Literary Genres of the Old Testament* (Descifrar los códigos del Antiguo Testamento: Una guia para interpretar los géneros literarios del Antiguo Testamento) (Nashville: Broadman & Holman, 1995).
3. Yo trato con el género de profecía primero porque el libro es más claramente identificado con ese género que con los escritos considerados apocalípticos o epistolares. Como se señaló anteriormente, Juan se identifica a sí mismo como profeta y su obra como una profecía. Como mostré en este capítulo, la profecía y lo apocalíptico se relacionan. Es claro que el libro debe de verse como una carta en el 1:4, y, aun así, las características de una carta no reaparecen hasta el 22:21. Es una carta, pero un tipo diferente de carta, cuando se le compara a las escritas por Pablo y otros.

4. En *Plowshares and Pruning Hooks: Rethinking the Language of Biblical Prophecy and Apocalyptic* (Rejas de arado y hoces: Repensando el lenguaje bíblica de profecía y apocalíptico) (Downers Grove, IL: InterVarsity, 2002) 130ss, D. B. Sandy argumenta que la predicción es la característica menos prominente de la literatura profética y que el énfasis es acusación y persuasión. En lo relativo a persuasión, los profetas se dieron cuenta de que su función clave era la de aplicar el pacto histórico entre Dios y los Israelitas. La otra función clave de los profetas era la de despertar al pueblo de Dios de su autosuficiencia, y reorientar su cosmovisión a fin de aparejarla con la de Dios. Referente a la predicción, el señala que "su función era la de hacer la acusación y persuasión más convincente" (ver página 131). Para un estudio del carácter exhortativo de las promesas y las afirmaciones que encontramos en los escritos proféticos, ver C. Westermann, *Basic Forms of Prophetic Speech* (Formas básicas de habla profética), traducida por H. White al inglés (Louisville, KY: John Knox/Westminster, 1991).
5. Ver también G. V. Smith, *The Prophets as Preachers: An Introduction to Hebrew Prophets* (Las profetas como predicadores: Una introducción a los profetas hebreos)(Nashville: Broadman and Holman, 1994) 14, quien observa: "Antes de que un profeta pueda comunicar la manera de vivir de acuerdo a Dios, Dios debe de revelar conocimiento sobre sus planes para un grupo de gente y mandar a un profeta a entregar dicho mensaje".
6. J. P. M. Sweet expresa bien el asunto: "Un profeta en el sentido bíblico no es solamente alguien que predice el futuro, sino alguien que ve más allá de las realidades que se existen más allá de las apariencias de este mundo, y las presenta, con las consecuencias que él ve,

a fin de que la gente pueda actuar consecuentemente... Apocalipsis descubre la dimensión faltante, a fin de que el cristiano pueda actuar de acuerdo con la voluntad de Dios, que no podían ver, en lugar de la del César, que sí podían ver, a fin de que cualquiera que fuera el costo, ellos pudieran poner el destino eterno antes que la aparente seguridad y prosperidad del presente." Ver su *Revelation* (Apocalipsis), ed. rev. TPI New Testament Commentaries (Philadelphia: Trinity Press International, 1990) 2.

7. La palabra significa "una develación", o "una apertura."
8. Existen porciones de Ezequiel y Daniel que son consideradas apocalípticas. Obras apocalípticas que no encontramos en la Biblia, pero que fueron escritas por judíos que batallaban para explicar los tiempos difíciles que habían venido sobre el pueblo de Dios, incluyen: 2 Baruc, el Apocalipsis de Abraḥam, 1 Enoc, y el Cuarto Libro de Esdras (que en realidad corresponde a los capítulos 3-14 dentro de 2 Esdras en la Apócrifa del Antiguo Testamento). Los libros no-bíblicos fueron escritos en algún tiempo entre el segundo siglo A.C. al segundo siglo D.C.
9. Juan muestra aprecio por las metáforas (Apocalipsis 1:17-18; 5:5; etc.), "una figura de lenguaje en la cual un aspecto de una cosa es señalado al compararlo implícitamente con algo más o simplemente identificándose con la cosa a la que se le compara," M. S. DeMoss, *Pocket Dictionary for the Study of the New Testament Greek* (Diccionario de bolsillo para el estudio del griego del Nuevo Testamento) (Downers Grove: IL: InterVarsity, 2001) 84. Encontramos también símiles a través de todo el libro (Apocalipsis 1:15; 21:18; etc.) Un símil es "una comparación de dos

cosas básicamente diferentes frecuentemente usando las palabras *parecido* o *como*." Ibíd, 113.

10. G. R. Beasley-Murray nos ofrece una analogía concerniente al uso de simbolismo en las obras apocalípticas: "El paralelo moderno más cercano a este modo de comunicación es la caricatura política, la cual ha ganado un lugar establecido en la prensa popular en todo el mundo. El propósito de la caricatura es el de encarnar un mensaje relacionado a una situación contemporánea, ya sea de importancia local, nacional, o internacional. Muchos de los símbolos empleados por los caricaturistas son estereotipos (como John Bull y el Tío Sam). Frecuentemente las situaciones retratadas son deliberadamente exageradas, y aun grotescas, a fin de que el mensaje sea claro. Pero nadie se queja, a excepción de la gente representada". *The Book of Revelation* (El libro de Apocalipsis), edición revisada, The New Century Bible (Greenwood, S.C.: The Attic Press, 1978) 16-17.
11. Es inconcebible para mí que un ciudadano romano que no fuera cristiano pudiera haber fallado en ver a Roma descrita en pasajes tales como Apocalipsis 17-18.
12. H. H. Rowley, *The Relevance of Apocalyptic* (La relevancia de lo apocalíptico) (Greenwood, S.C.: Attic Press, 1980) 15-43.
13. Ver Hemer, *The Letters to the Seven Churches of Asia in Their Local Setting* (Las cartas a las siete iglesias de Asia en su entorno cultural), 14-15; y W. Ramsey, *The Letters to the Seven Churches of Asia* (Las cartas a las siete iglesias de Asia) (London: Hodder and Stoughton, 1904) 171-196.
14. Similares a algunas de las cartas de Pablo (por ejemplo, 1 Tesalonicenses 5:12ss y 2 Timoteo 4:9ss), Juan tiene una extendida conclusión (22:8ss). Hablando

apropiadamente, es obvio que los capítulos 2 y 3 no son siete cartas, ya que no contienen las características epistolares que vemos en otros lugares del Nuevo Testamento. Estos son mensajes de Cristo a las siete congregaciones.

15. Aun y cuando una iglesia es puesta aparte al comienzo de cada mensaje, encontramos una exhortación común cerca del final de cada mensaje, en Apocalipsis 2-3, la cual se dirige a todas las congregaciones: "oiga lo que el Espíritu dice a las iglesias". El repetido llamado provee apoyo adicional a la idea de que el mensaje del libro debe de tener una audiencia más amplia. Muchos académicos han señalado que el número siete probablemente denota totalidad o algo que está completo. De acuerdo a esto, el libro está dirigido en última instancia a la iglesia donde quiera que se encuentre.
16. Ver W. G. Doty, *Letters in Primitive Christianity: Guides to Biblical Scholarship* (Cartas del cristianismo primitivo: Guías a erudición bíblica) (Philadelphia: Fortress Press, 1973) 31-33, 45.
17. Hace cerca de un siglo, Swete observó: "El Apocalipsis de Juan es la carta de un exiliado profeta a las congregaciones a las cuales él ministraba. Él escribe bajo la convicción de que tiene un mensaje para ellos del Supremo Profeta y Pastor de la iglesia y su propósito primario es el de entregar este mensaje. Ha venido a él en la forma de revelación y bajo la forma de una sucesión de visiones, y él la entrega tal y como le fue dada; su carta consiste solamente de visiones y revelaciones del Señor, las cuales no solo se le ha permitido presenciar, sino también se le encomienda a transmitir... Esta es un genuino resultado de ese tiempo, escrito con un panorama de las necesidades

especiales de la vida en esas sociedades, y ministra a sus necesidades espirituales. En forma, es una epístola, que contiene una profecía apocalíptica; en espíritu y propósito interno, es pastoral." Ver *The Apocalypse of St. John* (El apocalipsis de San Juan), xciv.

18. Para una evaluación de los métodos de Juan, ver P.S. Minear *I Saw a New Earth: An Introduction to the Visions of the Apocalypse* (Yo vi una nueva tierra: Una introducción a las visiones del Apocalipsis) (Washington, D.C.: Corpus Books, 1968) 213-227.
19. He encontrado de ayuda el leer a través del libro entero y subrayar en color los pasajes que revelan las estrategias que Juan adopta para enfatizar consuelo o reto. Quizá se pueda usar un color para enfatizar mandamientos, otro para nombres, etc. Cuando se hace esto, la preocupación de Juan de guiarnos se hace más aparente.
20. Este término enfatiza la santidad del pueblo de Dios y su relación especial con él. Por otro lado, es importante que la designación favorita de Juan para aquellos que no son santos se encuentra en la frase que se traduce como "los moradores de la tierra" o similar (3:10; 6:10; 8:13; 11:10 (2 veces); 13:8, 12, 14 (2 veces); 17:2, 8). Estos individuos son leales a las fuerzas del mal porque su enfoque es el vivir en la tierra, buscando obtener lo más posible de esta vida. Los cristianos, por otra parte, son aquellos interesados en la santidad y la fidelidad a Dios.
21. Ver nota 36.
22. El término "bienaventuranza" se deriva del Latín y significa "bendición," refiriéndose a aquellos que están en una buena relación con Dios y experimentan tales bendiciones como perdón, el amor, y el favor de Dios.
23. Según la traducción que uno lee, los que reinan con Cristo pueden ser, en una interpretación, los mártires

que no adoraron a la bestia y no recibieron su marca (*RVR60, NVI*), o bien, son tres grupos: los mártires, los que no adoraron a la bestia y los que no recibieron su marca (*LBLA*).

24. Minear observa: "De hecho, el profeta busca producir ciertos cambios en las actitudes y acciones de su audiencia, y uno de estos cambios era el reemplazar el terror por valor al encarar la persecución. Pero cuando uno aísla las secciones exhortarorios de este libro, y analiza la naturaleza de estas secciones, nos impresiona la diversidad de condiciones externas, la variedad de la respuesta cristiana, y la forma variada del propósito del autor. Es claro que el documento nunca hubiera sido escrito aparte del deseo de Juan de producir cambios en pensamiento y conducta. Es verdad que ninguna visión es entendible aparte de este deseo, y que el recapturar su propósito es esencial en cada esfuerzo del estudiante". *I Saw a New Earth* (Yo vi una nueva tierra), 213-214. La palabra "exhortatorio" se refiere a aquellos pasajes que exhortan o urgen.

Capítulo Cinco

1. *Merriam-Webster's Collegiate Dictionary* (Diccionario colegial de Merriam-Webster), 11th ed. s. v. "musa."
2. Ibíd.
3. Ibíd.
4. Ver las notas de M. Steinberg en *El Mesías* por Handel ejecutado por The Robert Shaw Chorale & Orchestra (Broadway, New York: BMC Music, 2004) 7ss de las notas lineares.
5. Un libreto es el "texto o letra de una obra del género lírico, como una ópera o una zarzuela". Diccionario en línea, Real Academia Española (dle.rae.es).

6. Un recitativo es una narrativa en canto que describe alguna acción, pensamiento, o emoción.
7. El número que antecede a cada cita representa la recitación a la que se hace referencia.
8. D. Guthrie, *New Testament Introduction* (Introducción al Nuevo Testamento), 4ª ed. (Downers Grove, IL, InterVarsity, 1990) 966.
9. DeMoss ofrece la siguiente definición de alusión: "Una referencia indirecta, imprecisa, o pasajera, en la cual una correspondencia verbal a la fuente del texto es relativamente remota. Una cita o referencia, por otra parte, contiene una porción del texto fuente que es obvia, y normalmente, relativamente más larga. También llamada eco. Ver *Pocket Dictionary for the Study of New Testament Greek* (Diccionario de bolsillo para el estudio del griego del nuevo Testamento), 17. En contraste con la manera en que muchas de las citas directas son presentadas en otros escritos del Nuevo Testamento, una alusión no es introducida por una fórmula que estipula claramente que una porción en particular de la Escritura está siendo citada, Por ejemplo, en su Evangelio, Juan usa una fórmula como la de 2:17 "Entonces se acordaron sus discípulos que está escrito..." y es seguida por una cita del Salmo 69:9, "El celo de tu casa me consume". Ver también Juan 6:31, 45; 10:34; 12:14-15; 15:25; 19:36-37. Esta fórmula y otras similares nunca son encontradas en el Apocalipsis.
10. Es interesante notar que en este mismo pasaje encontramos la siguiente declaración: "Vosotros visteis lo que hice a los egipcios, y cómo os tomé sobre alas de águilas, y os he traído a mi". Nos recuerda la escena en Apocalipsis 12:13ss, donde la mujer (es decir, un símbolo para el pueblo de Dios que sigue a Jesús; ver Apocalipsis 12:17) es perseguida por el dragón (es

decir, Satanás; ver 12:9), y Dios libera a los seguidores de Jesús, tal y como liberó al antiguo Israel: " Y se le dieron a la mujer las dos alas de la gran águila, para que volase de delante de la serpiente al desierto, a su lugar, donde es sustentada por un tiempo, y tiempos, y la mitad de un tiempo" (Apocalipsis 12:14). Note que la frase "por tiempo, tiempos, y la mitad de un tiempo" es también una alusión al Antiguo Testamento (ver Daniel 7:25; Apocalipsis 11:2, 6; 12:14). El resultado es que Juan combina alusiones al Éxodo y Daniel en el mismo versículo, y en ambas situaciones, el común denominador es que el pueblo de Dios está siendo oprimido no por Egipto, Babilonia, o algún otro poder terrenal, sino en última instancia por Satanás.

11. 1 Pedro 5:13 usa la imagen de "Babilonia" para describir a Roma. Existen varios puntos de contacto entre 1 Pedro y Apocalipsis. En primer lugar, ambos documentos están dirigidos a cristianos que viven en Asia Menor (1 Pedro 1:1; Apocalipsis 1:4). En segundo lugar, ambos están escritos a cristianos que están sufriendo por Cristo (1 Pedro 4:13; 5:1; Apocalipsis 1:9). En tercer lugar, ambos autores proveen guía sobre cómo ser fieles a Jesús en tiempos difíciles.
12. Y aun así, el número diez, cuando se asocia con palabras diferentes a "día" es usado en el Antiguo Testamento para referirse a prueba (por ejemplo, Génesis 24:55; 31:7, 41; las diez plagas del Éxodo; y Números 14:22; Job 19:2-3. Ver también Apocalipsis 12:3; 13:1; 17:3, 7, 12, 16 en los cuales el número diez se basa en Daniel 7:1ss).
13. Pablo también usa tipología (Romanos 5:14; 1 Corintios 10:1ss) así como lo hace también el autor de Hebreos de una manera extensiva.

14. Encontramos también referencias al Éxodo en lugares donde Juan aparentemente, al ver el tabernáculo celestial, menciona artículos asociados con el tabernáculo (y posteriormente el Templo), esto es, los candelabros de oro (1:12; Éxodo 25), el maná escondido (2:17; Éxodo 16), el altar del incienso (8:3-5; Éxodo 3), el lugar santísimo (11:1; 15:8; Éxodo 19), y el arca del pacto (11:19; Éxodo 9).
15. Peterson, *Reversed Thunder* (Trueno inverso), 144.
16. Ver la nota 7, cap. 2, para una discusión de concordancias disponibles para el estudio bíblico.
17. Ver "Apéndice A: Alusiones al Antiguo Testamento en el Apocalipsis".
18. Algunos de los mejores programas electrónicos para el estudio bíblico, y recursos actuales son producidos por Logos Bible Software de Bellingham, Washington, el más grande productor mundial de software bíblico. Logos Bible Software puede hallarse en **es.logos.com.**
19. *The Book of Revelation* (El libro de Apocalipsis; descargable en https://docer.com.ar/doc/sexsevs) para un panorama y virtualmente cada página donde Beale comenta en versículos individuales. Un comentario que es sensitivo al uso que Juan hace del Antiguo Testamento y que no es tan técnico como el de Beale es *The Message of Revelation* (El mensaje de Apocalipsis) de M. Wilcock (Downers Grove, IL: InterVarsity, 1975).
20. Las guías de estudio para interpretar símbolos serán presentadas en el siguiente capítulo, y estas también ayudarán a evaluar la manera en que Juan usa el Antiguo Testamento.

Capítulo Seis

1. Ver *The Book of the American Negro Spirituals* (El libro de cantos espirituales de los Negros americanos)

de J. W. Johnson (Cambridge, MA: De Capo Press, 2002). Puedes encontrar ejemplos y más información buscando en internet bajo "Cantos espirituales negros".

2. Para un útil resumen de la manera en que el Apocalipsis es citado o aludido en himnos, ver *Revelation and the End of All Things* (Apocalipsis y el fin de toda cosa), de Koester, 31-38.
3. Uno de los libros más importantes que he leído en este tema es *Plowshares and Pruning Hooks* (Rejas de arado y hoces) de Sandy.
4. Ver *Breaking the Code: Understanding the Book of Revelation* (Nashville: Abingdon, 1993) 26. Anteriormente en el libro (ver pág. 11) Metzger observa: "El libro de Apocalipsis es único al dirigirse principalmente a nuestra imaginación; no, sin embargo, a una imaginación desbordada, sino a una disciplinada imaginación. Este libro contiene una serie de retratos en palabras, como si un número de imágenes fueran proyectadas en una gran pantalla. Al mirar nos permitimos ser transportados por las impresiones creadas por estos retratos. Muchos de los detalles de estas imágenes están diseñadas para contribuir a la impresión total y no deben de ser aisladas e interpretadas con un burdo literalismo."
5. No obedecemos predicciones, sino que obedecemos la Palabra y la voluntad de Dios, si deseamos ser fieles a Dios.
6. El verbo es usado en Juan 18:32 (similarmente a 12:33) y 21:19. En este último pasaje, Juan se refiere al tipo de muerte que Pedro había de sufrir.
7. Encontramos símbolos en el uso que Juan hace de números, colores, animales, muebles, instrumentos musicales, joyas, etc.

8. Wilcock, *The Message of Revelation* (El mensaje de Apocalipsis), 24-25.
9. Donde Pedro habla del diablo rondando alrededor como un león rugiente, buscando por alguien a quien devorar (1 Pedro 5:8), Juan habla de Satanás como un dragon, que ruge y merodea en los alrededores.
10. Si Pablo está describiendo en 2 Corintios 12:1ss una experiencia que tuvo, es irónico que oyó cosas que no se podían decir (12:4), pero Juan pudo decir lo que vio en la suya.
11. Por supuesto, tal conocimiento es requerido para estudiar cualquier libro de la Biblia.
12. Muchos académicos argumentan que Juan no escuchó o vio realmente lo que registró. El libro, según dicen, es un producto de su propia fértil imaginación. Al contrario, D. S. Russell observa: "Todas estas experiencias son tan verdaderas psicológicamente que es difícil ver en ellas solamente la expresión de convenciones literarias; su misma naturaleza argumenta fuertemente que estas reflejan las experiencias reales de los escritores apocalípticos mismos." *The Method and Message of Jewish Apocalyptic* (El método y mensaje del apocalíptico judío) (Philadelphia: Westminster, 1964) 165-166.
13. 1:10, 14 (3 veces), 15 (2 veces), 16, 17; 2:18, 24, 27, 28; 3:3, 21; 4:1, 6, 7; 5:6; 6:1, 6, 11, 12 (2 veces), 13, 14; 8:1, 8, 10; 9:2, 3, 5, 7 (2 veces), 8 (2 veces), 9 (2 veces), 17; 10:1 (2 veces), 3, 7, 9, 10; 12:15; 13:2 (2 veces), 3, 11; 14:2 (3 veces), 3; 15:2; 16:3, 13, 15, 21; 17:12; 18:6, 21; 19:1, 6 (3 veces), 12; 20:8; 21:2, 11, 21; 22:1, 12.
14. *Diccionario de la lengua española en línea* de la Real Academia Española (dle.rae.es). Por favor recuerda que los diccionarios en español usualmente no ayudan a definir muy precisamente términos de la Biblia. Lo

uso aquí porque el significado de "puerta" trasciende el tiempo.

15. "Llave" es un símbolo para poder (Isaías 22:22; ver también Apocalipsis 1:18; 9:1; 20:1 donde llaves transmiten el mismo significado).
16. Una interpretación popular de este versículo es que debe de ligarse con la manera en que Pablo usa la imagen de "puerta" en Colosenses 4:3. En ese versículo es un símbolo para una oportunidad para compartir el evangelio. Si este es el significado, los cristianos en Filadelfia son retados por Jesús a evangelizar. Pero el contexto de Juan no apoya esta interpretación. Debemos de tener cuidado de imponer el significado de una palabra usada por Pablo. Debemos dejar que Juan defina esa palabra. El imponer un significado asignado por Pablo entra en conflicto con la forma en que Juan usa la palabra en Apocalipsis. Ver J. R. W. Stott, *What Christ Thinks of the Church* (Qué piensa Cristo de la iglesia) (Wheaton: Harold Shaw, 1990) 96ss, que ve la puerta como un símbolo para la oportunidad evangelística.
17. Con frecuencia este versículo se toma fuera de contexto y el llamado de Cristo es dirigido hacia la persona que necesita hacerse cristiano. El contexto claramente muestra que este llamado está dirigido a aquellos que ya afirman ser seguidores de Cristo, en este caso, los miembros de una comunidad cristiana en Laodicea.
18. El número "siete" no tiene que ser explícitamente mencionado. Por ejemplo, en Apocalipsis varias veces tenemos grupos de siete atributos asociados con Cristo ("poder y riquezas y sabiduría y fuerza y honor y gloria y alabanza" en 5:12), siete partes de la creación ("un gran terremoto… el sol… la luna… las estrellas… el cielo…todo monte y toda isla" en 6:12-14) y las siete divisiones de la humanidad ("los reyes de la tierra, y

los grandes, los ricos, los capitanes, los poderosos, y todo siervo y todo libre" en 6:15).

19. Contrario a la opinión popular, de acuerdo a la Escritura siete no es "el número perfecto." Tampoco está asociado siempre con lo bueno. Como lo anterior ilustra, siete con frecuencia es asociado con maldad en el libro de Apocalipsis (ver 11:13; 13:1; 17:3, 7, 9, 10, 11).
20. Los comentarios y otros estudios especiales listados al final de este libro serán de ayuda al estudiante de la Biblia al estudiar los símbolos. Es crítico que el estudiante haga primero un estudio personal, y solo después de hacerlo, consulte estos libros y otros para corroborar sus conclusiones. En una nota personal, si alguien tiene el deseo de ver como he interpretado muchos de los símbolos, las notas en Apocalipsis en la *Biblia de estudio búsqueda* reflejan mi estudio.
21. R. Lowery, "Christmas on Patmos," (Navidad en Patmos) *The Christian Standard* (El estándar cristiano) (19 de diciembre de 2004) 14-15.
22. Ver Isaías 7:14; 26:17–27:1; 60:19-20; 61:10; y 62:3, 5 para las alusiones encontradas en 12:1. Ver Jeremías 4:3; Isaías 26:16-17; 52:2; 54:1-6; 61:10; 62:1-5; Miqueas 4:9-10; 5:3; y Oseas 13:13 para las alusiones encontradas en 12:2. Ver Isaías 7:10, 14 para ambos versículos.
23. Ver Salmos 7:13-14; 89:10; Isaías 27:1; 30:7; 51:9; Ezequiel 29:3; 32:2-3; Daniel 7:7, 24; 8:10, y Habacuc 3:8-15.
24. Además de los comentarios y estudios especiales en Apocalipsis listados en la bibliografía, dos herramientas indispensables son el *Gran diccionario enciclopédico de imágenes y símbolos de la Biblia*, editado por L. Ryken y la obra de Sandy.

25. Ver Apéndice B: Una clave para símbolos seleccionados en Apocalipsis.
26. Fee nos recuerda que "La Palabra de Dios está íntimamente ligada a la intencionalidad del divinamente inspirado autor... los autores son intencionales, y ese significado reside en última instancia en su intención... Y ya que la mayoría de los autores tienen egos que son por lo menos normales, no toman muy amablemente el ser mal citados, malinterpretados o tergiversados, y todo lo anterior a la luz de lo que ellos entienden de haber sido su propia intencionalidad." Ver *Listening to the Spirit in the Text* (Escuchando al espíritu en el texto), 9-10.
27. Numerosos académicos también intentan trazar el uso de una palabra fuera de la Escritura en la literatura griega y hebrea, por ejemplo en las obras apocalípticas no bíblicas como 2 Esdras. Esto puede ser de ayuda, pero a mí me parece que la Escritura parece ser el mejor lugar para empezar ya que podemos asumir que es lo que los primeros creyentes hubieran usado. Sin embargo, el uso de escritos extrabíblicos puede enriquecer nuestro entendimiento de cómo un símbolo fue usado de maneras similar o diferente.
28. No debe de sorprendernos que Satanás y sus aliados usen parodia (ver 2 Corintios 11:14, donde Pablo enfatiza que Satanás se disfraza como un ángel de luz). La parodia es una de las mejores tácticas que Satanás y sus aliados usan para engañar, y el engaño está, quizá, en el centro de la maldad (Apocalipsis 12:9; 13:14; 18:23; 19:20; 20:3, 8, 10).
29. "Dragon" puede referirse a cualquiera de cierto número de monstruos terrestres y marinas. No se refiere al gran reptil volador que lanza fuegos de las leyendas occidentales. Una palabra hebrea es a veces traducida

"monstruo marino" o "criatura marina" (Job 7:12; Salmo 74:13; 148:7; Isaías 27:1), La misma palabra que es traducida "monstruo" en otros lados probablemente significa "cocodrilo" (Isaias 51:9; Ezequiel 29:3; 32:2). En Apocalipsis "el dragón" es claramente un símbolo para Satanás (12:3ss; 13:2, 4, 11; 16:13; 20:2).

30. Contrario al punto de vista popular, yo creo que los símbolos de la Nueva Jerusalén y la novia son sinónimos. Note que en 21:9 se hace la promesa de revelar la novia a Juan, un símbolo para el pueblo de Dios. En los versículos siguientes, en lugar de describir a la novia. Juan describe la ciudad. Ambos símbolos expresan una idea central sobre la intimidad entre Dios y su pueblo (21:3).

31. La conclusión de Hanns Lilje es de ayuda: "En los innumerables ejércitos de las multitudes celestiales siempre existe en todo tiempo un ángel que conecta directamente una iglesia en particular con el trono de Dios. Cada una de las iglesias en la tierra, en su tristeza, tribulación, lucha, y tragedia tiene su propio representante celestial. A él se dirige el mensaje, y en él, a la congregación entera, así como, una vez más, en el mensaje a cada una de las iglesias, el mensaje es dirigido también a la iglesia universal. Pues esta es una de las más intrépidas ideas de la iglesia primitiva, que cada iglesia local representa a la totalidad de la iglesia, tal y como en verdad la palabra griega para "iglesia" es la misma usada para el cuerpo local en cualquier lugar determinado". ¡Qué palabra de consuelo nos provee Lilje! Ver *The Last Book of the Bible* (El último libro de la Biblia), 4ta. ed. trad. por O. Wyon (Philadelphia: Muhlenberg Press, 1957) 64-65.

32. Los comentarios recomendados al final de este libro son especialmente útiles en determinar posibles significados de los símbolos. Ver Apéndice C.

33. Para ilustrar que los símbolos no están restringidos a un tiempo en particular, yo frecuentemente he hecho que los estudiantes lean a través del Apocalipsis y categoricen las imágenes bajo ciertos temas como vestuario, riqueza, sexo, discurso, clima, etc. Estos son temas importantes en cualquier cultura, y estudiar los símbolos asociados con ellos nos ilumina.
34. *The Book of Revelation: A New Translation of the Apocalypse* (El libro de Apocalipsis: Una traducción nueva del apocalipsis), ix.

Capítulo Siete

1. *More Than Conquerors* (Más que conquistadores) (Grand Rapids: Baker, 1939). [Nota del editor: Lamentablemente este título no está disponible en español].
2. *The Revelation of St. John* (La revelación de San Juan) Black's New Testament Commentary (El comentario del Nuevo Testamento de Black) (Peabody. MA: Hendriksen, 1966).
3. Ibíd, 106.
4. Ver *The Quest Study Bible* (Biblia de estudio La búsqueda), ed. rev. (Grand Rapids: Zondervan, 2004) 1779. No hay mención de las siete copas en este comentario porque se me pidió hacer un comentario de Apocalipsis 5-10. Hoy, yo añadiría que las siete copas enfatizan la totalidad del juicio de Dios. Mientras que los sellos enfatizaban una cuarta parte, y las trompetas una tercera parte, existe un énfasis en el "todo" con las copas en Apocalipsis 16:1ss. En otras palabras, las copas enfatizan el mismo mensaje que los sellos, trompetas y los truenos: Dios va a juzgar al mundo, pero con las copas, llegamos no solo al fin del mundo, sino al fin del libro, y de esta manera Juan enfatiza el

juicio total del pecado y de los malos. Observaciones adicionales sobre esto se encuentran más adelante en el capítulo.

5. Victorino es uno de los primeros académicos conocidos que sugiere que Juan no da una presentación lineal en una secuencia de eventos sino más bien una serie de repetidas presentaciones del conflicto (es decir, recapitulación, en la cual hay repetición y resolución del conflicto). Para aquellos que se alinean con las fuerzas del mal, el juicio les espera; para los buenos, la recompensa. Específicamente, él propone que los siete cálices de 15:1–16:21 no siguen en secuencia a las siete trompetas (8:2–11:18) como parte de una serie continua. En lugar de esto, las trompetas y las copas son relatos paralelos o recapitulaciones del mismo evento. Ver *Commentary on the Apocalypse* (Comentario sobre el apocalipsis) 8:1-2, como es citado por W. C. Weinrich, ed., *Revelation, New Testament XII, Ancient Christian Commentary on Scripture* (Apocalipsis, Nuevo Testamento XII, Comentario antiguo sobre Escritura) (Downers Grove, IL: InterVarsity, 2005) 121; ver también p. xx. Un teólogo laico y estudiante de la Escritura de África del Norte, Ticonio (A.D. 370-390), argumenta también en favor de recapitulación (ibíd, xxiii en adelante). Agustín de Hipona (finado 430), quien fue influenciado por Ticonio, tomó un punto de vista similar (ibíd. xxiv).

6. Una obra que compara varios puntos de vista para entender la estructura y mensaje del Apocalipsis es S. Gregg, ed., *Revelation: Four Views, a Parallel Commentary* (Apocalipsis: Cuatro vistas, un comentario paralelo) (Nashville: Thomas Nelson, 1997).

7. E.F. Scott observó que un lógicamente perfecto Apocalipsis sería nada menos que una contradicción

de términos (*The Book of Revelation* (El libro del Apocalipsis) [New York: Charles Scribner's Sons, 1940] 26). Por siglos, los académicos han tratado de desenmarañar la estructura intrincada del escrito de Juan. Los esfuerzos revelan que ninguna propuesta responde a todas las preguntas y es capaz de exponer el libro en una forma clara y ordenada. Para ponerlo de una manera brutalmente franca, ningún esquema que intenta organizar el Apocalipsis está libre de dificultades. Yo creo que siempre habrá cabos sueltos en nuestro análisis de su estructura. Pero entonces, yo creo que este es el caso en cada libro de la Biblia. En vista de estas precauciones, este capítulo será especialmente demandante. No pretendo haber resuelto todos los problemas, pero creo que el esquema propuesto, aunque no es nuevo, es uno del que todo estudiante del libro debe de estar consciente.

8. Dos Biblias de Estudio populares toman un punto de vista cronológico: C.I. Scofield, *The Scofield Reference Bible* (Biblia de estudio Scofield) (New York: Oxford University Press, 1945), y C.C. Ryrie, *The Ryrie Study Bible: The New American Standard Bible Translation* (Biblia de estudio Ryrie: Nueva Biblia de las Américas) (Chicago: Moody Press, 1976). Ver también de J. Walvoord, *The Revelation of Jesus Christ* (La revelación de Jesucristo) (Chicago: Moody, 1966).
9. Para encontrar representantes de éste punto de vista, *The Book of Revelation* (El libro de Apocalipsis) de Beale y *The Message of Revelation* (El mensaje de Apocalipsis) de Wilcock.

10. Grupo Nelson, *Nuevo Diccionario Ilustrado de la Biblia*, 1998, ver "Poesía".
11. Ver A.A. Di Lella, *The Book of Daniel* (El libro de Daniel), The Anchor Bible (Garden City, NY: Doubleday, 1978) 208ss, y J.E. Goldingay, *Daniel* (Daniel), Word Biblical Commentary (Dallas: Word Books, 1989) 322ss.
12. Ver D.I. Block, *The Book of Ezekiel* (El libro de Ezequiel), The New International Commentary on the Old Testament (Grand Rapids: Eerdmans, 1997) 24ff, y J.W. Wevers, *Ezekiel* (Ezequiel), The New Century Bible Commentary (Grand Rapids: Eerdmans, 1982) 133.
13. La lista no es exhaustiva. Descubrirás repeticiones adicionales al estudiar el libro más profundamente. Por supuesto, una concordancia exhaustiva o una computadora con capacidades de búsqueda bíblica son indispensables para trazar las palabras y frases que son repetidas.
14. DeMoss, *Pocket Dictionary for the Study of New Testament Greek* (Diccionario de bolsillo para el estudio del griego del Nuevo Testamento), 29.
15. Ver M.W.G. Stibbe, *John's Gospel* (El evangelio de Juan) (London and New York: Routledge Press, 1994), y P.F. Ellis, "*Inclusio,* Chiasm, and the Division of the Fourth Gospel," ("*Inclusio,* chiasmo y la división del cuarto Evangelio") *St. Vladimir's Theological Quarterly* (Trimestral teológico de Vladimir) 43 (1999) 269-309.
16. B.D. Johnson, "The Disciple Who Follows: An *Inclusio* of John 1 and 21" ("El discípulo que sigue: Un *inclusio* de los capítulos 1 y 21 de Juan), artículo no publicado presentado en el Midwest Regional Evangelical Theological Society (Sociedad Evangélico Teológica

Regional del Medio Oeste) en la 49**a** Reunión Anual, Lincoln, Illinois,19 de marzo de 2004.

17. Para un resumen excelente de los temas involucrados, ver Beale. *The Book of Revelation* (El libro de Apocalipsis), 152-170 y 215-216.
18. Beale (161) observa que el problema principal con el punto de vista que 1:19 presenta una división cronológica clara del Apocalipsis en tres periodos históricos es "que interpreta Apocalipsis sin una suficiente sensibilidad a su forma literaria, dando una directa, literal interpretación del libro, en lugar de usar una aproximación figurativa, la cual sería más apropiada para el género simbólico del libro. Además de esto, ya que los capítulos 2-3 (que supuestamente describen solamente la 'era de la iglesia') y los capítulos 4-22 (la futura tribulación) contienen referencias repetidas a ambos, el pasado y el futuro, ninguna sección puede ser entendida como estrictamente cronológica. No solo los capítulos 4-22 describen eventos del pasado, presente, y futuro, sino que las subsecciones de esta sección grande recapitulan los mismos eventos de formas diferentes".
19. R.H.Mounce, *The Book of Revelation* (El libro de Apocalipsis), ed. rev. New International Commentary of the New Testament (Grand Rapids: Eerdmans, 1998) 62.
20. J. Moffatt, "The Revelation of St. John the Divine ("La revelación de San Juan el Divino)," en el *Expositor's Greek Testament* (Testamento griego del expositor) (Grand Rapids: Eerdmans, 1951), 5:347.
21. Los siete sellos no están cercanamente emparejados con las trompetas y las copas. Una posible razón es que los sellos representan los eventos que deben de tomar lugar antes de que el rollo sea abierto (Apocalipsis

5:1ss). Si el contenido del rollo es la consumación del reino de Dios (es decir Apocalipsis 11:15ss), entonces los sellos terminan en el mismo punto que las siete trompetas y las siete copas, el fin del mundo, donde la maldad es derrotada y el gobierno de Dios se ve perfecta y completamente realizado.

22. Escenas que son una respuesta a las preguntas hechas por los santos en 6:9-11: "¿Hasta cuándo… no juzgas y vengas nuestra sangre?"
23. Beale observa: "El punto principal es el horror del juicio divino, que tiene tal sorprendente efecto que ningún humano es capaz de verbalizar una respuesta. Tal corta sea la descripción, esta idea de juicio constituye el séptimo sello." *The Book of Revelation (El libro de Apocalipsis)*, 447.
24. Pudiera argumentarse que cada mensaje en Apocalipsis 2–3 lleva al lector al fin del mundo, con las diversas promesas hechas a aquellos que sean vencedores, promesas que son desarrolladas más ampliamente en pasajes tales como Apocalipsis 7:9ss, y Apocalipsis 21:1ss donde se nos da un vistazo a la vida eterna con Dios en los nuevos cielos y la nueva tierra.
25. En varios puntos en mi libro he resaltado la importancia del tema de adoración en el Apocalipsis. Será muy instructivo para ti explorar el significado de la manera en que este tema se entrelaza a través del libro. Especialmente a la luz del hecho de que cada serie de siete (las siete iglesias, los sellos, etc.) está encerrada por imágenes de adoración (Apocalipsis 1:9ss y 4–5 encierra los capítulos 2–3; 4–5 y 8:3-5 encuadra 6–8:2; 8:3-5 y 11:16ss encuadra 8:6–11:15; y 15:1-4 y 16:17ss encierra las siete copas descritos en 15:5ss).
26. Muchos académicos apoyan el análisis de repetición y recapitulación cuando proponen una división del Apocalipsis en dos mitades. Apocalipsis 1-11 presenta

el conflicto visible entre la iglesia y el Imperio Romano con énfasis en el juicio que es, a la vez, parcial y final. Apocalipsis 12-22 presenta una más enfocada explicación de la verdadera naturaleza del conflicto; es uno que involucra a las malvadas fuerzas de Satanás (el dragón) y a Dios y sus seguidores. El énfasis se traslada hacia la totalidad del juicio (especialmente del capítulo 15 hasta el final del libro).

27. Ya que parece que somos trasladados hasta el fin del mundo en vista de las escenas descritas en 6:12–7:17, es posible que el séptimo sello (8:1-5) es un mecanismo literario, por así decir, que guía al lector a la siguiente de las series, las siete trompetas.
28. Como se señaló en el capítulo sobre simbolismo, con la apertura del sexto sello, se nos da un vistazo del día del juicio. Siete categorías de la creación (6:12-14) y siete categorías de la humanidad (6:15) estarán bajo el juicio de Dios. Como vimos anteriormente, el número siete enfatiza totalidad o que algo está completo. Esto fuertemente apoya que se nos lleva al fin del mundo con la apertura del sexto sello.
29. La versión de preferencia en este libro, la Reina-Valera 1960 (*RVR60*) incluye la frase "y que has de venir". Sin embargo, la frase no se encuentra en los más tempranos y mejores manuscritos, que sugiere que un escribano, bien intencionado mientras copiaba el texto, insertó la frase. En este contexto, el reino ha llegado completamente.
30. El mismo verbo –hecho está– usado en Apocalipsis 16:17 aparece también en Apocalipsis 21:6 –hecho está–. El primero se enfoca en el juicio final del malvado, mientras que el último se refiere a la recompensa final del pueblo de Dios.

31. Juan describe cuatro grupos de "siete": los siete mensajes a las iglesias (2–3). Los siete sellos (6–8:5), las siete trompetas (8:6–11:19) y las siete copas (15:1–16:21). Algunos han intentado dividir el libro en siete secciones (esto es, W. Hendricksen, *More Than Conquerors* (Mas que vencedores), 28ss, y J.L. Blevins, *Revelation as Drama* (Apocalipsis como drama) [Nashville: Broadman Press, 1984]), pero tales propuestas parecen forzadas. Debemos de evitar imponer una conexión entre todas las series que es más grande que lo indicado en el texto. Por ejemplo, en general, los sellos, trompetas, y cálices parecen llevar al lector hasta el fin del mundo, pero cuando uno compara el contenido de cada una de las series, existe una conexión más cercana entre las trompetas y las copas que la existente entre los sellos, trompetas y copas. Como se señaló en este capítulo, parece haber interludios entre el sexto y séptimo sello, trompeta y copa. Otras asociaciones son exploradas en este capítulo.
32. Yo creo que un tema teológicamente clave asociado con los siete sellos es la voluntad permisiva de Dios. El uso del verbo "fue dado" o "le(s) dio" (6:2, 4 (2 veces), 8, 11; 7:2; ver también 8:2) enfatiza que Dios está en control. Con respecto a las siete trompetas, Apocalipsis 9:20-21 enseña que los horrores asociados con las trompetas tenían como intención el llevar a la gente al arrepentimiento. Finalmente, cuando las siete copas son derramadas, la justicia retributiva de Dios es subrayada.
33. Aun y cuando tenemos cuatro grupos de siete –los siete sellos, siete trompetas, siete truenos y siete copas– no podemos decir mucho sobre los siete truenos ya que su contenido fue sellado (10:1-5, específicamente vv. 3-4). Lo más que podemos decir es que los truenos

están relacionados con el juicio en general, ya que es el contexto en el que el trueno aparece en otras partes del libro (4:5; 6:1; 8:5; 11:19; 14:2; 16:18; 19:6).

34. Quizá otra analogía nos ayude a entender la estructura. Más que ver las escenas del Apocalipsis como un filme que muestra en detalle el desenvolvimiento de la historia, el lector debe de ver a Juan presentado las escenas como retratos que presentan el mismo panorama desde diferentes ángulos.
35. Ver "Tipología," el penúltimo subtítulo en capítulo 5..
36. A través de la historia, entre la primera venida de Cristo y su venida final, debemos de esperar muchas Babilonias hasta la Babilonia final, muchos juicios que llevan hasta el juicio final y muchas bendiciones para los creyentes hasta la bendición perfecta.
37. Para describir el juicio final, Juan está usando la cultura con la que los recipientes estaban más familiarizados, a fin de describir una cultura y tiempo que ellos nunca habrían de ver. Ni Juan ni su audiencia inmediata sabían si Cristo vendría durante el transcurso de sus vidas, pero se les había prometido que habría un día de juicio final.

Apéndice A

Alusiones al Antiguo Testamento en Apocalipsis

Ya observamos en el capítulo sobre las fuentes de Juan que en ningún lugar cita él formalmente ningún pasaje del Antiguo Testamento. En lugar de esto, usa alusiones. Los académicos han identificado un gran número de estas. He tomado de su trabajo para compilar una lista de estas alusiones, incluyéndolas aquí para tu beneficio.[1]

Para ayudarte a hacer un uso completo de esta extensiva lista de alusiones, te ofrezco tres sugerencias. Primero, cuando identifiques una alusión al Antiguo Testamento, necesitas observar el contexto alrededor de esa alusión. Por ejemplo, Apocalipsis 2:10 alude a Daniel 1:12. La historia alrededor de Daniel 1:12 es la prueba de Daniel y de sus hermanos judíos. Ellos piden ser puestos a prueba por diez días. Juan usa "diez días" como un símbolo para el periodo de prueba para los cristianos en Esmirna.[2] Daniel, y los otros, fueron probados y rehusaron ceder en su fe. Por otro lado, los cristianos en Esmirna serán probados por su negativa a ceder en su fe. Los "diez días," por lo tanto, se convierten en un símbolo de la prueba para el pueblo de Dios En segundo término, necesitas estudiar los símbolos en las alusiones del Antiguo Testamento, porque estos proporcionan claves para interpretar símbolos similares en Apocalipsis En tercer lugar, necesitas consultar buenos comentarios que traten las alusiones del Antiguo Testamento.

Verás en varios puntos de las alusiones enlistadas a continuación dos convenciones estandarizadas usadas con frecuencia por los académicos. En primer lugar, verás cierto número de paréntesis las Biblias en Castellano tendrán en ocasiones diferentes divisiones de capítulos y versículos que las del texto hebreo. Por ejemplo, el Salmo 89 en Castellano es el Salmo 88 en el texto hebreo. En la lista presentada a continuación, muestro la referencia en hebreo en paréntesis después de la referencia en Castellano. Por ejemplo, esto es usado en la cita que Apocalipsis 1:5 hace del Salmo 89 (88). En segundo lugar, "LXX" es un símbolo para la Septuaginta, la traducción griega del hebreo y arameo del Antiguo Testamento.

Apoc.	Alusión al AT
1:1	Daniel 2:28-30, 45-47
1:1-2a	Isaías 48:6; Daniel 2:28-29, 45
1:2	Daniel 2
1:3	Daniel 12:4
1:4	Génesis 1; Éxodo 3:14; Levítico 26:18-28; Isaías 11:2; 41:4; 43:10; 44:6; 48:12; Zacarías 3:9; 4:2-7, 10
1:5	Éxodo 24:8; Levítico 16:14-19; Salmos 2:7-8; 89 (88):27, 37; 130 (129); 8; 2 Samuel 7:13-16; Isaías 1:16, 18; 40:2; 55:4; Jeremías 42:5
1:5-6	Éxodo 24:4-8; 29:10-21
1:6	Éxodo 19:6; Deuteronomio 28:9; Salmos 89 (88):19-32; 89:28; Isaías 43:10-13; 51:6; 61:6; Daniel 7:22, 27; Zacarías 4:11-14
1:7	Isaías 40:5; 52:10; Daniel 7:13-14; Zacarías 12:10, 12
1:8	Éxodo 3:14; Isaías 41–48; 41:4; 44:8; Amós 3:13 (LXX); 4:13 (LXX)
1:10	Ezequiel 3:12.
1:10-11	Éxodo 19:16, 19-20; Ezequiel 2:2; 3:12, 14, 24; 11:1; 43:5
1:11	Éxodo 17:14; 34:27; Isaías 8:1; 30:8; Jeremías 36:1; 37:2; Habacuc 2:2
1:12	Éxodo 20:18-19; 25; 37; 40:4; Números 8; 1 Reyes 7:48-49; Zacarías 4:2, 9-10
1:13	Éxodo 25:7; 28:4; 31 [27], 39ss; 29:5, 9; 35:9 [8]; Levítico 8:7; Isaías 22:21-22; Ezequiel 1:26; 8:2; 9:2, 11; Daniel 3:25; 7:13; 8:15; 10:5-6, 16, 18; Zacarías 4:2, 11-14
1:13-15	Daniel 7; 10
1:14	Daniel 7:9; 10:6
1:14-15	Daniel 10:6
1:15	Ezequiel 1:7 (LXX), 24, 27; 43:2; Daniel 3:24-25; 10:6
1:16	Éxodo 34:29; Jueces 5:31; Isaías 11:4; 49:2; Daniel 10; 12:3, 6-7; Zacarías 4
1:17	Josué 5:14; Salmos 90:2; Isaías 41:4; 44:2 (LXX), 6; 48:12; Ezequiel 1:28; 3:23; 43:3; 44:4; Daniel 8:17ss; 10:5-12, 17-20

Apoc.	Alusión al AT
1:18	Deuteronomio 32:40; Job 38:17; Isaías 22:22; Daniel 4:34; Oseas 13:14
1:19	Isaías 48:6 (LXX); Daniel 2:28, 29, 45
1:20	Daniel 2:29, 45
2:4	Jeremías 2:2; Ezequiel 16:8; Oseas 1-3
2:5	Éxodo 25:30-31; 40:4; Números 8:1-4; 1 Reyes 7:48-49; Zacarías 4:2-8
2:6	Salmos 139:21
2:7	Génesis 2:8 (LXX), 9; 3:22, 24; Proverbios 11:30; Isaías 6:9-10; Ezequiel 3:27; 28:13 (LXX); 31:8-9 (LXX); 47:1-12
2:8	Isaías 44:6; 48:12
2:8-9	Daniel 1;3
2:10	Génesis 24:55; 31:7, 41; Números 14:22; Job 19:2-3; Daniel 1:12-15, 19; 5:3-4; 7
2:12	Isaías 49:2
2:12-13	Salmo 89:37; Isaías 43:10-12
2:13	Salmo 89:37
2:14	Números 22:1-25:3; 31:8, 16; Deuteronomio 23:4; Josué 13:21-22; 1 Reyes 16:31-32; 2 Reyes 9:22; Nehemías 13:2; Salmos 106:39; Isaías 47:10; Nehemías 3:1-4
2:16	Isaías 49:2
2:17	Éxodo 16:13-15, 31ss; 28:9-12; Números 11:7; Salmo 78(77):24; Isaías 11; 49; 62:2; 63; 65:15
2:18	Salmo 2; Daniel 3:24-25; 7:9-13; 10:6

Apoc.	Alusión al AT
2:19-20	1 Reyes 16:31; 19:1; 21:5, 7, 25; 21:25; 2 Reyes 8:18; 9:22
2:20	Números 25:1-2; 1 Reyes 16:31; 18:19; 21:25; 2 Reyes 9:22, 30
2:21	1 Reyes 16:31; 21:25; 2 Reyes 9:22; Números 25:1ss; 31:16
2:21-23	1 Samuel 16:7; 1 Reyes 8:39; 21:17-29; 2 Reyes 9:30-37; 10:1-11; Salmo 7:8-11; Proverbios. 24:12; Jeremías 11:10-17, 20; 17:3, 10-11; 20:12; 39:17-19; Ezequiel 18:30; 24:14
2:23	1 Samuel 16:7; 2 Reyes 10:7; Salmos 7:9, 10; 26:2; 62(61):12; Proverbios. 17:3; 21:2; 24:12; Jeremías 11:20; 17:10; 20:12
2:24-25	Daniel 3:15-22
2:26	Salmo 2:8-9
2:26-27	Salmo 2:8-9
2:28	Números 24:14-20; Salmo 2:7-8; Isaías 14:12
2:29	Salmos 115:4-8; 135:15-18; Isaías 6:9-10; Ezequiel 3:27; 12:2-16
3:1	Isaías 11:2; Zacarías 3:9; 4:10
3:4-5	Daniel 11–12; Zacarías 3:5-6
3:5	Éxodo 32:32-33; Salmos 69 (68):28;139(138):16; Isaías 4:3; Ezequiel 13:9; Daniel 7:10; 12:1-2; Malaquías 3:16
3:7	Job. 12:14; Isaías 22:22
3:8	Isaías 45:1
3:9	Salmo 86:9; Isaías 43:4; 45:14; 49:23; 60:14; 66:23
3:9-10	Salmos 24:1; 33:8; 49:1; 72:9; Isaías 24:17; 43:4; 45:14; 49:23; 60:14;

Apoc.	Alusión al AT
	Oseas 4:1; Joel 2:1
3:12	Isaías 56:5; 62:2; 65:15; Ezequiel 48:35
3:14	Génesis 1:1; Salmo 89(88):28, 37; Proverbios. 8:22; 14:25; Isaías 43:10-12; 65:15-16
3:17	Oseas 12:8ss; Zacarías 11:5; 12:5
3:18	Éxodo 20:26; Job 23:10; Proverbios 27:21; Ezequiel 16:36; 23:29; Nahum 3:5; Zacarías 13:9; Malaquías 3:2-3
3:19	Proverbios. 3:12
3:20	Cantares 5:2
4:1	Éxodo 19:16-20, 24; Números 10:1-3; Josué 6: Jueces 7; Isaías 27:12ss; Ezequiel 1:4; 2:9; 8:2, 4, 10; 10:1, 9; Daniel 2:28-29, 45; 7:2, 6-7, 9; Jeremías 4:23-26; Zacarías 2:1; 4:2; 5:1, 9; 6:1
4:1-5:14	Ezequiel 1–2; Daniel 7
4:2	1 Reyes 22:19ss; 2 Crónicas 18:18; Salmos 11:4; 47(46):8, 9;103:19; Isaías 6:1ss; Ezequiel 1:26-28; 10:1; Daniel 7:9
4:3	Génesis 9:13; Éxodo 24:10; 28:17-20; Salmos 104:2; Ezequiel 1:26-28; 28:13; Daniel 7:9c
4:4	Números 11:16-17; 1 Reyes 8:1; 2 Reyes 23:1; 1 Crónicas 24:3-19; 25:6-31; 26:17-19; Esdras 5:5, 9; 6:7, 14; 10:8; Isaías 6; 24:23; Ezequiel 1; 14:1; 20:1; Daniel 7:10b
4:5	Éxodo 19:16-20; Deuteronomio 5:22; Salmos 18:7-15; 29:3-9; 77:18ss; Ezequiel 1:4-28; Daniel

Apoc.	Alusión al AT
	7:9d-10a; Zacarías 4:2-3, 6, 10
4:6	Génesis 1:8; Éxodo 14:16; Salmo 74:12-15; Isaías 6:1ss; 51:9-11; Ezequiel 1:5, 18, 22, 26, 28; 10:1; 32:2; Daniel 7:2-3
4:6-7	Ezequiel 1:5-10; 10:14
4:6-8	Éxodo 25:17-22; 37:6-9; 1 Reyes 6:24ss; 2 Crónicas 3:13; Isaías 6:1ss; Jeremías 3:16-17; Ezequiel 1; 10:12-15, 20-22
4:7	Ezequiel 1:10; 10:14
4:8	Éxodo 3:14; Ezequiel 1:18; 10:12; Isaías 6:1-4; 41:4; Oseas 12:6; Amós 3:13 (LXX); 4:13 (LXX); 5:14-16; 9:5-6; Nahum 3:5; Zacarías 10:3; Malaquías 2:16
4:9	1 Reyes 22:19ss; 2 Crónicas 18:18; Salmo 47 (46):8; Isaías 6:1ss; Ezequiel 1:26-27; Daniel 4:34; 6:26; 7:9; 12:7
4:10	1 Reyes 22:19ss; 2 Crónicas 18:18; Salmo 47:8; Isaías 6:1ss; Ezequiel 1:26-27; Daniel 4:34; 6:26; 12:7
4:11	1 Crónicas 29:11, 12
5:1	1 Reyes 22:19; 2 Crónicas 18:18; Salmos 47(46):8; Isaías 6:1; 29:11; Ezequiel 1:26-27; 2:9-10; 3; Daniel 7; 12:4, 9
5:2	Daniel 4:13-14, 23; 7:10
5:3	Éxodo 20:4; Salmo 146:6; Isaías 29:11-12, 18; Ezequiel 2:9ss; Daniel 7:10; 8:26, 12:4
5:4	Isaías 29; Daniel 7
5:5	Génesis 49:9-10; Isaías 11:1, 10; 29; Jeremías 11:19; 23:5; 33:15; Daniel

Apoc.	Alusión al AT
	7:10; 12:4, 9; Zacarías 3:8; 6:12
5:6	Génesis 22:10; Éxodo 12:3, 5-6; Levítico 1:10ss; 17:5; Deuteronomio 33:17; 1 Reyes 22:11; Salmo 89:17; Isaías 11; 53:7-9; Jeremías 11:19; Daniel 7:7-8:24; Zacarías 3:9; 4:2, 10; 6:5
5:7	1 Reyes 22:19; 2 Crónicas 18:18; Salmo 47(46):8; Isaías 6:1; Ezequiel 1:26-27; Daniel 7:9ss, 13
5:8	1 Crónicas 25:6-31; Salmo 141(140):2
5:9	Salmos 33:3; 40:3; 96:1; 98:1; 144(143):9; 149:1; Isa. 42:10; Daniel 3:4, 7; 5:19; 6:26; 7:10, 14; 12:4, 9
5:10	Éxodo 19:5-6; Isaías 61:6; Daniel 7:22b, 27a
5:11	Números 10:36; Daniel 7:10
5:12	1 Crónicas 29:11-12; Isaías 53:7; Daniel 2:20, 37; 4:30-31
5:13	Éxodo 20:11; 1 Reyes 22:19; 2 Crónicas 18:18; Nehemías 9:6; Salmos 47(46):8; 146:6; Isaías 6:1; Ezequiel 1:26-27; Daniel 2:38; 4:37
6:1-8	Éxodo 7-11; Deuteronomio 32:24-25; Salmos 77:18; 144:6; Isaías 5:28; Jeremías 4:29; 6:23; 50:14, 29; Ezequiel 5:16-17; 14:12-23; Daniel 7–12; Habacuc 3:8-11; Zacarías 1:8-15; 6:5-8
6:2	Salmo 45:3-5; Jeremías 15:2; Ezequiel 5:16ss; Zacarías 1:8; 6:1-6; 7-8a
6:4	Isaías 27:1; Jeremías 32:24; Ezequiel 14:17, 21; 21:9-15, 21; 38:21; Zacarías 1:8; 6:2
6:5	Zacarías 6:2, 6
6:6	Levítico 26:26; 2 Reyes 6:25; 7:1; Jeremías 12:12-13; Ezequiel 4:10, 16; Joel 1:10-11
6:6-8	Ezequiel 5:1-2, 12, 16-17
6:7	Zacarías 6:4-5, 8
6:7-8	Ezequiel 14:21; Daniel 2:7; Zacarías 6.
6:8	Deuteronomio 32:23-27; Levítico 26:18-29; Job 17:13-16; 33:22; Salmos 6:5; 49:14-15; Prov. 2:18; 5:5; Cantares 8:6; Isaías 28:15; Jeremías 14:12-19; 15:3; 16:4-5; 21:7, 9; 24:10; 29:17-28; 42:17; 43:11; Ezequiel 5:12, 17; 6:11-12; 7:15; 12:16; 14:19-21; 29:5; 33:27; 34:28; Daniel 7; Oseas 13:8, 14
6:9	Éxodo 29:12; 30:1-10; Levítico 4:7, 18, 30, 34; 5:9; 8:15; 17:11
6:9-11	Isaías 49:9-10, 19
6:10	Génesis 4:10; Deuteronomio 32:43; 2 Reyes 9:7; Salmos 6:3; 13:2; 74:10; 79:5, 10; 80:4; 89:46; 90:13; 94:3; Daniel 8:13; 12:3-6; Zacarías 1:12; 6:1-8
6:11	Génesis 15:6; Levítico 17:11
6:12	Isaías 13:10; 50:3; Ezequiel 32:7, 8; Joel 2:10, 31; 3:15; Amós 8:8; Hageo 2:6
6:12-13	2 Samuel 22:8-16; Eclesiastés 12:1ss; Salmos 18:7-15; 102:25-26; Isaías 2:19-21; 5:25, 30; 13:10-13; 24:1-6, 19-23; 34:4; 51:6; 64:1; Jeremías 4:23-28; Ezequiel 30:3-4, 18; 32:6-8; 38:19-20; Joel 2:10, 30-31; 3:15; Amós 8:7-10; Miqueas

Apoc.	Alusión al AT
	1:4-6; Habacuc 3:6-11; Hageo 2:6-7
6:12-14	Deuteronomio 4:19; 17:1-4; 2 Reyes 23:4-5; Salmo 68:7-8; Isaías 13:10-13; 24:1-6, 19-23; 34:4-6; Jeremías 4:23-28; 8:2; 31:35-36; 33:20-21, 25-26; Ezequiel 8:16; 32:6-8; Joel 2:10, 30-31; 3:15-16; Amós 8:8-9; Habacuc 3:6-11
6:13	Deuteronomio 4:19; Jueces 5:20; Isaías 14:12; 24:21; 34:4; 47:13; Jeremías 8:2; Daniel 8:10
6:13-14	Isaías 13:10; 34:4
6:14	Salmos 46:2-3; 72:10; 97:1; Isaías 34:4; 41:1; 49:1; 51:5; 60:9; Jeremías 51:25; Ezequiel 26:18; Zacarías 4:7
6:15	Salmos 2:2; 48(47):4 (LXX); Isaías 2:10, 19, 21; 24:21; 33; 34:12; 35:1-4; Jeremías 4:29
6:15-16	Isaías 2:10, 18-21; Jeremías 4:23-29; Oseas 10:8
6:16	1 Reyes 22:19; 2 Crónicas 18:18; Salmo 47(46):8; Isaías 6:1; Ezequiel 1:26-27; Oseas 10:8
6:17	Salmos 76(75):8; 130:3; Isaías 2;10, 18-21; 13:9; Joel 2:10, 11, 31; Nahum 1:4-6; Sofonías 1:14ss, 18; 2:2-3; Malaquías 3:2; 4:5
7:1	Salmos 18:10; 104:3-4; Isaías 11:12; 19:1; 66:15; Jeremías 4:11-12; 23:19; 49:36; Ezequiel 7:2; 37:9; Daniel 7:2; 8:8; 11:4; Oseas 13:15-16; Zacarías 2:6; 6:1-8
7:2	Éxodo 12:23; Ezequiel 9:4ss
7:2-3	Génesis 2:8; Éxodo 12:7, 13, 22-28; 19:6; 28:11-21, 36-38; Isaías 42:6-7; 49:6; 51:4-8; Ezequiel 9; 14:12-23; 43:2-4; Daniel 3-7

Apoc.	Alusión al AT
7:3	Ezequiel 9:4
7:4-8	Génesis 39:10; 49:8-11, 17; Éxodo 19:6; 24:4-9; 28:11-21; Números 1:3, 18-21, 23, 44; 2:3ss, 32; 26:2, 4; 34:19; Josué 4:3-24; 21:4; Jueces 1:2ss;2 Samuel 24:1-9; 1 Reyes 12:28-30;1 Crónicas 5:2; 12:23-37; 27:23; Salmo 87; Isaías 11:10-14; 14:2; 27:12-13; 43:4; 45:19; 49:23; 60:14; 66:19-21; Jeremías 8:16-17; 31:7-9; Ezequiel 37:15-25; 40–48; Daniel 7:18, 22; Oseas 4:17–14:8; Miqueas 5:1-4, 7-8; Zacarías 2:11; 8:23; 9:7; 14:16-19
7:9	Génesis 1:26-28; 12:2; 13:16; 15:5; 16:10; 17:2-19; 18:18; 22:17-18; 24:60; 26:4; 32:12; 35:11-12; 46:3; 48:3-4, 19; Éxodo 1:7; 19:6; Levítico 23:40, 43; Deuteronomio 1:10; 10:22; 1 Crónicas 27:23; Nehemías 8:15; Daniel 7:22, 27; Oseas 1:10; Miqueas 5:6-9
7:9-17	Isaías 11; Miqueas 5
7:10	1 Reyes 22:19; 2 Crónicas 18:18; Salmo 47(46):8; Isaías 6:1; Ezequiel 1:26-27; Jonás 2:9-10
7:11-12	Daniel 7:9; 12:1
7:13-14	Génesis 49:1-9, 11; Éxodo 19:10, 14; 24:8; Levítico 13:58-59; Isaías 1:18; 4:4-6; 64:6; Ezequiel 37; Daniel 12:1-2, 10; Zacarías 3:3-5
7:14	Génesis 49:11; Êxodo 19:10, 14; Daniel 12:1
7:15	Êxodo 19:6, 10, 14; 24:4-8; 29:10-21; Levítico 8:30; 23:34; 26:11; Deuteronomio 16:13; 1 Reyes 22:19; 2 Crónicas 18:18; Salmos 47(46):8; 68:17; Isaías 4:5; 6:1; Ezequiel 1:26-27; 37:26-28; 43:7;

Apoc.	Alusión al AT
	Oseas 1:9-10; 2:23; Zacarías 2:10-11, 13; 8:3, 20-23; 14:16-21
7:16	Salmo 121:6; Isaías 49:10; Jeremías 2:13
7:16-17	Salmos 23:1-2; 36:8-9; 46:4-5; Proverbios. 14:27; Isaías 12:3; 25:8-9; 33:21; 49:6, 9-13; 55:1-3; Jeremías 2:13; 31:16; Ezequiel 34:23-25; 37:24-28; Joel 3:18
7:17	Salmos 23:1-2; 126:5-6; Isaías 25:8; 49:10; Jeremías 2:13; 31:16; Ezequiel 34:23; 37:24
8:1	1 Samuel 2:9-10; Salmos 31:17; 76:8; 115:17; Isaías 23:2; 41:1-5; 47:5; Lamentaciones 2:10-11; Ezequiel 27:32; Daniel 7:25; 12:7; Amós 8:8:2-3; Habacuc 2:20; Sofonías 1:7; Zacarías 2:13
8:2	Éxodo 12:23
8:3	Éxodo 30:1-3; Salmo 141(140):2; Isaías 63:9; Amós 9:1
8:3-5	Éxodo 3:7-9
8:4	Éxodo 29:18, 25; 30:8-10; Levítico 2:1-2; 16:12-13; Salmos 141:1-2; Daniel 9:20ss; 10:10ss
8:5	Éxodo 19:16-19; Levítico 16:12; Salmos 18:7-13; 68:8; 77:18-19; Isaías 29:6; Ezequiel 10:1-7; Habacuc 2:20-3:15
8:7	Éxodo 9:18-26, 31-32; 19:16-19; Isaías 10:16-20; 28:2; Ezequiel 5:2, 12; 38:22; Joel 2:30; Zacarías 13:8-9
8:8	Éxodo 7:17-21; Salmo 78:44; Jeremías 51:25; Oseas 4:3
8:8-9	Génesis 1:20; Éxodo 7:18-24; Isaías 41:15; 42:15; Jeremías 51:25, 63-64; Ezequiel 29:3-5; Habacuc 1:14; Zacarías 4:7

Apoc.	Alusión al AT
8:8-11	Éxodo 7:20-25
8:10	Deuteronomio 29:17-18; Isaías14:12; Daniel 8:10
8:10-11	Éxodo 7:15-24; Deuteronomio 29:17-18; Salmo 78:44; Proverbios. 5:4; Isaías 14:12-15; 24:21; Jeremías 8:13-14; 9:15; 23:15; Lamentaciones 3:15, 19; Oseas 10:4; Amós 5:7; 6:12; Zacarías 9:14
8:11	Jeremías 9:15; Amós 5:7; 6:12
8:12	Éxodo 10:21-23; 12:12; Isaías 13:10; Ezequiel 32:7-8; Joel 2:10; 3:15; Amós 5:18, 20; 8:9
8:13	Éxodo 19:4, 16; Deuteronomio 28:26, 49; 32:11; Isaías 24:16-18; Jeremías 4:13; 7:33-34; 16:3-4; 19:7; 34:18-20; 49:22; Job 9:26; Lamentaciones 4:19; Ezequiel 17:3; 39:17-20; Oseas 4:1-3; 8:1; Habacuc 1:8
9:1	Éxodo 15:5; Job 38:16; 41:10, 23-24; Salmos 71(70):20; 74:12-13; 77(76):16; Isaías 14:12; 24:21-22; 27:1; 51:10; 63:13; Ezequiel 31:15; Daniel 8:10; Jonás 2:6; Amós 9:3
9:2	Génesis 19:28; Éxodo 10:15; 19:18; Isaías 13:10; Joel 2:10, 31; 3:15
9:3	Éxodo 10:4-15; Deuteronomio 8:15; 1 Reyes 12:11; 2 Crónicas 10:11, 14; Isaías 14:31
9:4	Éxodo 8:22-24; 9:4-7, 26; Salmo 105:33-35; Ezequiel 9:4
9:5	Deuteronomio 4:30; 8:15; 28:14, 27-29, 34, 60-61, 65-67; 29
9:6	Éxodo 9:27-28; 10:16-17; 1 Reyes 19:1-4; Job 3:1-26; 6:8-9; 7:15-16; Jeremías 8:3; 20:14-18; Oseas 10:8; Jonás 4:3, 8

Apoc.	Alusión al AT
9:7	Éxodo 10:1-20; Joel 1:1-20; 2:1-32
9:8	Joel 1:6
9:9	Job 39:19-25; Isaías 33:1-4; Jeremías 51:14, 27; Joel 2:4-5
9:11	Éxodo 12:12-29; Job 18:14; 26:6; 28:22; 31:12; Salmos 78(77):49; 88:11; Proverbios. 15:11; 27:20; 30:27; Ezequiel 38–39; Oseas 13:13-14; Amós 7:1
9:13	Éxodo 27:2; 30:1-3; 1 Reyes 1:50-51; 2:28-34; Zacarías 4
9:14	Génesis 15:18; Deuteronomio 1:7; Josué 1:4; Isaías 7:20; 8:7-8; Jeremías 1:14-15; 4:6-13; 6:1, 22; 10:22; 13:20; 25:9, 26; 46:6, 10, 22-23; 47; 50:41-42; Ezequiel 26:7-11; 38:6, 15; 39:2; Daniel 10:13, 20-21; Joel 2:1-11, 20-25
9:15	Ezequiel 5:2; Zacarías 13:8-9
9:16	Génesis 24:60; Levítico 26:8; Deuteronomio 32:30; 33:2, 17; Jueces 6:3, 5; 7:12; Salmos 91(90):7; Jeremías 46:2-10, 22-23; Daniel 7:10; Miqueas 6:7
9:17	Génesis 19:24, 28; 2 Samuel 22:9; Isaías 34:9-10; Ezequiel 38:22
9:18	Génesis 19:24, 28; Levítico 26:21, 25; Deuteronomio 29:22-23; Ezequiel 9
9:19	Números 21:6; Deuteronomio 32:24; Jeremías 8:17
9:20	Éxodo 14:4-8, 17; 20:4-5, 13-15; Deuteronomio 4:28; 31:29; 32:17 (LXX); Salmos 95:5 (LXX); 105:36-37; 106:37; 115:4-8; 135:15-18; Isaías 6:9-10; 17:8; 43:7, 9; Daniel 5:3-4, 23ss; Miqueas 5:12
9:21	2 Reyes 9:22; Isaías 47:9-10; 48:5;

Apoc.	Alusión al AT
	Jeremías 7:5-11; Oseas 3:1–4:2; Miqueas 5:12–6:8; Nahum 1:14; 3:1-4
10:1	Génesis 16:10; 22:11-18; 24:7; 31:11-13; Éxodo 3:2-12; 14:19; Jueces 2:1; 6:22; 13:20-22; Ezequiel 1:26-28; Daniel 3:25; 7:13; Zacarías 3:1-3
10:3	Oseas 11:10
10:4	Daniel 8:26; 12:4, 7, 9; Habacuc 2:3
10:5	Deuteronomio 32:40; Daniel 12:7
10:5-11	Génesis 14:19, 22; Éxodo 20:11; Deuteronomio 32:40; Nehemías 9:6; Salmo 146(145):6; Daniel 12:7
10:5-6	Deuteronomio 32:40; Daniel 12:7
10:6	Génesis 14:19, 22; Éxodo 20:11; Nehemías 9:6; Salmo 146:6
10:7	Isaías 27:13; Daniel 2:19, 27-30, 47; 9:6, 10; 11:29–12:13; Amós 3:6-7; Zacarías 1:6
10:8	Éxodo 19:16-19; Ezequiel 1–3; Daniel 12:4, 9
10:9	Isaías 3:14; Jeremías 15:16ss; Ezequiel 2:8ss; 3:1-3; Zacarías 5:2
10:9-10	Deuteronomio 8:3; Salmos 19:7-11; 119:97-104; Proverbios. 5:4; 16:21-24; Jeremías 6:10-11; 15:16-17; 23:15; Lamentaciones 3:15, 19; Ezequiel 2:8; 3:1-3; Daniel 12:4, 9
10:10	Ezequiel 3:1, 3
10:11	Jeremías 1:10; 25:30; Ezequiel 2–3; Daniel 3:4; 7:14
11:1	2 Samuel 8:2; 2 Reyes 21:13; Salmo 2:9; Isaías 34:11; Jeremías 31:39; Ezequiel 40:3ss, 47; 41:13; Amós

Apoc.	Alusión al AT
	7:7ss; Zacarías 2:1-2
11:1-2	Éxodo 19:6; 2 Samuel 8:2; Salmos 2; 80:6; Isaías 28:16-17; 63:18; Jeremías 31:38-40; Ezequiel 29:6; 40-48; Daniel 7:25; 8:11, 13; 9:27; 12:7, 11–12; Miqueas 2:5; Zacarías 1:16; 4:7; 6:12-13; 12:3; 14:1-11
11:2	Salmo 79(78):1; Isaías 63:18; Daniel 7:21, 25; 8:13; 9:27; Zacarías 12:3(LXX)
11:3	Números 35:30; Deuteronomio 17:6; 19:15
11:4	Éxodo 25:30-31; Números 8:1-4; 1 Reyes 7:48-49; Zacarías 4:2-3, 7, 10-14, 25
11:5	2 Samuel 22:9; 2 Reyes 1:10ss; Salmos 97(96):3; Jeremías 5:14
11:5-6	Levítico 24:17-21; 26:19; Números 35:30; Deuteronomio 11:16-17; 19:15; 1 Samuel 4:8; 2 Samuel 22:9; 1 Reyes 17:1; 2 Reyes 1:10-17; Salmos 18:8; 97:3; Malaquías 3:1-5; 4:1-6
11:6	Éxodo 7:17, 19-20; 7:27-11:10; 1 Samuel 4:8; 1 Reyes 17:1
11:7	Éxodo 12:23; 14:19-28; 1 Samuel 17:44, 46; Salmo 79:1-5; Daniel 7:3, 7-8(LXX), 21
11:7-10	Deuteronomio 29:22-26; 32:28-33; Isaías 1:9-15; 3:9; 14:19-20; 24:6; 26:21; Jeremías 6:12; 8:1-2; 9:22; 16:4-6; 22:8, 19; 23:14-15; Ezequiel 16:26, 44-57; Daniel 5:9; Oseas 4:1; Joel 1:2, 14; 2:1; 3:19; Amós 4:10-11
11:8	Isaías 1:9-10; 3:9; Ezequiel 16:48; 23:3-27
11:10	Salmo 105(104):38
11:11	Éxodo 15:16; 1 Reyes 22:1; Salmo 105:38; Ezequiel 37:5-14
11:12	2 Reyes 2:11
11:13	Génesis 24:7; 2 Crónicas 36:23; Esdras 1:2; 6:9-10; 7:23; Nehemías 1:4-5; 2:20; Salmo 136:26; Isaías 6:1; Jeremías 10:22; Ezequiel 3:12; 38:19-20; Daniel 2:18-19, 37, 44; Jonás 1:9
11:15	Éxodo 15:18; Salmos 2:2; 10:16; 22(21):28; Daniel 2:44; 7:14, 27; Abdías 21; Zacarías 14:9
11:17	Éxodo 3:14; Salmos 46:9; 96:1; 98:1; Amós 3:13(LXX); 4:13(LXX)
11:18	Salmos 2:1, 5, 12; 46:6; 92:1; 95:10; 99(98):1; 110:5; 115:13; Isaías 40:10; Daniel 9:6. 10; 12:2; Joel 2:28-32; Amós 3:7; Zacarías 1:6
11:19	Éxodo 9:24; 15:13-18; 19:16; 1 Reyes 8:1-6; 1 Crónicas 15:24; 2 Crónicas 5:7; Nehemías 12:41; Jeremías 3:16-17; Ezequiel 1:13
12:1	Génesis 37:9; Salmo 104:2; Cantares 6:4, 10; Isaías 7:14; 26:17–27:1; 54:5; 60:19-20; 61:10; 62:3, 5; Jeremías 3:6-10; Ezequiel 16:8; Oseas 2:21ss.
12:2	Génesis 3:15-16; Isaías 26:17; 62:1-5; 66:6-7; Oseas 13:13; Miqueas 4:10
12:2, 5	Isaías 66:6ss
12:3	Salmos 91:13; Isaías, 27:1 Ezequiel 29:3; Daniel 7:7, 24
12:4	Jeremías 4:31; Daniel 8:10
12:5	Salmos 2:7-9; 110:1; Isaías 7:14; 66:7; Jeremías 20:15
12:6	Éxodo 19:4; Deuteronomio 2:7; 29:5; Ne 9:19; 21; Salmo 91:4; Daniel 7:25; 12:7; Oseas 13:5

Apoc.	Alusión al AT
12:7	Daniel 10:13, 20-21; 12:1
12:8	Salmo 2; Daniel 2:35
12:9	Génesis 3:1, 13-16; Job 1:6ss; Isaías 14:12; Daniel 2:35; Zacarías 3:1ss
12:10	Job 1:6-11; 2:1-6; Sal 2:2; Zacarías 3:1-2
12:12	Deuteronomio 32:43; 1 Crónicas 16:31; Salmo 96:11; Isaías 5:8-22; 44:23; 49:13; Jeremías 51:48
12:14	Éxodo 19:4, 14; Deuteronomio 1:31; 32:11; Isaías 40:31; Ezequiel 17:3, 7; Daniel 7:4, 25; 12:7
12:15	Éxodo 1:22; 14; Salmos 18:4; 74:15; Isaías 59:19; Ezequiel 29:3; 32:2
12:16	Éxodo 14; Números 16; Deuteronomio 11:4-6; Salmo 106:17
12:17	Génesis 3:15; Isaías 61:8-9; 65:9; Daniel 7:7, 21
13:1	Job 40:41; Isaías 27:1; Daniel 7:1-8, 11, 20, 25
13:1-2	Isaías 11:6ss; Jeremías 5:6; Daniel 7:2-7, 20, 24; Os 13:7ss
13:7	Daniel 7
13:2	Daniel 7:4-6, 8, 16
13:3	Génesis 3:15; Salmo 74:13; Isaías 27:1; Habacuc 3:8-15
13:4	Éxodo 8:10; 15:11; Deuteronomio 3:24; Salmos 35(34):10; 71(70):19; 86:8; 89:8; 113:5; Isaías 14:4;40:18, 25; 44:7; 46:5; Miqueas 7:18
13:5	Daniel 7:6, 8, 11, 20, 25; 8:10-12, 23-25; 11:30ss; 36
13:6	Daniel 7:25; 8:10-13; 11:36

Apoc.	Alusión al AT
13:7	Daniel 7:7-8, 21
13:7-18	Daniel 7:14
13:8	Éxodo 32:32-33; Salmos 69(68):28; Isaías 53:7; Ezequiel 13:9; Daniel 7:10; 12:1-2
13:9	Isaías 6:9-10
13:10	Jeremías 15:2; 43:11; Ezequiel 14:12-23;
13:11	Daniel 7:17; 8:3
13:13	Éxodo 4:17, 30; 7:11; 10:2; 11:10; Deuteronomio 13:1-5; 1 Reyes 18:24-39; 2 Reyes 1:10-14
13:14	Deuteronomio 13:1-5; Isaías 24:17; Daniel 3; 7:4b, 6b; 8:25; 11:32; Oseas 4:1
13:15	Daniel 3:5-6
13:16-17	Éxodo 13:9; Isaías 44:5
13:17	Isaías 44:5; Ezequiel 9:4; Daniel 3-5ss
13:18	1 Reyes 10:14; Daniel 3:1; 12:10
14:1	2 Reyes 19:31; Salmos 2:6-12; 48:2, 10-11; 74:2, 7; 125:1; Isaías 4:2-3; 10:12, 20; 24:23; 33:16; 37:30-32; 42:6-7; 49: 6; 51:4-8; 62; Jeremías 3:17; Ezequiel 9:4; 48:35; Joel 2:32; 3:16-17; Abdías 17, 21; Miqueas 4:5-8; Sofonías 3:9-20; Zacarías 8:2-7; 14
14:2	Salmos 81:3; 149:3; 150:3; Ezequiel 1:24; 43:2; Daniel 10:6
14:2-3	Salmos 2:6-12; 33:3; 40:3; 92:4; 96:1; 98:1; 144:9; 149:1; Isaías 42:10; Ezequiel 1:5, 24

Apoc.	Alusión al AT
14:3	Salmos 33:3; 40:3; 96:1; 98:1; 144(143):9; 149:1; Isaías 42:10
14:4	Éxodo 4:22; 19:15; Levítico15:16-18; Deuteronomio 23:9-10; I Samuel 21:5; 2 Reyes 19:21; 30-31; Isaías 37:22; 53:7; 65:4; Jeremías 2:2-3; 3:1-10; 14:17; 18:13; 23:14; 31:4, 7-8, 13, 21; Lamentaciones 1:15; 2:13; Ezequiel 23; 48:8; Oseas 1:2; 11:1; Amós 5:2
14:5	Salmos 32:2; Isaías 44:20; 53:9; 57:4-5; Jeremías 3:23; 13:25; 23:14; Sofonías 3:13
14:6	Isaías 40:9; 52:7; 60:6-14; 61:1
14:7	Éxodo 20:11; Josué 7:19; Nehemías 8:6; Salmos 22:23; 115:1; 146 (145):6; Isaías 24:15; 42:12; Jeremías 13:16; Ezequiel 7:7; 22:3; Daniel 4:34; 5:21; Malaquías 2:2
14:8	Génesis 41:32; Salmos 75:8ss; Isaías 13:19-22; 21:9; 23:15-18; 29:9; 51:17-23; Jeremías 25:15-16; 28:8; 50:2; 39-40; 51:7-8, 24-26; 62-64; Daniel 4:27, 30; Oseas 4:11-12; Nahum 3:4; Habacuc 2:15-16
14:10	Génesis 19:24. 28; Deuteronomio 29:23; 2 Samuel 22:9; Job. 21:20; Salmos 11:6; 60:3; 75(74):8; Isaías 1:22; 30:27-33; 51:17, 21-23; 63:6; Jeremías 25:15-18; 51:7; Ezequiel 38:22; Abdías 16
14:11	Isaías 34:9-10; 60:11, 15; 62:6; Jeremías 14:17; Lamentaciones 2:18; Ezequiel 37:26-28
14:13	Isaías 57:1-2; Daniel 12:13
14:14	Daniel 7:13; 10:16
14:15	Génesis 15:16; Salmos 68:24; Isaías 17:5; 63:2ss; Jeremías 51:33; Joel 3:13

Apoc.	Alusión al AT
14:15, 18	Joel 3:13
14:17-20	Génesis 15:16; Éxodo 23:16; 34:22; Números 18:12; 19:3; Isaías 27:12; 63; Jeremías 2:3; 51:33; Oseas 6:11; Zacarías 14:2-5, 12-16
14:18	Joel 3:13
14:19	Isaías 63:1-6; Lamentaciones 1:15; Joel 3:14
14:20	Isaías 63:3; Lamentaciones 1:15; Joel 3:13
15:1	Levítico 26:21; Deuteronomio 4:30
15:2	1 Reyes 7:23, 44; 2 Reyes 16:17; 2 Crónicas 4:2, 15; Salmo 74:12-15; Ezequiel 32:2
15:3	Éxodo 15ss, 11; 34:10; Deuteronomio 31:30; 32:3-4; Josué 14:7; 22:5; Salmos 86:9; 92:5; 110; 111(110):2; 139(138):14; 145:17; Jeremías 10:6-7, 10; Oseas 14:9; Amós 3:13(LXX); 4:13(LXX); Malaquías 1:11
15:4	Deuteronomio 32:4; Salmos 86(85):9-10; 98:2; 119:75; 145(144):17; Isaías 66:23; Jeremías 10:6-7, 10; Malaquías 1:11
15:5	Éxodo 25:21-22; 38:21; 40:34; Números 1:50
15:6	Levítico 26:1, 21, 30-31; Daniel 10:5
15:7	Éxodo 38:23-26; Números 4:14-15; 7:13-89; Salmo 75:8; Isaías 51:17, 22; Jeremías 25:15
15:8	Éxodo 19:18; 29:43; 40:28-29; 34ss; Levítico 16:2; 26:21; Números 9:15; 1 Reyes 8:10-11; 2 Crónicas 5:13-14; Isaías 6:1, 4; 66:1; Ezequiel 10:2, 4; 44:4
16:1	Salmos 69(68):24; 79:6; Isaías 66:6;

Apoc.	Alusión al AT
	Jeremías 10:25; Ezequiel 22:31; Sofonías 3:8
16:2	Éxodo 9:8-11; Deuteronomio 28:35
16:3	Éxodo 7:17-21
16:3-4	Éxodo 7:17-21
16:4	Éxodo 7:17-24; Salmo 78(77):44
6:5	Éxodo 3:14; Deuteronomio 32:4; 2 Crónicas 19:7; Job. 8:3; 34:10; Salmos 92:15; 119(118):75; 137; 145(144):17; Isaías 41:4
16:6	Salmo 79(78):3, 10, 12; Isaías 34:7; 49:26
16:7	Deuteronomio 32:4; Salmos 19(18):9; 119(118):137; Amós 3:13(LXX); 4:13(LXX)
16:8	Éxodo 10:21
16:9	Deuteronomio 32:24; Isaías 48:9-11
16:10	Éxodo 10:21-23; Isaías 8:22
16:11	Daniel 2:19
16:12	Génesis 15:18; Éxodo 14:21-22; Deuteronomio 1:7; Josué 1:4; Isaías 11:15-16; 41:2, 25; 44:27; 46:11; 50:2; 51:10; Jeremías 50:38; 51:36
16:13	Éxodo 8:2-7; 1 Reyes 22:21-23; Jeremías 14:14; 27:14; 29:8ss; Ezequiel 22:28; Miqueas 3:5
16:14	Salmos 104:30; Amós 3:13(LXX); 4:13(LXX)
16:15	Isaías 20:4; Ezequiel 16:36; 23:29; Nahum 3:5
16:16	Jueces 5:19; 2 Reyes 9:27; 23:29ss; 2 Crónicas 35:22; Ezequiel 39:17; Zacarías 12:11

Apoc.	Alusión al AT
16:17	Éxodo 9:22; Isaías 66:6
16:18	Éxodo 19:16-26; Daniel 12:1
16:19	Salmo 75:8; Isaías 51:17, 22; Jeremías 25:15; Daniel 4:30; Hageo 2:6; Zacarías 14:4
16:21	Éxodo 9:18-34; Josué 10:11; Ezequiel 38:19-22
17:1	Jeremías 28:11-13; 51:13
17:2	Isaías 1:21; 23:1-17; 29:9; Jeremías 2:20; 25:15-16; 51:7; Ezequiel 16:33-34; 26-28; Oseas 4:11-12; Amós 1:9; Jonás 3:5-10; Nahum 3:4
17:3	Isaías 13:21; 14:23; 21:1-10; Jeremías 50:12-13; Ezequiel 2:2; 3:12, 14, 24; 11:1; 20; 43:5; Daniel 7:3-7, 20, 24
17:4	Jeremías 2:34; 4:30; 13:27; 51:7-8; Ezequiel 16:10, 22; 28:13; Oseas 4:16-17
17:5	Jeremías 27:12(LXX); Daniel 2:18-19, 27-30, 47(LXX); 4:9, 30
17:6	Isaías 34:7; 49:26; Daniel 4:17, 19(LXX); 7:15-16
17:7	Daniel 2:27; 4:19(LXX); 7:3, 23
17:8	Éxodo 32:32-33; Salmo 69:28; Daniel 7:3, 10-11(LXX), 17(LXX), 21; 11:36; 12:1-2, 10
17:9	Isaías 2:2; Jeremías 51:25; Ezequiel 35:3; Daniel 2:35, 45; 7:3-7, 17, 23; 11:33; 12:10; Zacarías 4:7
17:10	Daniel 7:3-7
17:11	Salmo 2:9; Eclesiastés 11:2; Daniel 7:11, 17, 21; Miqueas 5:5
17:12	Daniel 4:17(LXX); 7:7-8, 19-24

Apoc.	Alusión al AT
17:14	Deuteronomio 10:17; Daniel 2:47; 4:34, 37(LXX); 7:21-22
17:15	Salmo 18:16; Isaías 8:7; 17:12-13; 23:10; Jeremías 46:7-9; 47:2; 51:13; Daniel 3-6
17:16	Levítico 21:9; 1 Reyes 16:31; 18:4; 2 Reyes 9:7, 22, 30-35; 10:9; 2 Crónicas 21:11, 13; Salmo 27:2; Isaías 1:21; 16:37ss; 23:15-18; 57:3; Jeremías 2:20–4:30; 10:25; 50:8, 32; 51:6; Ezequiel 16:15, 17, 28, 35, 37-41; 23:1-21, 25-29, 31-34, 44, 47; Oseas 2:2-5, 12; 4:12, 15, 18; 5:4; 9:1; Miqueas 1:7; 3:3; Nahum 3:4-5, 15; Miqueas 3:2ss
17:17	Éxodo 4:21; 7:3; 9:12; 10:1; 14:4, 8; 1 Reyes 10:24; 2 Crónicas 30:12; 36:22-23; Esdras 1:1; 7:27; Nehemías 2:12; 7:5; Jeremías 32:40; Ezequiel 16:37-41; 23:22, 29, 47; 38:21; Hageo 2:22; Zacarías 14:13
17:18	Salmo 2:2; 89(88):27
18:1	Ezequiel 40–48; 43:2
18:2	Isaías 13:21; 14:23; 21:9; 34:10-11, 13–14; Jeremías 9:11; 50:39; 51:8; Daniel 4:30; Sofonías 2:14-15
18:3	Isaías 23:17; 51:17, 22; Jeremías 25:15-16, 27; 51:7; Ezequiel 26–28; 27:12, 33
18:4	Génesis 12:1; 19:13-15; Números 16:26; Isaías 48:20; 52:11; Jeremías 50:8; 51:6, 9, 45
18:5	Génesis 18:20-21; 19:13; Esdras 9:6; Salmos 109:14; Jeremías 51:9; Oseas 9:9; Jonás 1:2
18:6	Salmos 75(74):8(9); 137(136):8; Isaías 40:2; Jeremías 16:18; 50:15; 29; Lamentaciones 4:21; Ezequiel 23:31-35(LXX); Habacuc 2:15-17
18:7	2 Samuel 22:28; Proverbios. 16:18; Isaías 47:8-9; Jeremías 50:31-32
18:7-8	Isaías 47:7-9
18:8	Levítico 21:9; Isaías 47; Jeremías 50:34; Ezequiel 26-27
18:9	Génesis 19:28; Salmo 48:4-5(LXX); Isaías 23:17; 34:9-10; Jeremías 50–51; Ezequiel 26:16-17; 27:30-35
18:9-19	Ezequiel 26; 27
18:10	Isaías 5:8-22; Ezequiel 26:16-18; Daniel 4:30
18:11	Ezequiel 27:30-36
18:12	Ezequiel 27:12-13, 22
18:12-13	Ezequiel 27:7-25
18:13	Ezequiel 27:13
18:15	Ezequiel 27:30-31, 36
18:16	Éxodo 28; Jeremías 4:30; Ezequiel 16:13, 23; 27:7(LXX); 28:13; Amós 5:16(LXX); Habacuc 2:6, 17
18:17	Isaías 23:14; Ezequiel 27:26-30
18:17-19	Ezequiel 27
18:18	Ezequiel 27:32
18:19	Ezequiel 26:19; 27:9, 30-34, 36
18:20	Deuteronomio 32:43(LXX); 2 Reyes 9:7; Salmos 48:4-7, 11; 96:11; Isaías 1:24; 44:23; 49:13; Jeremías 51:48
18:20-24	Jeremías 51:48
18:21	Isaías 41:12; Jeremías 51:63ss; Ezequiel 26:21; 26-27

Apoc.	Alusión al AT
18:22	Isaías 24:8; Ezequiel 26:13
18:22-23	Isaías 24:6, 8; Jeremías 7:34; 16:9; 25:10; Ezequiel 26:13
18:23	2 Reyes 9:22; 2 Crónicas 33:5-7; Isaías 23:8; 34:12; 47:9; Jeremías 7:34; 16:9; 25:10; Ezequiel 16; 28:5, 9; Miqueas 5:11-12; Nahum 3:4
18:24	Jeremías 51:49; Ezequiel 24:7; Nahum 3:1, 4
19:1	Salmos 58:10-11; 104:35; 105(104); 113:1; 113–118
19:2	Génesis 4:11(LXX); Números 31:2(LXX); Deuteronomio 32:43; 1 Samuel 24:12; 2 Reyes 9:7; Salmos 19:9; 79(78):10; 119(118):84, 137; Isaías 1:24; Jeremías 51:25
19:3	Isaías 34:9-10
19:3-8	Salmo 104:35
19:4	1 Reyes 22:19; 2 Crónicas 18:18; Salmos 47(46):8; 106:48; Isaías 6:1; Ezequiel 1:26-27
19:5	1 Crónicas 16:36; 23:5; 2 Crónicas 20:19; Salmos 22(21):23(24); 115:13; 134(133):1; 135(134):1, 20(LXX)
19:6	Éxodo 15:1, 18; 1 Corintios 16:31; Salmos 22:28; 47(46):7(8)-8(9); 93(92):1; 96(95):10; 97(96):1; 99(98):1; 104:35; Isaías 52:7; 61:10; Ezequiel 1:24; 43:2(LXX); Daniel 7:14; 10:6; Amós 3:13(LXX); 4:13(LXX); Zacarías 14:9
19:7	Salmo 118:24
19:7-8	Génesis 3:21; 35:2; Éxodo 25–37(LXX); Levítico 20:7-8; Deuteronomio 22:23-24; 1 Crónicas 16:28, 31; Salmos 45:14(13); 58:10-11; 118:24; 132:9, 16; Isaías 52:1; 54:5-8; 59:17; 61:10–62:5; Ezequiel 16:8-10; 44:17; Oseas 2:14-20; Zacarías 3:5-6(LXX)
19:8	Isaías 61:10
19:9	Isaías 25:6-7; 65:13-17
19:10	Éxodo 35:31; Ezequiel 39:29; Joel 2:28-32
19:11	Salmos 9:8(9); 72(71):2; 96(95):13; 98(97):9(LXX); Isaías 11:4; 49:23; 52:6; Ezequiel 1:1; Zacarías 1:8; 6:3, 6
19:12	Éxodo 6; Isaías 62:2-3; 63:1-3; 65:11-18; Jeremías 42:5; Ezequiel 38:23; Daniel 2:45; 10:6, 14; 10:21-12:13; Zacarías 9:9-10
19:13	Proverbios. 30:5; Isaías 61:10; 63:1-4; 65:17-19; Daniel 2:28-45
19:14	Salmo 2; Ezequiel 9:2; Daniel 10:5; 12:6;
19:15	Salmos 2:9; 45:3-5; 57(56):4; 80(79):1(2); Proverbios. 5:3-4; Isaías 11:4; 49:2; 63:2-6; Jeremías 6:3; Lamentaciones 1:15; Oseas 6:5; Joel 3:13; Amós 3:13(LXX); 4:13(LXX)
19:16	Génesis 24:2, 9; 47:29; Éxodo 32:27; Deuteronomio 10:17; Jueces 3:16, 21; Salmo 45:3; Isaías 63:1-6; Daniel 2:47
19:17	Levítico 26:29; 1 Samuel 17:44; 2 Reyes 9:36; Isaías 34:6; Jeremías 12:9; 46:10; Ezequiel 39:4, 17-20
19:17-18	Ezequiel 39:4, 17-20; Daniel 2; 4:35(LXX); 7:14; Zacarías 14
19:19	Salmo 2:2, 9; Ezequiel 38:2-9; 39:2; Daniel 7:21; Miqueas 4:11-12; Sofonías 3:8; Zacarías 12:3; 14:2, 13-14
19:20	Génesis 19:24; Levítico 10:2; Números 16:35; Salmos 21:10;

Apoc.	Alusión al AT
	55:15; Isaías 30:33; 34:9ss; Ezequiel 38:22; Daniel 3; 7:9b-11; 12:2
19:21	Salmos 2:2, 9; Isaías 11:4; 49:2; Ezequiel 38:2-8, 20-23; 39:2, 17–20
20:1-3	Génesis 2:16-17; 3:1, 4-5; Salmo 2:1-2, 9; Isaías 14:12; 24:21-22; 27:1; Daniel 6:17
20:1-6	Salmos 2:9; Isaías 1:26; 2:2; 11:4; 49:2; Jeremías 30:24; 48:47; 49:6; Ezequiel 38–39; 37–48; Daniel 2:28; 7:3, 10, 18, 22, 27; 10:14; Oseas 3:5; Sofonías 3; Zacarías 12–14
20:2	Génesis 3:1; Isaías 24:21; Zacarías 3:1ss
20:4	Génesis 2:7; Éxodo 19:6; Salmos 69(68):33; 119(118):175; Proverbios 3:22; Isaías 22; 55:3; 61:6; Daniel 7:9-22, 26-27
20:4-6	Génesis 3; Éxodo 19:6; Deuteronomio 1:10-11; 32:30; Josué 23:10; 1 Crónicas 16:15-17; Job 9:3; 33:23; Salmos 2:2, 9; 16; 50:10; 68:17; 90:4; 142(141):5(6), 7(8); Eclesiastés 6:6; Isaías 7:23; 26:19-21; 30:17; 43:18-19; 60:22; 65:16-17(LXX); Ezequiel 37:1-28, 36-48; Daniel 7:10, 27; 12:2; Oseas 6:2; Amós 5:3; Hageo 2:6-9(LXX)
20:5-6	Éxodo 19:6; Isaías 61:6; 65:16-17; 66:22; Zacarías 6:13
20:6	Éxodo 19:6; Isaías 61:6
20:8	Josué 9:2; Jueces 7:12; 1 Samuel 13:5; Salmo 2; Ezequiel 7:2; 37:9; 38:1-2, 4, 9, 15; 38–39; Daniel 7:2; Sofonías 3; Zacarías 12–14
20:9	Números 5:1-4; 31:19; Deuteronomio 23:14; 2 Reyes 1:10-14; Salmos 31:21; 78(77):68; 87(86):1-3; 122:6; Isaías 66:10; Jeremías 11:15; 12:7; Ezequiel 38:11, 16, 22; 39:2, 6; Daniel 12:2(LXX); Habacuc 1:6(LXX); Sofonías 3:14-17
20:10	Génesis 19:24; 2 Reyes 1:10-12; Salmo 11:6; Isaías 30:33; Ezequiel 38:22
20:11	Salmos 114(113):3, 7; Isaías 6:1; Daniel 7:9ss
20:11-12	Daniel 7:9-10
20:11-15	2 Crónicas 15:13; Salmos 28:4; 102:25-27; 115:13; Isaías 51:6; Jeremías 16:6; Ezequiel 1:26-28; Daniel 7:9-10; 12:1-2
20:12	Éxodo 32:32-33; Salmos 69(68):28; Daniel 7:10; 12:1
20:12-13	Salmo 28(27):4; 62(61):12; Proverbios 24:12; Isaías 59:18; Jeremías 17:10;
20:14	Isaías 22:14; 25:8; 65:14-18; 66:22-24; Jeremías 51:57; Daniel 12:1-2
20:15	Éxodo 32:32-33; Salmo 69(68):28; Isaías 4:3; 30:33; Daniel 12:1(LXX); Malaquías 3:16
21:1	Génesis 8:22; Isaías 43:18-19; 51:10-11; 57:20; 65:16-18; 66:22
21:2	Cantares 6; Isaías 52:1-10; 61:10; 62:1-5
21:3	Génesis 12:1-3; 17:2-8; 26:24; Éxodo 6:7; 25:8; Levítico 26:11-12; Deuteronomio 26:17-18; 28:1-14; 29:12-13; 2 Samuel 7:14, 24; 2 Crónicas 6:18; Salmo 95:7; Isaías 8:8; 35:10; 51:11; Jeremías 7:23; 11:4-5; 24:7; 30:22; 31:1, 33; 32:38; Ezequiel 11:20; 34:30-31; 36:27-28; 37:23, 26-28; 43:7; 47:22-23; Oseas 2:23; Zacarías 2:10-11; 8:8; 13:9

Apoc.	Alusión al AT
21:4	Isaías 25:8; 35:10; 43:18; 51:10-11; 65:17, 19-20; Jeremías31:16
21:5	1 Reyes 22:19; 2 Crónicas 18:18; Salmo 47(46):8; Isaías 6:1; 43:18-19; 65:16-17; 66:22; Ezequiel 1:26-27
21:6	Salmos 23; 36:8-9; Isaías 12:3; 41:4; 43:10; 44:6; 48:12; 49:10; 55:1; Jeremías 2:13; Joel 3:18; Zacarías 14:8
21:7	2 Samuel 7:14; Salmos 2:7-9; 89(88):26-29; Isaías 55:1-3
21:8	Génesis 19:24; Levítico 19:26-29; Deuteronomio 18:9-11; Jueces 7:3(LXX); 2 Reyes 9:22; Salmos 11:6; 106; 36-38; Isaías 30:33; Jeremías 3:7-10(LXX); Ezequiel 38:22
21:9	Levítico 26:21
21:9-10	Salmo 48:2; Isaías 2:2-3; 4:1-5; 25:6–26:1; 40:9; Ezequiel 2:2; 3:12, 14, 24; 11:1; 28:14, 16; 40:1-2; 43:5; Miqueas 4:1-2
21:10	Isaías 52:1; Ezequiel 40:1-2
21:11	Levítico 26:11; Isaías 58:8; 60:1-3, 19-20; Ezequiel 37:27; 43:2, 4-5; Daniel 12:3(LXX)
21:12	Éxodo 28:21; Ezequiel 48:30-35
21:12-13	Génesis 3:24; Isaías 26:1-2a; 62:2, 5-6, 10; Ezequiel 40:5-6; 41:25; 42:15-19; 48:31-34; Zacarías 2:5
21:12-22:5	Ezequiel 40-48
21:14	Éxodo 28:21; 39:14; 1 Crónicas 24:3-19; 25:6-31; 26:17-19; Isaías 54:11-12; Ezequiel 41:22; 44
21:15	Ezequiel 40:3-5
21:16	Génesis 11:4; Ex 27:1; 28:16; 30:2; 1 Reyes 6:20; Ezequiel 40:5; 41:21(LXX); 43:16-17(LXX); 45:1-5; 48:8-13, 20(LXX); Zacarías 1:16
21:16-17	Ezequiel 48:16-17
21:17	Deuteronomio 3:5; 28:52; Isaías 54:1-4, 11-13; Ezequiel 40:3, 5; 42:20; 48:16, 35; Zacarías 1:16; 2:2-5
21:18	Isaías 54:11-12
21:18-20	Éxodo 28:2-30; 36:16; 39:8-14; 1 Reyes 6:20-22; 7:9-10; Isaías 26:1-3; 52:1ss; 54:11-12; 62:1-5; Lamentaciones 4:1-2; Ezequiel 28:12-16; 48:35; Zacarías 9:16
21:19	Isaías 54:11-12
21:21	2 Crónicas 3:4-5, 8; 4:20-21; 9:15; Job 25:5; 28:19; Isaías 54:11-12; Daniel 2:32; Habacuc 3:4(LXX)
21:22	Isaías 65:17; Jeremías 3:16-17; Ezequiel 40-43; Amós 3:13(LXX); 4:13(LXX); Hageo 2:9
21:23	Isaías 24:23; 30:26; 60:1, 19-20; Ezequiel 43:2, 5; Malaquías 4:2
21:23-26	Isaías 60:1-13, 19
21:24	Salmos 72(71):10; 89(88):27; Isaías 60:3, 5, 11b
21:24-26	Génesis 3:24; Salmos 72:10; Isaías 2:2, 5; 11:6-12; 49:6-8; 60:3, 5, 11-14; Zacarías 14:7, 11, 14
21:25	Isaías 60:11; Zacarías 14:7
21:26	Salmos 72:10-11
21:27	Éxodo 32:32-33; Salmo 69(68):28; Isaías 4:3; 35:8; 52:1; Ezequiel 44:9; Daniel 12:1
22:1	Génesis 2:10; Salmo 46:4; Ezequiel

Apoc.	Alusión al AT
	47:1; Joel 3:18; Zacarías 14:8
22:1-2	Génesis 2:9-10; 3:22; Isaías 35:4, 6-10; 41:18-20; 43:18-20; Jeremías 2:13; Ezequiel 36:25-27; 47:1-9, 12; Joel 3:18; Zacarías 14:8
22:2	Génesis 2:9-10; 3:22, 24; 1 Reyes 6:18, 29, 32, 35; Isa. 35:6-9; 41:17-20; 43:18-20; 51:3-6; Ezequiel 36:26-35; 41:18-26; 47:8-9, 12, 17; Joel 3:18
22:3	Isaías 61:6; 65:22-23; Ezequiel 44:15; Zacarías 14:2, 11
22:4	Éxodo 28:17-21, 36-38; 33:20; Números 6:25-27; Job 19:25-27; Salmos 11:4-7; 17(16):15; 27:4; 42:2
22:5	Salmos 4:6; 8; 31:16; 67:1; 80:3, 7, 19; 119:135; Isaías 60:19-20; Daniel 7:18, 27; Zacarías 14:7, 9
22:6	Isaías 43:18-19; 65:16-17; 66:22; Daniel 2:28-29, 45
22:7	Isaías 40:10; Daniel 2:28-29, 45
22:8	2 Reyes 17:7-23; 2 Crónicas 24:18-19; Nehemías 9:26-27a
22:10	Daniel 2:28-29, 45; 8:27; 12:4, 8-9, 13
22:11	Isaías 6:9-10; 29:9-10; Jeremías 44:25; Ezequiel 3:27; 20:39; Daniel 12:4, 9, 10

Apoc.	Alusión al AT
22:12	Levítico 19:2; Job. 41:11; Salmos 28(27):4; 62(61):12; Proverbios 24:12; Isaías 40:9-10(LXX), 13-14; 47:11; 59:18; 62:11; Jeremías 6:26; 17:10; Daniel 2:28-29, 45; Malaquías 3:1
22:13	Isaías 40:10; 44:6; 48:12
22:14	Génesis 2:9; 3:22; 49:11; Salmos 100:4; Isaías 26:2; 60; 62:10-11; 65:22(LXX); Ezequiel 47:12
22:15	Génesis 3:23-24; Deuteronomio 23:18, 19; Salmos 59:6, 14; 101:3, 7-8; Isaías 56:10-11; Jeremías 8:10; Malaquías 3:5
22:16	Números 24:17; Isaías 11:1, 10; 53:2; 60:1-3; Malaquías 3:1
22:17	Isaías 55:1; Zacarías 14:8
22:18-19	Deuteronomio 4:1-2; 12:32; 28:58-61; 29:19-21; Proverbios. 30:6; Jeremías 25:13;
22:19	Génesis 2:9; 3:22; Deuteronomio 29:20; Ezequiel 47:12
22:20	Malaquías 3:1, 5

Notas

1. Varias fuentes fueron usadas al compilar la lista de alusiones. Ver las páginas correspondientes en B.A. Aland, K. Aland, J. Karavidopoulos, et al., *The Greek New Testament* (El Nuevo Testamento griego), 4ta. ed. (Stuttgart: United Bible Societies, 1994); *Nestle-Aland Novum Testamentum Greace,* 27a. ed. (Stuttgart: United Bible Societies, 1994); y B.F. Westcott y F.J.A. Hort, *The New Testament in the Original Greek* (El Nuevo

Testamento en el griego original), vol. 1, The Greek Text (El texto griego) (Cambridge: Cambridge University Press, 1881). En una traducción fresca del Apocalipsis, P.S. Minear también incluye una compilación de alusiones. Ver *I Saw a New Earth* (Yo vi una nueva tierra), 300-365. Quizá el mejor comentario con el análisis más comprensivo de las alusiones es *The Book of Revelation* (El libro de Apocalipsis) de Beale. Virtualmente cada página del comentario en el texto del Apocalipsis trata el uso que Juan hace del Antiguo Testamento.

2. Ver capítulo 5, subtítulo **"Alusiones al Antiguo Testamento,"** párrafos 5 y 6 para un tratamiento de este ejemplo.

Apéndice B

Clave para algunos símbolos en Apocalipsis

Los símbolos son parte de la vida diaria. Frecuentemente los entendemos y aceptamos, usualmente sin pensar en ello. Algunos símbolos retratan lo que representan, mientras que otros no, o pueden hacerlo de una manera obscura. Si escuchamos en las noticias "La Casa Blanca dijo hoy..." no nos imaginamos que un edificio blanco nos esté hablando. Un ciudadano que ha crecido en los Estados Unidos sabría lo que se está comunicando. Pero si una persona de otro país escucha el reporte, el significado puede perderse, es decir que "El presidente dijo el día de hoy..." Un visitante de otro país al escuchar el reporte, puede atorarse en el símbolo, en lugar de ver más allá del símbolo a lo que este significa. ¿Por qué? El contexto se ha perdido.

Él que visita el libro de Apocalipsis puede quedarse atascado también. (La frase "atascado" es simbólica, ¿no es así?) Necesitamos evitar cometer el error de atascarnos en los símbolos y fracasar en movernos hacia el verdadero significado. Muchos toman los símbolos de manera literal: una bestia literal; una batalla literal en el Armagedón; y un período literal de mil años. Sin embargo, muy pocos pensarían que Jesús es literalmente un Cordero de siete cuernos y siete ojos. Ellos sabrían que se están usando símbolos y que estos símbolos apuntan a una realidad más profunda.

Viviendo casi dos mil años después de que el Apocalipsis fue escrito, nosotros, como estudiantes de la Biblia estamos en una situación afortunada. Los académicos han sido capaces de descubrir los significados de casi todos los símbolos del Apocalipsis. Como sugerí anteriormente, la mayoría de ellos tienen sus raíces en el Antiguo Testamento. Por ejemplo, sabemos que el siete es un símbolo de totalidad y que el cuerno simboliza poder y autoridad. Por lo tanto, el retrato de Jesús con siete cuernos enfatiza su completa autoridad. (Apocalipsis 5:6).[1] Algunos de los símbolos pudieron ser influidos por la cultura del primer siglo.[2] Sin importar la fuente, debemos de ir más allá del símbolo hacia lo que este realmente significa. No tenemos que pensar que Jesús es literalmente un Cordero, un León o un Novio.

¿Y la aplicación? Para hacer una aplicación apropiada debemos de entender el contexto. Quizá una ilustración contemporánea sea de ayuda. "La Casa Blanca" alrededor de 1950 simbolizaba a los presidentes Truman y Eisenhower, en 1980 representaba a Reagan y Bush. A través de las décadas, el símbolo siempre significaba el ocupante presente de la Casa Blanca, el Presidente de los Estados Unidos junto con su departamento ejecutivo, pero su significado específico cambiaba al cambiar de administración. Tenía un número de aplicaciones específicas mientras que a la vez seguía teniendo mucho en común con significados anteriores. Este punto fue explorado más profundamente en el capítulo dedicado a los símbolos.

El intentar asignar una interpretación a cada símbolo va más allá del alcance de este apéndice. Además de esto, ya que este es un libro que trata de principios, se trata en gran manera de que tu realices tu propio estudio personal de los símbolos Aquí proporciono una lista parcial de símbolos en sus categorías principales, revelando su rico y frecuente uso en el Apocalipsis:

- Creaturas (león, cordero, buey, águila, caballos, escorpiones, langostas, un dragón, una serpiente, dos bestias, un leopardo, un oso, ranas, aves, ganado, oveja, etc.);
- Muebles, y artículos de hogar y para la agricultura (tronos, lámparas, lámparas de pedestal, llaves, altares, un incensario, una hoz, una prensa de vino, cálices, una piedra de molino, artículos hechos de madera de citrón, marfil, maderas preciosas, bronce, hierro, mármol, etc.);
- Minerales y piedras preciosas, así como metales (jaspe, cornalina, bronce, hierro, latón, cobre, plata, oro, perlas, zafiro, crisoprasa, esmeralda, sardónice, berilo, topacio, crisoprasa, jacinto, amatista, etc.);
- Artículos de vestuario (túnicas, ropa, cilicio, lino fino, seda, tela escarlata, coronas, etc.);
- Partes del cuerpo humano (cabezas y frentes, bocas, manos, pies, ojos, oídos, etc.);
- Alimentos y bebidas (vino, maná, pan, agua, aceite, trigo, centeno, etc.);
- Instrumentos musicales (arpas; flautas, trompetas, etc.)
- Objetos inanimados (sol, luna, estrellas, la estrella de la mañana, montes, islas, montañas, desiertos, etc.); y
- Ciudades y países (Babilonia, Roma, Egipto, la Nueva Jerusalén, Sodoma, etc.).

Consultando el apéndice en las alusiones al Antiguo Testamento es un buen punto de partida para explorar los símbolos enlistados previamente y más adelante. Cuando esto se conjunta con un análisis de los mejores comentarios, puedes alcanzar cierto grado de certeza al identificar lo que la mayoría de los símbolos representa. Por ejemplo, muchos cristianos verían la conexión de los símbolos siguientes con los pasajes correspondientes del Antiguo Testamento: el árbol de vida, el maná escondido, la vara de hierro, el templo, los pilares del templo, la estrella de la mañana, la llave de David, las cuatro criaturas vivientes, las dos bestias, etc.

Finalmente, se ofrece la clave presentada a continuación para las dos categorías principales de símbolos como un ejemplo de lo que puedes descubrir cuando sigues los principios presentados en este libro:

1. El significado de algunos de los números[3]

a. El número dos está asociado con testigos y testimonio (Apocalipsis 11:1ss) y probablemente se deriva de su uso en el Antiguo Testamento (Deuteronomio 17:6; 19:15; Zacarías 4:2-3, 11-14).

b. El número tres es asociado frecuentemente con lo divino (Dios, Cristo y el Espíritu Santo, en Apocalipsis 1:4ss) o aun con las fuerzas inmundas (el dragón, y las dos bestias, como una banda de tres en Apocalipsis 12-13; las tres plagas de fuego en 9:18; o los tres espíritus inmundos en forma de ranas en 16:13). Tres años y medio; 1,260 días; tiempo, tiempos y la mitad de tiempo; y cuarenta y dos meses son asociados con el período de calamidad y sufrimiento del pueblo de Dios y probablemente tiene sus raíces en Daniel 7:25 (ver también Apocalipsis 11:2-3, 9, 11; 12:6ss; 13:5).

c. Cuatro enfatiza totalidad y posiblemente se deriva de la imagen de los cuatro puntos cardinales (Apocalipsis 4:6, 7, 8, 9; 5:8, 11, 14; 6:1, 3, 5, 6, 7; 7:1, 11; 9:14; etc.). Este número es aún representado en la inscripción "de todo linaje y lengua y pueblo y nación" (Apocalipsis 5:9).

d. El número diez y los múltiplos de diez (1,000 y millares de millares) se encuentran, con frecuencia, asociados con la maldad (2:10; 12:3; 17:3, 12, 16; 20:1ss). La referencia a los santos reinando por 1,000 años es el único lugar donde el número es usado en conexión a Cristo y su pueblo (Apocalipsis 20:4ss). Miles y miles de ángeles adoran a Cristo (Apocalipsis 5:11). Quizá el simbolismo del número diez se encuentra en el Antiguo Testamento en pasajes tales como las diez plagas de Egipto en Éxodo 7-12, los diez mandamientos en Éxodo 20, etc.

e. El número doce y sus múltiplos (24 y 12,000) está ligados a Dios y a su pueblo en la tierra (Apocalipsis 4:4 [quizá los 24 ancianos son representantes del pueblo elegido bajo ambos pactos, el Antiguo y el Nuevo Pacto]; 7:1ss; 12:1; 21:12, 14, 20, 21; ver también Santiago 1:1). Su uso es plenamente reconocido en los Evangelios (los doce apóstoles, Mateo 10:1ss; 19:28), tanto como en el Antiguo Testamento (las doce tribus, Génesis 35:22; 49:28; Éxodo 24:4; 39:14; Josué 4:1-9). Esencialmente, el doce y sus múltiplos, son el número del pueblo de Dios.

f. El número 666 en Apocalipsis 13:18 ha recibido considerable atención. Algunos ven una referencia a un emperador en particular (por ejemplo, Nerón o Domiciano), mientras que otros ven el número en contraste con el siete, uno que falla en alcanzar la totalidad. Quizá el triple seis enfatiza lo completamente malvada que es la bestia. Lo que importa no es la precisa identificación sino la habilidad de los cristianos de discernir la maldad, sin importar la forma que ésta tome.

2. El significado de algunos colores

a. El color blanco usualmente se refiere a la pureza (Apocalipsis 1:14; 2:17; 3:4-5; 6:11; 7:9, 13; 14:14; 19:14), pero algunas veces es una parodia de la pureza (6:2).

b. El color negro señala juicio, apuro, o desastre (Apocalipsis 6:5, 12),

c. El color rojo nos recuerda la violencia, caída, o sangre (Apocalipsis 6:4; 8:7, 8; 9:17; 11:6; 12:3; ver también 1:5; 5:9; 6:10, 12; 7:14; 8:7, 8; 11:6; 12:11; 14:20; 16:3, 4, 6; 17:6; 18:24; 19:2, 13 para referencias a la sangre).

d. El color verde (o pálido) está asociado con la muerte (6:8).

e. El morado o escarlata está asociado con el esplendor de la maldad y toda su extravagancia (Apocalipsis 17:3-4; 18:12, 16).

Notas

1. Beale hace la siguiente observación sobre el uso de Daniel 7: "En Apocalipsis 5:6 se usa la parodia irónica para retratar al Mesías derrotando a su enemigo usando las imágenes de Daniel 7, donde se usa para describir la derrota a los santos por la bestia." Ver *The Book of Revelation* (El libro de Apocalipsis), 354.
2. Para ejemplos sobre esto, ver Hemer, *The Letters to the Seven Churches of Asia in Their Local Setting* (Las cartas a las siete iglesias de Asia en su contexto local).
3. Ver capítulo 6, Algunos ejemplos de interpretación de lo figurativo, Ejemplo 2 para una consideración del número siete.

Apéndice C

Comentarios recomendados

¿Cuáles son los mejores comentarios para libros específicos en la Biblia? Esta es una de las preguntas que se me presenta frecuentemente como profesor de un seminario. Para comentarios que se enfocan principalmente en cómo Apocalipsis hubiera sido entendido por los recipientes en el primer siglo, yo recomiendo las siguientes categorías. El primer nivel es una lista de obras para aquellos que no tienen conocimiento de los lenguajes bíblicos El segundo nivel incluye obras que requieren, si acaso, un poco de conocimiento. El tercer nivel requiere conocimiento de los lenguajes bíblicos. [Nota del editor: el autor estudió estos libros en inglés. Es probable que algunos, pero no todos, estén actualmente disponibles en español.]

Nivel Uno:

Gregg, S., ed. *Revelation: Four Views, A Parallel Commentary.* Nashville: Thomas Nelson. 1997.

Hendriksen, W. *More Than Conquerors: An Interpretation of the Book of Revelation.* Grand Rapids: Baker, 1939.

Hicks, P. *Revelation: Crossway Bible Guide.* Leicester, England: Crossway Books, 2004.

Wilcock, M. *The Message of Revelation.* The Bible Speaks Today. Downers Grove, IL: InterVarsity, 1975.

Nivel Dos:

Beasley-Murray, G.R. *The Book of Revelation,* ed. rev. The New Century Bible. Greenwood, SC: Attic Press, 1978.

Caird, G.B. *The Revelation of St. John.* Black's New Testament Commentary. Peabody, MA: Hendrickson, 1966.

Keener, C.S. *Revelation.* The NIV Application Commentary. Grand Rapids: Zondervan, 2000.

Koester, C.R. *Revelation and the End of All Things.* Grand Rapids; Eerdmans, 2001.

Mounce, R.H. *The Book of Revelation,* ed, rev. New International

Commentary on the New Testament. Grand Rapids: Eerdmans, 1998.

Nivel Tres

Aune, D.E. *Revelation.* 3 vols. Word Biblical Commentary. Dallas: Word, 1997-1999.

Beale, G.K. *The Book of Revelation.* The New International Greek Testament Commentary. Grand Rapids: Eerdmans, 1999.

Beckwith, I.T. *The Apocalypse of John.* Grand Rapids: Baker, 1979.

Witherington III, B. *Revelation.* The New Cambridge Bible Commentary. Cambridge: Cambridge University Press, 2003.

Swete, H.B. *The Apocalypse of St. John.* Grand Rapids: Eerdmans, 1908.

Los términos

1. **Alusiones** – Una alusión es una referencia indirecta sin cita formal y directa. *El Apocalipsis tiene numerosas alusiones al Antiguo Testamento, pero no cita formalmente el Antiguo Testamento.*
2. **Antagonista** – El "antagonista" es el principal adversario, u oponente, del héroe principal o personaje bueno de una narrativa. El héroe es llamado el protagonista. *Mientras que Dios es el protagonista en el Apocalipsis, Satanás es su antagonista.*
3. **Antitipo** – Un "antitipo" es una persona, evento, o cosa que es prefigurada o anticipada por una persona, evento o cosa anterior. Con frecuencia, una realidad del Nuevo Testamento es prefigurada por una realidad que es su contraparte en el Antiguo Testamento, llamada "tipo." *Las plagas del Antiguo Testamento infringidas a Egipto son el tipo; las similarmente descritas copas de la ira de Dios (Apocalipsis 6:1ss) son el antitipo.*
4. **Apocalipsis** – El término "apocalipsis" se usa con frecuencia para referirse al libro de Apocalipsis, cuya palabra inicial en el texto original griego es *apokalypsis,* que significa "revelación" o "develación." También se puede referir a la literatura del género apocalíptico, definido a continuación. *El Apocalipsis fue escrito por el apóstol Juan en un estilo apocalíptico.*
5. **Apocalíptico** – El "apocalíptico" es un tipo específico de género literario, popular del 200 a.C. al 200 d.C., que está caracterizado por visiones fantásticas, mensajeros de otro mundo, y que se apoya grandemente en lenguaje simbólico/

metafórico. El género apocalíptico fue usado con la intención de exhortar y animar a la audiencia de lectores en el presente, "revelando" verdades de otro mundo, y dando un vistazo a la prometida liberación futura de la maldad, que algunos han asociado los esfuerzos por proveer esperanza y perseverancia en vista de los peligros y/o las opresiones presentes. *Ambos Daniel y el Apocalipsis usan el género apocalíptico para revelar el mensaje de Dios de ánimo y exhortación para sus audiencias.*

6. **Bienaventuranzas** – Mientras que "bienaventuranza" es usada comúnmente para designar a las declaraciones iniciales de Jesús en el Sermón del Monte ("Bienaventurados los..."), esta se puede referir simplemente a la declaración de una bendición prometida, encontrada en un texto dado. Juan dio una bendición cuando escribió, *Bienaventurado el que lee, y los que oyen las palabras de esta profecía, y guardan las cosas en ella escritas* (Apocalipsis 1:3).
7. **Canon** – El "canon", que originalmente significó "vara de medir" o "estándar," se refiere al grupo de libros que son aceptados como la palabra autoritativa de Dios, comúnmente referida como las Sagradas Escrituras, o la Biblia. Ellos son el estándar inspirado para las afirmaciones de la fe y la conducta. Para los cristianos, este incluye los sesenta y seis libros del Antiguo y Nuevo Testamentos (mientras que los católicos añaden los libros apócrifos). El judaísmo reconoce solamente los libros del Antiguo Testamento. *Al adoptar al Apocalipsis como parte de los libros de la Escritura, los primeros padres de nuestra fe dieron testimonio de su carácter autoritativo e inspirado.*
8. **Concordancia** – Una "concordancia" es un listado en orden alfabético de palabras bíblicas en una determinada versión con su localización y contexto. Existen tres tipos de concordancias: exhaustiva, completa, y analítica. Una concordancia exhaustiva enlista todas las palabras en una traducción dada, dando en cada palabra sus ocurrencias en contexto, excepto por palabras como artículos ("el"), conjunciones ("y"), etc. Una concordancia completa presenta en una lista todas las palabras en una traducción determinada,

dando, bajo cada palabra representada, ejemplos (y para algunas palabras todas las ocurrencias) de sus ocurrencias en contexto. Una concordancia analítica va más allá de esto al agrupar las ocurrencias de las palabras bajo la fuente original de la palabra (hebreo, arameo, o griego), mostrando una o más formas en que la palabra original es traducida en esa versión. Últimamente, las editoriales han oscurecido algunas de estas distinciones al añadir material del idioma original a las concordancias exhaustivas a fin de ayudar al lector. *Al consultar una concordancia, somos capaces de examinar todas las veces que la palabra "puerta" aparece en el Apocalipsis.*

9. **Contexto histórico** – El "contexto histórico" se refiere al periodo de tiempo, cultura, situación, atmósfera, costumbres, estilo de vida, y vida en general, de ambos, el autor bíblico y de su audiencia. La tarea interpretativa intenta reconstruir, tan cercanamente como nos sea posible, el contexto histórico, para entender mejor la intención original del autor y su significado. *El contexto histórico para la audiencia original del Apocalipsis incluye la dominación del Imperio romano y la opresión judía.*

10. **Crítico** – Un "crítico" es alguien que analiza, evalúa, y expresa opiniones informadas y juicios en un asunto. En el contexto del estudio bíblico, el crítico examina las Escrituras usando los mejores principios y métodos, para que la voz de Dios sea escuchada claramente. *Cuando los críticos examinan la fecha, propósito, audiencia, y aun la gramática del Apocalipsis, ellos desarrollan una perspectiva más clara del significado que el autor quiso expresar.*

11. **Culto imperial** – El "culto imperial" era el fenómeno de la adoración en que los emperadores romanos eran exaltados como dioses. La adoración del emperador se expresaba en: templos dedicados a los emperadores, sacrificios al emperador, y el dirigirse al emperador como a un dios. Los cristianos que rehusaban tal adoración al emperador eran perseguidos y aun asesinados. *El mensaje del Apocalipsis para los cristianos, a quienes se les requería participar en la*

idolatría del culto imperial romano, es que deberían de ser fieles y perseverar, porque Dios triunfará en última instancia.

12. **Doxología** – Una "doxología" es una forma de alabanza ofrecida a Dios en el contexto de la adoración. Es indicada comúnmente en las Escrituras al finalizar con un "Amen." *La doxología en Apocalipsis 1:4-8 ofrece alabanza y también introduce algunos de los temas del Apocalipsis: las obras de Dios, de Cristo, y del Espíritu Santo; viviendo como sacerdotes en el reino entre la primera y la final venida de Cristo en culminante triunfo.*

13. **Epístola/Epistolario** – La palabra "epístola" simplemente significa "carta," refiriéndose a la correspondencia entre un autor y su audiencia específica. El término "epistolario," se refiere a un género literario específico caracterizado por tener la forma de una carta. *La clasificación del Apocalipsis como la de una carta es apoyada por su saludo introductorio (1:4-6), su cierre (22:21), y por los mensajes dirigidos específicamente para las siete iglesias (cap. 2-3).*

14. **Escatología** – La palabra "escatología" significa literalmente el estudio de "las últimas cosas," derivándose de la palabra griega *eschatos,* que significa "último". El término, que no aparece en la Biblia, es usado por teólogos cristianos para designar las creencias relacionadas con los eventos finales de la historia mundial: eventos finales de cataclismos, muerte, resurrección, la intervención de Dios en la historia con el regreso de Cristo, el Juicio Final, el triunfo del bien sobre el mal, el destino de la humanidad (castigo y recompensa), los nuevos cielos y la nueva tierra o el infierno, la vida después de esta vida en un completo nuevo orden. A pesar del énfasis de los teólogos en el futuro, la escatología tiene mucho más que ver con Jesucristo, quien es el Primero y el Último (Apocalipsis 1:17), y con nuestra vida cristiana y esperanza durante lo que ya constituyen los últimos días, los últimos días entre la primera y la final venida de Cristo. *El libro de Apocalipsis da nueva forma a nuestras nociones de escatología al exhortar y animar a los cristianos a vivir vidas responsables y llenas de esperanza entre la primera y la final venida de Cristo.*

15. **Evangelios sinópticos** – Los "Evangelios sinópticos" son los primeros tres libros del Nuevo Testamento, los Evangelios de Mateo, Marcos, y Lucas. Se refieren a ellos como los "Evangelios sinópticos" debido a que tienen información similar, o partes principales, dentro de sus relatos, y una configuración que difiere ampliamente del Evangelio de Juan. *Los "Evangelios sinópticos" fueron escritos antes que el evangelio de Juan.*

16. **Exégesis** – "Exégesis" significa literalmente "sacar afuera" o "extraer." De acuerdo con esto, la "exégesis" es la ciencia y el arte de extraer el significado del texto, con el propósito de entender y explicar el significado que el autor original quiso comunicar. Los medios empleados incluyen: estudio de palabras, estudio gramatical, estudio de la forma y la estructura, los contextos históricos y bíblicos, etc. *La exégesis del libro de Apocalipsis debe incluir el estudio de los varios símbolos en su contexto original.*

17. **Exégesis canónica** – La "exégesis canónica" estudia como un pasaje bíblico o un libro encaja en su total contexto bíblico o canónico. (Ver también "Canon»). *Practicamos exégesis canónica cuando descubrimos que el énfasis de Apocalipsis en vivir fielmente ahora, en estos últimos días, nos sitúa directamente en el contexto de las enseñanzas del Nuevo Testamento.*

18. **Género** – El "género literario" es el tipo, forma, o estilo de cierta clase de obra literaria. La Biblia tiene numerosos géneros: narrativa, ley, historia, poesía, sabiduría, profecía, evangelio, epístola, apocalipsis, etc. Los géneros comunican de una manera única y deben de ser interpretados con los principios apropiados para cada género. *A diferencia de la narrativa histórica, el género apocalíptico está caracterizado por visiones fantásticas, revelaciones, mensajeros celestiales, lenguaje simbólico, y ambas, exhortación y palabras de aliento.*

19. **Hermenéutica** – La "hermenéutica" es la ciencia y arte de entender e interpretar la Escritura. Se refiere a los principios que se deben de seguir a fin de interpretar correctamente lo

que un texto dado significó para los recipientes originales, con el propósito de entender lo que significa para nosotros hoy en día. Los principios hermenéuticos incluyen, entre otros: interpretar las Escrituras usando las Escrituras; interpretar textos oscuros usando los que son más claros e interpretar a la luz del contexto histórico, cultural y literario. *Entre los principios hermenéuticos sanos que debemos de emplear para interpretar correctamente el Apocalipsis, está el de considerarlo en sus propios términos. Hacemos esto al estudiar seis elementos claves: 1. La Escena de la Escritura (contexto escritural), 2. Contexto Histórico (contexto histórico-cultural), 3. Estilo, 4. Fuentes, 5. Simbolismo, y 6. Estructura.*

20. **Inclusio** – El "inclusio" es un mecanismo literario, también llamado enciclado o encuadrado, que ocurre cuando conceptos similares clave se encuentran al principio y al final de una unidad de Escritura. Estos conceptos clave están puestos como sujetalibros alrededor del texto. El propósito del "inclusio" es el de reforzar la importancia del material repetido. *Los llamados a la fidelidad que se encuentran al principio y al final del libro de Apocalipsis forman un "inclusio".*

21. **Libreto** – Un "libreto" es el "texto o letra de una obra del género lírico, como una ópera o una zarzuela" (dle.rae.es/). También se puede referir a una obra musical sagrada. *Handel compuso "El Mesías" usando un "libreto" que contiene ricos pasajes de la Escritura sobre Jesús.*

22. **Literal** – La palabra "literal" se deriva de la palabra latina "littera" que significa "letra." Cuando se requiere una interpretación literal del pasaje, entonces, se debe de interpretar de acuerdo al significado natural tal y como debe de ser entendido de acuerdo con las reglas de la gramática, dicción, contexto, y el género literario del escrito. En el lenguaje diario usamos el término "literal" para el significado normal y franco, en oposición a un significado simbólico o figurado. *Al estudiar el Apocalipsis, el cual está lleno de simbolismo, necesitamos descubrir si interpretamos algo en una forma literal o simbólica.*

23. **LXX** – Ver Septuaginta.

24. **Metáfora** – Una "metáfora" es una directa comparación simbólica, o una representación, que identifica a un sujeto con otro, implícitamente asociando también sus atributos. *Apocalipsis 1:20 identifica una metáfora usada previamente: "los siete candeleros que has visto, son las siete iglesias".*

25. **Milenial** – "Milenial" se refiere a mil años. El término se usa con frecuencia para referirse al reino de mil años de Cristo (milenio), mencionado en Apocalipsis 20:4. Los teólogos interpretan esto de diversas maneras: Cristo regresará antes del milenio (premilenialistas); Cristo regresará después del milenio (postmilenialistas); y, en una interpretación simbólica del milenio, los cristianos están reinando con Cristo ahora, ya sea en la tierra o en el cielo (amilenialistas). *Cristianos que son sinceros pueden llegar a sostener diferentes puntos de vista sobre el reino milenial.*

26. **Musa** – En el mundo de las artes, una "musa" es "una fuente de inspiración… un genio guiador" derivado de la mitología griega, donde las musas presidían sobre las artes. *Cuando Juan escribió el Apocalipsis, su inspiración no fue una musa ordinaria; él fue inspirado por el Dios del cielo.*

27. **No literal** – "No literal" se refiere a un significado simbólico o figurado para un término o una frase específica. *Apocalipsis 12:3 usa la imagen no literal, simbólica de un dragón rojo, para referirse al diablo, interpretado plenamente en 12:9.*

28. **Paralelismo** – El "paralelismo" es un mecanismo literario, especialmente prevalente en la poesía hebrea, donde líneas sucesivas tienen una correspondencia temática, por medio de la repetición, similitud, contraste, o expansión. La correspondencia puede ser en palabras, frases, símbolos, etc., a fin de enfatizar el aspecto específico que se pone en paralelo. El quiasmo es una forma especializada de paralelismo. *El paralelismo es evidente en las líneas opuestas de Proverbios 10:1 – "el hijo sabio alegra al padre, pero el hijo necio es tristeza de su madre".*

29. **Parodia** – Una "parodia" es un mecanismo literario en el cual se usa una imitación ridícula, o débil, a fin de enfatizar

una comparación, o para ridiculizar aquello que se está comparando. *La bestia que sale del mar en Apocalipsis 13:1ss, es una parodia del Cordero; tiene cuernos, cabezas, coronas, una herida mortal que es sanada, autoridad universal, y es objeto de adoración.*

30. **Parusía** – La palabra "parusía" significa literalmente "venida," "llegada." o "presencia," y es usada con frecuencia por los teólogos para referirse a la venida final de Cristo. *La parusía de Cristo marcará el tiempo del juicio final.*

31. **Pentateuco** – El "Pentateuco" constituye los primeros cinco libros del Antiguo Testamento (Génesis, Levítico, Números, y Deuteronomio). *En el Pentateuco, existe repetición en los dos relatos de la creación (Génesis 1-3) y en los dos relatos de la entrega de los Diez Mandamientos (Éxodo 20 y Deuteronomio 5).*

32. **Predicción** – La "predicción" es ver o decir anticipadamente (eventos, situaciones, etc.). Cuando se aplica a la profecía, ésta enfatiza la naturaleza predictiva de la profecía, en contraste con el aspecto de proclamación (ver a continuación). *En lugar de enfocarse en el Apocalipsis como una guía para ver anticipadamente, o predecir el futuro, debemos verlo como una guía para cómo vivir apropiadamente entre la primera y la final venida de Cristo.*

33. **Proclamación** – La "proclamación" enfatiza la meta del profeta de exponer la Palabra y la voluntad de Dios. Se enfoca en la Palabra de Dios y su voluntad para la audiencia en el presente, más que en el futuro. Sin embargo, la proclamación puede ser enfatizada por la predicción de las consecuencias buenas o malas de las decisiones presentes. *El énfasis de Juan en el Apocalipsis es la proclamación de la Palabra de Dios y su voluntad para su pueblo; Se subraya una y otra vez el carácter cristiano, su conducta, y su llamado a ser testigos.*

34. **Profecía/Profético** – La "profecía" es la proclamación, o declaración de la Palabra y la voluntad de Dios, adjunta con un mandamiento a obedecer. El enfoque de la profecía, por tanto, no es principalmente predecir el futuro, sino la

obediencia a la Palabra y la voluntad de Dios en el presente. "Profético" se refiere al género literario integrado por la profecía bíblica. *Así como en los libros proféticos del Antiguo Testamento, el Apocalipsis contiene profecía, presentada por un profeta, proclamando la Palabra y la voluntad de Dios para su pueblo, con llamados a la obediencia.*

35. **Protología** - La palabra "protología" se refiere al estudio de las "primeras cosas" o a los "orígenes." Con frecuencia, está asociada con los propósitos primarios de Dios para toda la humanidad. *Tal y como el Apocalipsis informa sobre la "escatología" (el estudio de las últimas cosas), de la misma manera los primeros capítulos del Génesis informan sobre la "protología" (el estudio de las primeras cosas).*

36. **Quiasmo** - El "quiasmo" es un mecanismo literario, popular en escritos de la antigüedad, en el cual las ideas son presentadas y entonces restablecidas en un orden inverso (A-B-C-B'-A'). El o los elementos de en medio, en una estructura de quiasmo, constituyen con frecuencia lo que el autor está enfatizando más. *Un ejemplo de quiasmo en Apocalipsis 2-3 es el siguiente: (A) Jesús reprende a la iglesia en Éfeso por disminuir su compromiso, (B) Jesús anima a Esmirna, (C) Jesús critica completamente a tres de las iglesias por su idolatría e inmoralidad, (B') Jesús anima a Filadelfia, (A') Jesús reprende a Laodicea por disminuir su compromiso. Note las similitudes en (A) y (A'), (B) y (B').*

37. **Rapsodia** - La palabra "rapsodia" es comúnmente usada como un término musical para referirse a una composición instrumental, en la cual el compositor cede a su imaginación en cuanto a la forma y la organización de la composición. La rapsodia es caracterizada por instrumentación libre e improvisada y cambios dramáticos de humor. *El Apocalipsis tiene cierto parecido con una rapsodia en su forma imaginativa, escenas evocativas y cambios dramáticos de humor.*

38. **Recapitulación** - La "recapitulación" es la repetición con una progresión intencional. Es la estrategia de describir los mismos eventos de manera diferente y con una intensidad progresiva. *La triada de los siete sellos, siete trompetas, y*

siete copas en el Apocalipsis, es un ejemplo de recapitulación, mostrando intensificación progresiva.

39. **Recitativos** – Un "recitativo" es una narrativa en canción que describe alguna acción, pensamiento o emoción. *Mi disco compacto del "Mesías" de Handel basado en las Escrituras, incluye un total de cincuenta y tres recitativos.*

40. **Repetición** – La palabra "repetición" se refiere a la recurrencia, o segunda utilización de una palabra, frase, una cláusula principal, una oración o aun una sección entera, con la intención de reiterar, y/o llamar la atención a un punto o idea importante. *Encontramos repetición en el Apocalipsis en los capítulos 2-3 cuando Jesús se dirige a las siete iglesias con la misma fórmula "Al ángel de la iglesia en..."*

41. **Septuaginta** – La "Septuaginta" es la traducción al griego de la Biblia hebrea (nuestro Antiguo Testamento), realizada por judíos de habla griega en Alejandría, Egipto, del tercer al segundo siglo A.C. Con frecuencia se abrevia "LXX" ya que la tradición sostiene que hubo setenta traductores. *Algunas de las alusiones al Antiguo Testamento en el Apocalipsis parecen ser más cercanas a la Septuaginta que a las palabras de la Biblia hebrea.*

42. **Símbolos/Simbolismo** – Un "símbolo" es un mecanismo literario caracterizado por una cosa que representa otra. El "símbolo" apunta más allá de sí mismo y participa en lo que simboliza. El simbolismo se refiere a la colección o sistema de símbolos usados. Los "símbolos" son comúnmente usados para representar ideas abstractas en formas concretas. *Los símbolos del Apocalipsis representan realidades espirituales; de esta manera la espada de dos filos en la boca de Jesús (Apocalipsis 1:16) representa poder y verdad, no una espada real en su boca.*

43. **Símil** – Un "símil" es un mecanismo literario en el cual dos cosas distintas son comparadas por medio de las palabras "es como" y/o "se parece" a fin de comunicar un significado más profundo. *El Apocalipsis usa símil en 1:14 cuando dice que Jesús tiene "ojos como llama de fuego."*

44. **Sinóptico** - La palabra "sinóptico" significa "tener una vista común" o "tomar un punto de vista idéntico o similar." *Los Evangelios Sinópticos de Mateo, Marcos, y Lucas presentan el mismo material de la vida de Jesús.*

45. **Tipo** - Un "tipo" es una persona, evento, o cosa que prefigura o anticipa una persona, evento, o cosa posterior. Con frecuencia una realidad en el Antiguo Testamento prefigura a una realidad que es su contraparte en el Nuevo Testamento, llamada "antitipo." *La destrucción de la antigua Babilonia, que sedujo y se opuso al pueblo de Dios es un "tipo"; la predicción del Apocalipsis de la destrucción de la Babilonia del Nuevo Testamento (Roma, y aquellas que se le parecen) que seduce y se opone al pueblo de Dios, es el "antitipo".*

46. **Tipología** - En el estudio de la Biblia, la "tipología" es un método de interpretación que conecta eventos, personas y cosas en un texto (usualmente en el Antiguo Testamento) con sus contrapartes similares en un texto posterior (usualmente en el Nuevo Testamento) a través de un fuerte paralelismo, similar al de una anticipación y al cumplimiento de tal anticipación. La tipología es expresada a través de la realidad pasada (tipo) y la nueva realidad (antitipo). *El éxodo ofrece un ejemplo de tipología: El éxodo del Antiguo Testamento -la liberación del poder terrenal de Egipto- es el "tipo"; El éxodo final descrito en el Apocalipsis -la liberación de todos los poderes de Satanás- es el "antitipo."*

47. **Trasfondo historiado** - La palabra "historiado" es usada en el sentido de referirse a una historia interesante, y la historia de Juan y los discípulos al final del primer siglo es justo esto, interesante. Por lo tanto, el "trasfondo historiado" se refiere a la interesante historia detrás del texto que trata de la atmósfera, el ambiente, la cultura, etc. *Para entender mejor lo que el Apocalipsis significó para sus primeros oyentes, necesitamos mirar al contexto historiado del libro.*

Para otros libros de LATM:

www.latm.info/bookstore

www.ingramcontent.com/pod-product-compliance
Lightning Source LLC
LaVergne TN
LVHW020042110826
845155LV00029B/602

* 9 7 8 1 9 5 2 9 4 2 0 3 7 *